Rémi BRISSIA

Comment les enfants apprennent à calculer

Le rôle du langage, des représentations figurées et du calcul
dans la conceptualisation des nombres

Nouvelle édition augmentée d'un essai introductif

RETZ

www.editions-retz.com

9 bis, rue Abel Hovelacque

75013 Paris

Forum Éducation Culture
Collection dirigée par Jean-Yves Rochex

Au centre de multiples débats, les questions d'éducation – et celles qui concernent plus particulièrement l'École – gagnent à être pensées et éclairées à partir des travaux et des résultats de recherche produits dans différents domaines disciplinaires : histoire, anthropologie, sociologie, psychologie, didactique…

L'ambition de la collection *Forum Éducation Culture* est de conjuguer ces différentes approches et d'offrir au lecteur non-spécialiste les meilleures synthèses permettant de comprendre l'Éducation comme processus multidimensionnel où se jouent de façon indissociable les rapports de la société et de la culture à elles-mêmes, ainsi que le processus de développement des sujets humains.

L'École prend aujourd'hui une part essentielle dans ce processus. D'où la nécessité de mieux la connaître dans son histoire, ses pratiques et ses modes de fonctionnement, pour mieux en percevoir les dynamiques d'évolution, et mieux analyser les problèmes qu'elle rencontre.

Mais l'Éducation ne se réduit pas à l'École ; elle intéresse la société tout entière. Comme l'a écrit Jerome Bruner, elle est la tentative complexe d'adapter la culture aux besoins de ses membres, et d'adapter ceux-ci et leur manière d'apprendre aux besoins de la culture ; elle n'est pas seulement une préparation à l'entrée dans la culture, mais une des incarnations majeures du mode de vie de cette culture.

Appréhender l'École et les phénomènes éducatifs à partir d'une approche culturelle, telle est donc l'ambition de la collection *Forum Éducation Culture*. Le lecteur y trouvera non seulement des travaux de synthèse, français et étrangers, sur les problématiques essentielles en Éducation, mais aussi des ouvrages rendant compte de manière réflexive de leur mise en œuvre dans la pratique pédagogique et éducative d'aujourd'hui.

© Éditions Retz, 1989
© Retz / SEJER, 2005 pour la présente édition
ISBN 978-2-7256-2232-3

REMERCIEMENTS

La réalisation de la première édition de ce livre n'aurait pas été possible sans la collaboration de nombreux enseignants. Mes remerciements vont :

– à D. Lagneau, directrice de l'école du Centre à Pierrelaye, et C. Goureau, institutrice à l'école du Bois à Éragny, qui ont joué un grand rôle dans la mise au point des activités en maternelle ;

– à F. Lerare, de l'école du Trou-du-Grillon à Éragny, et P. Clerc, de l'école de la Sébille à Cergy, qui ont joué ce même rôle au cours préparatoire ;

– à tous les enseignants d'Argenteuil, qui ont participé à un stage dit de « formation-action-recherche » en 1987-1988 ainsi qu'à l'équipe de la circonscription d'Argenteuil : J. Gaillard, qui en était l'inspecteur, et C. Crambuer, son conseiller pédagogique ;

– à ma collègue N. Faingold, qui était de ce stage, qui a relu le manuscrit et m'a fait de précieuses suggestions.

Mes remerciements vont surtout à mon collègue **André Ouzoulias** qui a été pendant 4 ans un interlocuteur privilégié. Par sa patience, son exigence et ses encouragements, il a permis que ce travail soit mené à son terme.

Ils vont enfin au professeur **J.-F. Richard** : c'est sa collaboration, au sein de l'équipe Mathématiques de l'Institut national de recherche pédagogique, qui m'a donné envie d'apprendre la psychologie. Son enseignement donne à ses étudiants le modèle d'une pensée rigoureuse et exigeante.

Après la première édition, j'ai souvent continué à travailler avec les personnes précédentes. Mais de nouvelles collaborations se sont également amorcées. C'est pourquoi mes remerciements vont aussi :

– à N. Brisoux, S. Cochain, E. Deschamps, M. Godier, J. et M.-C. Halvick, M.- H. Lafaurie et F. Suire qui m'ont prêté leurs classes pour diverses expérimentations ;

– à E. Lefeuvre et F. Lelièvre : ils ont souvent été les premiers à mettre en œuvre dans leurs classes certaines des idées pédagogiques défendues ici ;

– aux collègues enseignants – chercheurs de l'Université Paris 8 avec lesquels je m'efforce de poursuivre l'œuvre de J. F. Richard et notamment à E. Sander et C. Tijus ;

– aux membres de l'équipe éditoriale des éditions Retz et notamment à S. Cuchin et P. Champy ;

– à J. P. Fischer pour les nombreux échanges intellectuels qui sont régulièrement les nôtres et pour son amitié ;

– enfin, et à nouveau, à **André Ouzoulias** qui, depuis 15 maintenant, est mon ami, mon fidèle complice et un interlocuteur toujours disponible pour travailler et débattre.

Essai introductif

LE RÔLE DU LANGAGE, DES REPRÉSENTATIONS FIGURÉES
ET DU CALCUL DANS LA CONCEPTUALISATION DES NOMBRES

Première partie
COMMUNIQUER

Deuxième partie
CALCULER

Troisième partie
AU-DELÀ DE PIAGET...

Le rôle du langage, des représentations figurées et du calcul dans la conceptualisation des nombres

15 ANS DE RECHERCHES EN PSYCHOLOGIE DÉVELOPPEMENTALE APRÈS *COMMENT LES ENFANTS APPRENNENT À CALCULER*

Rappelons l'idée générale qui a guidé la rédaction de *Comment les enfants apprennent à calculer* (première édition en 1989) : en articulant les connaissances disponibles en psychologie et en pédagogie du nombre, il est possible de mieux comprendre les progrès des enfants tant du point de vue de la psychologie du nombre que de celui de sa pédagogie. Cette idée est évidemment inspirée de Vygotski, lorsqu'il déclarait : « C'est un fait surprenant et négligé que les recherches sur le développement de la pensée chez l'élève partent souvent de la prémisse que ce processus est indépendant de ce que l'enfant apprend effectivement à l'école ».

Il est finalement assez agréable, 15 ans après avoir écrit cet ouvrage, de devoir aujourd'hui en rédiger une nouvelle présentation, à l'occasion de sa réédition. Cela laisse penser que les idées qui y sont défendues gardent une certaine actualité. En effet, j'essaierai de montrer que les principales questions abordées dans *Comment les enfants apprennent à calculer* restent des questions vives, que les recherches récentes en psychologie développementale ont plutôt conforté les hypothèses qui y étaient avancées et, enfin, que les pratiques pédagogiques décrites, pour l'essentiel, peuvent toujours être recommandées. Huit thèmes seront successivement abordés :

– Le premier est l'accès à la signification quantitative (on dit aussi *la signification cardinale*) des premiers mots-nombres : comment les enfants apprennent-ils qu'un mot-nombre comme « trois », par exemple, est porteur d'une information quantitative ?

– Le deuxième a trait aux liens entre calcul et conceptualisation des premiers nombres.

– Le troisième est la mémorisation du répertoire additif : comment les enfants mémorisent-ils que 6 + 3 = 9, 6 + 8 = 14, etc. ?

– Le quatrième est la compréhension de la numération décimale : comment les enfants s'approprient-ils les notions de dizaine, de centaine, etc. ?

– Le cinquième est l'usage pédagogique de représentations figurées des quantités.

– Le sixième concerne l'usage de la calculatrice à l'école, tel qu'il est prôné par un neuropsychologue dont les conceptions pédagogiques ont été largement diffusées ces dernières années : Stanislas Dehaene. Alors que divers pédagogues s'étaient engagés, il y a une vingtaine d'années, dans une réhabilitation du comptage à l'école, *Comment les enfants apprennent à calculer* a joué un rôle important dans l'évolution des pratiques pédagogiques en France, en conduisant une analyse théorique du comptage qui aboutissait à mettre en garde les pédagogues contre tout engouement pour les pratiques de comptage. S. Dehaene recommande aujourd'hui de faire largement usage de la calculatrice électronique à l'école. À travers les analyses qui seront présentées dans ce chapitre, j'essaierai d'inciter, là aussi, les pédagogues à une certaine prudence.

– Le septième concerne le rôle du langage dans le progrès, tel que le conçoit Stella Baruk : le rôle du facteur langagier dans la conceptualisation des nombres est en effet un thème central de cet essai, et cette rééducatrice a avancé, sur ce sujet, des analyses qui suscitent des réactions très contrastées : engouement des uns[1] et grande perplexité des autres. La réaction de ces derniers s'explique : nous verrons en effet que le cadre théorique que S. Baruk avance s'oppose presque point par point à l'approche constructiviste qui est dominante aujourd'hui en psychologie développementale du nombre[2].

– Dans la huitième partie, qui servira de conclusion, nous recenserons les principaux débats, tant en pédagogie qu'en psychologie développementale du nombre, auxquels *Comment les enfants apprennent à calculer* et cet essai introductif, entendent contribuer.

---

1. Dans un ouvrage récent, un sociologue de l'éducation, J.-P. Terrail (2002), considère les propositions de S. Baruk comme typiques de ce que devraient être les pratiques pédagogiques des enseignants pour lutter contre l'inégalité scolaire.

2. On trouve une présentation des recherches qui se font aujourd'hui dans ce domaine dans un ouvrage collectif coordonné par J. Bideaud et H. Lehalle (2002).

CHAPITRE
I

COMMENT LES ENFANTS ACCÈDENT À LA SIGNIFICATION DES MOTS-NOMBRES

Une des principales thèses avancées dans *Comment les enfants apprennent à calculer* est que le comptage a un rôle ambivalent dans le progrès des enfants, parce qu'il ne facilite pas l'accès à la signification cardinale des mots-nombres qu'on utilise pour compter : « un », « deux », « trois », « quatre », etc. Mais rappelons d'abord le point de vue sur la question qui était dominant lors de la parution de la première édition de cet ouvrage.

Le comptage et l'accès à la signification quantitative des mots-nombres : le point de vue de Rochel Gelman

Depuis Schaeffer, Eggleston et Scott[3], il est bien connu qu'avant 3 ou 4 ans, le comptage ne permet généralement pas aux jeunes enfants de répondre à une question du type : « Combien y a-t-il de...? ». Le dialogue suivant est en effet très fréquent :

Adulte : *Combien y a-t-il de jetons ?*

Enfant (en comptant les jetons) : « *un* », « *deux* », « *trois* », « *quatre* ».

Adulte : *Oui, alors combien y a-t-il de jetons ?*

Enfant (recompte les jetons) : « *Un* », « *deux* », « *trois* », « *quatre* ».

Adulte : *Je suis d'accord, mais combien y a-t-il de jetons ?*

Enfant (recompte encore) : « *Un* », « *deux* », « *trois* », « *quatre* ».

Cet enfant met bien en correspondance terme à terme les mots-nombres et les jetons de la collection, mais il n'isole pas le dernier mot-nombre prononcé pour répondre à la question posée. Tout se passe comme si le comptage dans son ensemble était la réponse à la question commençant par « combien ». L'enfant reste apparemment incapable d'exploiter ce comptage pour désigner verbalement la quantité.

Une célèbre psychologue américaine, Rochel Gelman[4], a, entre 1970 et 1990, minimisé la portée de ce phénomène. De son point de vue, en effet,

---

3. Schaeffer, Eggleston et Scott (1974).

4. Son ouvrage de référence est Gelman et Gallistel (1978). Dans Gallistel et Gelman (1992), le point de vue des mêmes auteurs évolue sensiblement.

les jeunes enfants savent de manière précoce que le dernier mot d'un comptage désigne la quantité totale. Les dialogues du type précédent, qui laisseraient penser le contraire, s'expliqueraient selon elle par le fait que les enfants subiraient une « surcharge cognitive ». Ils doivent, en effet, à la fois se rappeler la suite des mots-nombres, coordonner leur récitation avec le pointage des objets, se rappeler qu'il faut fournir le dernier mot-nombre comme réponse : on leur en demande trop à la fois. Leur manque d'expérience explique qu'ils aient des difficultés de gestion et de contrôle de leur comptage.

D'après Gelman, les enfants plus âgés font moins d'erreurs, non pas parce qu'ils comprendraient mieux comment fonctionne le comptage, ni parce que leur compréhension du comptage, d'abord limitée aux petites collections, s'étendrait dans un deuxième temps à de plus grandes collections, mais parce qu'avec l'exercice, ils arriveraient de mieux en mieux à utiliser de façon coordonnée leurs différentes connaissances relatives au comptage, connaissances qu'ils posséderaient de façon innée et indépendante de la taille des collections.

Gelman est certainement la chercheuse dont les travaux concernant le développement des connaissances numériques chez l'enfant ont eu le plus d'influence chez les psychologues dans les années quatre-vingts. Cette influence était pratiquement à son apogée lors de la parution de la première édition du présent ouvrage. Dans un livre paru à peu près en même temps, Fayol[5], par exemple, remarquait que la théorie de Gelman « semble, encore aujourd'hui, la mieux à même d'expliquer le développement et la mise en œuvre du comptage » (p. 76). Pourtant, le point de vue développé dans *Comment les enfants apprennent à calculer* se démarquait nettement de celui avancé par Gelman (*cf.* pages 264-266), notamment concernant l'explication du phénomène qui vient d'être rappelé.

L'hypothèse du comptage-numérotage

Il est évidemment possible d'avancer d'autres explications du fait que la question « Combien... » ne conduise pas précocement les enfants à isoler le dernier mot de leur comptage pour le fournir comme réponse. Rappelons l'explication qui a été retenue dans *Comment les enfants apprennent à calculer* : dans un comptage oral, la signification des mots-nombres est proche de celle des « numéros », et cela crée un obstacle à la dénomination de la quantité totale par le dernier mot-nombre prononcé.

Lorsqu'un enfant compte, en effet, il dit chacun des mots-nombres (« un », « deux »...) en pointant un des objets avec le doigt et, de son point de vue,

---

5. Fayol (1990).

chaque mot-nombre se rapporte donc à l'objet pointé : il y a « le un », « le deux », « le trois », « le quatre ». Le dernier mot-nombre prononcé, « quatre », est lui aussi une sorte de *numéro* : il réfère de manière transitoire à l'objet pointé, c'est-à-dire au seul dernier objet et non à la quantité qui est une propriété de la totalité des objets. J'ai appelé ce type de comptage un *comptage-numérotage*.

En fait, les enfants ne font qu'employer les mots-nombres comme ils le feraient de tout autre mot : lorsqu'on dénomme des objets de façon qualitative en prononçant, comme dans un comptage, des mots tous différents : « gomme, trousse, stylo, cahier », le dernier mot prononcé, « cahier », réfère à l'objet ainsi nommé et en aucun cas à l'ensemble des objets. Dans le cas du comptage, il s'agit évidemment d'un lien de référence transitoire, comme c'est le cas lorsqu'on distribue des dossards à des coureurs : pendant la course, on sait quel est « le 4 », « le 12 », mais ce lien de référence change lors de la course suivante. Ainsi, si l'on demande à un enfant qui vient de compter de gauche à droite de recommencer de droite à gauche, de nouveaux liens de référence s'installent, mais, et c'est ce qu'il importe de souligner, chaque mot-nombre réfère toujours à un objet et un seul[6].

Dès la première édition de cet ouvrage, diverses observations étaient disponibles qui étayaient cette interprétation. Considérons ainsi cette expérience de Karen Fuson[7], qui concerne des enfants ayant entre 3 ans 2 mois et 4 ans 9 mois. Quand ceux-ci viennent de compter N soldats, elle leur pose d'abord la question : « Est-ce que ce sont bien là les N soldats ? », pendant qu'elle pointe tous les soldats, puis elle continue : « Ou bien, est-ce que les N soldats sont là ? » en pointant tous les soldats sauf le dernier, et enfin elle achève : « Ou bien les N soldats sont là ? » en pointant seulement *le dernier soldat* (l'ordre des interrogations est évidemment varié d'un essai à l'autre). Sur 20 enfants, seuls 5 réussissent cette épreuve, les autres choisissant le plus fréquemment le dernier soldat pointé comme référent du mot-nombre N. Et ceci malgré la forme syntaxique de la question posée, où le pluriel est encore plus marqué en américain qu'en français parce qu'il l'est à la fois sur le déterminant et sur le nom (en français, on interroge sur **les** soldats et non sur **le** soldat ; en américain, on interroge : « Are **these** the N soldier**s** ? » et non : « Are **this** the N soldier ? »)[8].

---

6. L'hypothèse du « comptage-numérotage » trouve son origine dans une théorie avancée par Fuson (Fuson et Hall, 1983), selon laquelle les enfants accorderaient des significations différentes aux mots-nombres selon leurs contextes d'emploi. Le point de vue développé ici se démarque de la théorie de Fuson par le rapprochement qui est fait entre la signification des mots-nombres dans le contexte du comptage et celle qui a cours dans le contexte de la numérotation.

7. K. Fuson (1988, p. 216).

8. Pour d'autres observations en faveur de cette interprétation, voir Brissiaud (1995).

Un point actuel sur la controverse

En fait, la tâche qui va jouer un rôle crucial dans le débat, vers 1990, est celle où on demande aux enfants : « Est-ce qu'il y a trois objets ici? » ou bien « Donne-moi trois objets », plutôt que de leur demander : « Combien y a-t-il d'objets? ». En effet, Gelman a toujours utilisé ce dernier type de question; or il serait difficile de parler de compréhension du sens cardinal de « trois » si l'enfant qui réussit à la question « Combien... » se révélait incapable de réussir quand la question est posée sous les deux autres formes. Et ceci d'autant plus que la question « Est-ce qu'il y a trois objets ici? » correspond à une tâche de vérification qui, normalement, met moins l'élève en situation de « surcharge cognitive » que la tâche « Combien y a-t-il... », qui impose, elle, de trouver un mot-nombre inconnu.

Pourtant, la tâche la mieux réussie est celle où la question est : « Combien y a-t-il...? ». Celle correspondant à la question « Est-ce qu'il y a N objets? » est de difficulté intermédiaire, tandis que la demande « Donne moi N objets » conduit à une tâche plus complexe encore[9].

Du coup, il convient d'être méfiant envers les « réussites » à la tâche « Combien y a-t-il...? ». C'est en effet la tâche la plus entraînée et, dès 1983, K. Fuson suspectait que, très souvent, dans le contexte de cette tâche, les jeunes enfants isolent le dernier mot de leur comptage pour le fournir comme réponse parce qu'ils y ont été entraînés, et non parce qu'ils ont compris que ce dernier mot a une signification quantitative. Fuson dit de tels enfants qu'ils utilisent une « règle du dernier mot prononcé ».

Nous avons vu plus haut dans ce texte que la réussite à la tâche « Combien y a-t-il...? » n'est guère précoce. De plus, il faut considérer que la réussite à cette tâche ne prouve pas que l'enfant ait compris la signification quantitative de « trois » (sinon, il réussirait les deux autres tâches). On ne peut donc plus soutenir aujourd'hui, comme le faisait Gelman, que l'enfant a des prédispositions pour une telle compréhension.

Quant à l'hypothèse du comptage-numérotage, tous les chercheurs, aujourd'hui, ne seraient vraisemblablement pas d'accord avec les termes dans lesquels je l'ai formulée, mais il est certain que, globalement, leur position évolue plutôt dans ce sens. Dans un article de synthèse récent consacré à l'étude du facteur verbal dans le développement des traitements numériques, Fayol[10], par exemple, remarque : « En fait, l'acquisition de la signification cardinale des noms de nombres soulève (des) problèmes, qui ont été largement sous-estimés dans les travaux relatifs à la cognition arithmétique ». Une question se pose donc : comment théorise-t-on aujourd'hui l'accès à la signification quantitative des mots-nombres?

9. Frye *et al.* (1989); Wynn (1990).
10. Fayol (2002).

Comprendre que les mots-nombres ont une signification quantitative en utilisant leurs propriétés linguistiques

Parmi tous les travaux récents, les recherches de Wynn et Bloom[11] sont certainement celles qui ont apporté l'éclairage le plus nouveau sur le sujet. Ils ont montré en effet que le contexte du comptage n'est pas le seul susceptible de favoriser le progrès ; les enfants savent précocement utiliser les propriétés linguistiques du mot « trois » dans des phrases du type « Les trois chiens sont dehors », ou encore « Il y a trois chiens dehors » : ils comprennent donc que ce mot a une signification quantitative, en l'absence de tout comptage.

Contraintes linguistiques et accès à la signification d'un mot

Lorsqu'on entend la phrase « Éric a stroumpfé toute la journée », par exemple, sa syntaxe nous laisse deviner que « stroumpfé » réfère à un verbe d'action, sans qu'on sache exactement lequel. De même, lorsqu'un jeune enfant entend : « Les trois chiens sont dehors », ou « Il y a trois chiens dehors », par exemple, il serait, selon Wynn et Bloom, susceptible d'utiliser la structure de telles locutions pour comprendre que « trois » a un sens quantitatif, sans savoir exactement lequel. Comment cela est-il possible ?

De manière générale, il faut savoir que les enfants, avant deux ans, sont déjà sensibles à la différence de structure entre une phrase telle que « C'est Zav » et cette autre où le mot « zav » est précédé d'un déterminant : « C'est une zav ». Lorsque la première phrase est prononcée en désignant une poupée, ils interprètent Zav comme le nom de celle-ci, et lorsque c'est la seconde phrase qui est prononcée, ils interprètent zav comme désignant un type de poupée. À un niveau général, ils sont donc, avant 2 ans, capables d'utiliser les contraintes linguistiques d'emploi des mots pour accéder à leur signification[12].

Plus précisément, dans le cas qui nous intéresse, les mots-nombres apparaissent eux aussi comme des *déterminants d'un nom*. Or un grand nombre de déterminants, qui peuvent être substitués à *trois* dans des phrases fréquentes, ont une signification quantitative : il y a *trois* souris / *une* souris / *des* souris / *quelques* souris / *beaucoup de* souris, etc. Cependant les adjectifs qualificatifs sont d'autres déterminants des noms et, si la thèse de Wynn et Bloom est vraie, l'enfant doit pouvoir différencier les mots-nombres de ces adjectifs qualificatifs.

Il est simple d'expliquer qu'un enfant ait cette possibilité avec les adjectifs de couleur, par exemple, parce que les mots-nombres se placent avant le nom alors que les adjectifs de couleur se placent après : « Les trois chiens sont dehors » vs. « Les chiens noirs sont dehors ». Mais comment un enfant peut-il distinguer « trois » et « grand », alors que ce dernier adjectif s'utilise à la

---

11. Wynn (1992) et Bloom & Wynn (1997).
12. On trouve une présentation synthétique dans : K. Karmiloff et A. Karmiloff-Smith (2002).

même place ? On dit en effet « Les grands chiens sont dehors » comme on dit « Les trois chiens sont dehors ». Bloom & Wynn répondent : parce que, quand on utilise de façon conjointe un mot-nombre et l'adjectif *grand*, le mot-nombre est toujours le premier. On peut dire en effet « Les trois grands chiens sont dehors » et non « Les grands trois chiens sont dehors »[13]. De plus, la signification de « grand » peut être modifiée avec un adverbe comme « très » : « très grand » est correct alors que « très trois » ne l'est pas. Il serait possible d'énumérer d'autres contraintes linguistiques susceptibles de permettre à l'enfant de différencier les mots-nombres des autres déterminants, contraintes qui ne sont d'ailleurs pas exactement les mêmes en français qu'en anglais.

Les enfants sont-ils sensibles à ces contraintes linguistiques et peuvent-ils les utiliser pour accéder au fait que les mots-nombres ont une signification cardinale ?

L'expérience de Wynn : les enfants savent que « trois » désigne une quantité avant de savoir laquelle

Si l'hypothèse de Wynn et Bloom est vraie, lorsqu'un jeune enfant entend la phrase « Les trois chiens sont dehors », il est susceptible de comprendre que le mot « trois » a une signification quantitative sans savoir quelle est exactement la quantité en question (de même que, lorsqu'on entend « Éric a stroumpfé toute la journée », on sait qu'Éric a fait quelque chose toute la journée, mais on ne sait pas ce qu'il a bien pu faire !).

Il serait donc possible de distinguer deux niveaux dans l'accès à la signification des mots-nombres :

– au premier niveau, les enfants sauraient que les mots-nombres, lorsqu'ils sont les déterminants d'un nom, ont une signification quantitative : ils sauraient que le mot « trois » dans « trois chiens », par exemple, désigne une quantité plutôt qu'une couleur, que la taille des chiens, etc., mais ils ne sauraient pas encore laquelle des quantités ce mot désigne exactement ;

– au second niveau, non seulement les enfants sauraient que les mots-nombres, lorsqu'ils sont les déterminants d'un nom, désignent des quantités, mais ils sauraient de plus apparier tel mot-nombre à telle quantité. À ce second niveau, les enfants ne comprendraient plus seulement que trois, par exemple, possède une signification quantitative, ils auraient dorénavant accès à cette signification quantitative.

---

13. De manière générale, les exemples utilisés ici ne sont pas exactement les mêmes que ceux de Wynn (1992) et Bloom & Wynn (1997), du fait que les mots n'ont pas les mêmes contraintes linguistiques de fonctionnement en français qu'en anglais. Je me suis efforcé de restituer ici le principe de la démarche expérimentale adoptée par ces auteurs. Le lecteur intéressé est invité à se reporter aux textes originaux.

Pour mettre en évidence expérimentalement que c'est bien le cas, Wynn s'adresse, par exemple, à des enfants qui, dans le contexte de la tâche « Donne-moi N objets », savent donner 1 ou 2 objets mais pas 3 (rappelons que, souvent, ces enfants savent compter beaucoup plus loin dans le contexte de la tâche : « Combien y a-t-il… », mais qu'on peut interpréter ce comptage comme un comptage rituel).

Elle leur montre une image contenant, par exemple, 2 chiens de grande taille dans la partie supérieure et 3 chiens de petite taille dans la partie inférieure, et elle leur pose soit la question « Est-ce que tu peux me montrer là où il y a *les grands chiens* ? », soit la question « Est-ce que tu peux me montrer là où il y a *les trois chiens* ? ».

Supposons que les enfants répondent correctement aux deux questions. Comme ces enfants ne savent pas construire une collection de 3 objets, s'ils réussissent quand même à montrer les 3 chiens, cette bonne réponse peut s'interpréter ainsi : l'enfant, grâce aux propriétés linguistiques du mot « trois », dont nous avons vu qu'elles sont différentes de celles du mot « grand », comprend que ce mot renvoie à une information d'ordre quantitatif, et comme il connaît la signification quantitative exacte du mot-nombre « deux » (on sait qu'il réussit la tâche « Donne-moi 2 objets »), il peut éliminer la collection de 2 chiens et donner comme réponse celle de 3. Comme le même enfant échoue à la tâche « Donne-moi 3 objets », on a bien affaire à un enfant qui sait que le mot « trois » a une signification quantitative, bien qu'il ne sache pas encore expliciter la quantité correspondante[14]. Wynn montre que dans les conditions décrites ci-dessus, la réussite est très importante : dans 92 % des cas, les enfants qui réussissent la tâche « Donne-moi 2 objets » mais pas « Donne-moi 3 objets » comprennent quand même dans

---

14. Divers autres contrôles doivent être opérés évidemment : si cette interprétation est correcte, par exemple, ces enfants ne doivent pas avoir un taux de réussite au-dessus du hasard quand l'image contient 3 et 4 chiens. En effet, comme ces enfants ne connaissent ni le sens quantitatif exact de « trois », ni celui de « quatre », ils ne peuvent pas raisonner par exclusion comme dans le cas de 2 et 3. Wynn (1992) procède à ce type de contrôle.

un tel contexte que le mot « trois » a une signification quantitative (ces enfants ont en moyenne 2 ans et 11 mois).

De même, avec des enfants plus jeunes (ils ont en moyenne 2 ans et 9 mois), dans 96 % des cas, ceux qui réussissent la tâche « Donne-moi 1 objet » mais pas « Donne-moi 2 objets » comprennent quand même dans un contexte similaire à celui qui vient d'être décrit que le mot « deux » a une signification quantitative.

Les enfants accèdent-ils à la signification exacte des mots-nombres « deux » et « trois » à l'aide du seul comptage ?

Les enfants savent donc que les mots-nombres *deux* et *trois* ont une signification quantitative avant de connaître laquelle exactement. Une question se pose : comment s'approprient-ils les significations quantitatives exactes ?

D'emblée, le lecteur qui n'est pas psychologue se demande peut-être pourquoi l'on consacre ici tant de place à cette question alors que le domaine numérique concerné apparaît singulièrement restreint. Un autre résultat obtenu par Wynn va nous permettre de répondre à cette éventuelle interrogation : entre un premier moment où les enfants connaissent la signification cardinale exacte de *un*, où ils savent de plus que les mots-nombres *deux* et *trois* ont chacun une signification cardinale, mais où ils ne savent pas encore laquelle exactement, et un second moment où ils connaissent les significations cardinales exactes de chacun de ces trois mots-nombres, il se passe en moyenne 1 an !

Dans le cadre de la scolarité telle qu'elle se déroule en France, c'est donc tout le début de la scolarité maternelle qui est concerné. Répondre à la question précédente, c'est théoriser l'entrée de l'enfant dans le nombre à l'école maternelle et donc fournir aux enseignants de petite section des repères théoriques précieux pour guider leur action pédagogique.

Wynn et Bloom avancent évidemment une réponse à la question qui vient d'être posée : ils pensent que les enfants s'approprient la signification quantitative exacte des premiers mots-nombres grâce au comptage. Selon ces auteurs, donc, les interactions langagières dans d'autres contextes langagiers que celui du comptage jouent un rôle important parce qu'elles permettent à l'enfant de comprendre que les mots-nombres ont une signification quantitative, mais ce serait le comptage qui, dans un second temps, permettrait aux enfants de préciser cette signification quantitative.

Selon la thèse défendue dans *Comment les enfants apprennent à calculer*, le scénario précédent n'est qu'un scénario possible parmi d'autres et, de plus, il n'est vraisemblablement pas celui qui favorise le mieux le progrès. Apprendre à compter est important, certes, ne serait-ce que parce que les différents mots-nombres sont utilisés au sein d'un même contexte et que cette propriété commune ne peut que mettre les enfants sur la voie de la propriété commune, plus essentielle, qui nous intéresse ici : les mots-nombres désignent tous des nombres. Mais, contrairement à ce qu'avancent Wynn et Bloom, dans *Comment les enfants apprennent à calculer*, l'accent était mis sur le rôle crucial, pour favoriser l'accès à cette propriété, d'autres interactions adultes/enfants : celles où l'adulte utilise des collections-témoins de doigts.

L'accès à la signification quantitative exacte des premiers mots-nombres grâce à l'usage d'une collection-témoin de doigts

L'une des raisons qui ont motivé l'écriture de *Comment les enfants apprennent à calculer* était l'absence totale, il y a 15 ans, de réflexion théorique sur le type de dialogue suivant. Un enseignant de petite section de maternelle et un enfant découvrent ensemble un album, et l'enseignant s'adresse à l'enfant en lui disant : « Tu vois, là, il y a trois chiens, comme ça », en lui montrant à la fois les trois chiens de l'image et les trois doigts d'une main.

Quiconque fréquente une petite section de maternelle sait que ce type de dialogue est loin d'être anecdotique. Il méritait donc d'être étudié. Dans ce but, un nouveau concept a été proposé ici : celui de collection-témoin.

La notion de collection-témoin

Rappelons les principales caractéristiques d'une collection-témoin en supposant qu'un explorateur arrive sur une île et qu'il y découvre l'une ou l'autre de ces inscriptions, gravées sur une pierre :

La première inscription semble facile à comprendre : il s'agit de bovidés, et les bâtons qui suivent renvoient certainement à la quantité de ces bovidés. En revanche, la signification de la seconde inscription est moins transparente : il s'agit toujours de bovidés, mais que signifie l'espèce de fenêtre ornée de rideaux qui précède ? Or cette inscription désigne également un nombre, mais sous une autre forme, plus chargée de convention : ce dessin est le « chiffre chinois » quatre, qu'il nous est difficile de comprendre parce que nous utilisons habituellement le « chiffre arabe » 4.

Qualifier le premier type de représentation de « collection-témoin », c'est en souligner la nature *symbolique* : une collection de traits gravés sur la paroi d'une grotte, par exemple, « témoigne » de la « grandeur » d'une collection d'animaux. Ce procédé où l'on *taille* des traits sur un support est tellement ancestral qu'il s'est inscrit dans notre langue, et qu'on parle plus souvent aujourd'hui de la « *taille* » d'une collection que de sa « grandeur ».

Il convient également de souligner que cette représentation est de nature *analogique* : une pluralité est représentée par une autre pluralité équivalente. De façon générale, en psychologie, on parle de représentation analogique (on dit aussi *figurée*) chaque fois que, dans la relation représentant/représenté, le représentant montre des ressemblances ou des correspondances avec le représenté[15].

En fait, on comprend mieux ce qu'est une représentation analogique en s'intéressant à l'autre possibilité de dessin gravé sur une pierre parce que, lui, ne correspond pas à une représentation analogique. Dans ce second type de représentation, qui utilise le chiffre 4 chinois, une pluralité est représentée par un signe unique, qui dépend de la langue tant sur son versant écrit (les chiffres arabes sont différents des chiffres chinois, des romains, etc.) que sur son versant oral (on dit « quatre » en français, « *four* » en anglais, « *vier* » en allemand, etc.). Il s'agit d'une représentation *langagière* du nombre, et l'on parle souvent, dans ce cas, d'une relation de représentation qui est *arbitraire*, ou *non motivée* ou encore *conventionnelle*[16].

Un jeune enfant, bien entendu, rencontre le plus souvent les collections-témoins dans des cas où les unités de la collection à quantifier (les trois chiens sur une image, par exemple) sont représentées par des doigts plutôt que par des traits dessinés. Attention cependant : cet ensemble de 3 doigts ne fonctionne réellement comme une collection-témoin que si l'enfant a compris que cette quantité de chiens, par exemple, se représente aussi bien par le pouce, l'index et le majeur que par l'index, le majeur et l'annulaire ou par tout autre ensemble de doigts équivalent. En effet, de même que, sur la pierre gravée, chaque trait vaut « un », c'est-à-dire « un quelconque taureau » (le graphisme du trait est le même qu'il s'agisse d'un taureau noir ou d'un beige, qu'il soit petit ou grand, etc.), chaque doigt, lui aussi, doit être le symbole numérique de « un ». Les doigts doivent donc être substituables entre eux : si dans une collection-témoin de doigts, on remplace le pouce par l'annulaire, par exemple, la quantité représentée s'en trouve inchangée.

---

15. Bresson (1987).

16. Aucun de ces qualificatifs n'est pleinement satisfaisant : on peut tout aussi bien considérer que la relation de représentation n'est pas arbitraire mais motivée par le fonctionnement du système linguistique dans son ensemble. En fait, on ne comprend les propriétés d'une sorte de représentation que par opposition à celles de l'autre sorte.

Une des principales thèses avancées dans *Comment les enfants apprennent à calculer* est que certains dialogues jouent un rôle crucial dans le progrès des enfants vers le nombre, ceux par exemple où un enseignant s'adresse à un enfant en lui disant : « Tu vois, il y a trois chiens, comme ça », tout en lui montrant à la fois les trois chiens de l'image et les trois doigts d'une main, et en variant d'une fois sur l'autre les collections de doigts utilisées.

Quelle différence avec la thèse de Wynn et Bloom ?

Selon le point de vue défendu ici, lorsqu'un enfant a compris que le mot « trois », par exemple, a une signification quantitative sans savoir laquelle exactement, le comptage n'est pas, pour lui, la seule possibilité de s'approprier la signification exacte de ce mot. En effet, les dialogues où l'adulte dit : « Tu vois, il y a trois chiens, comme ça », en montrant une collection-témoin de doigts, favorisent d'emblée les deux temps du progrès : non seulement le mot-nombre « trois » est utilisé dans un contexte langagier (« il y a trois chiens ») qui permet aux enfants de comprendre que ce mot a une signification quantitative, mais, de plus, celle-ci est précisée d'emblée par l'usage de la collection-témoin (« comme ça »).

Ce type de dialogue permet mieux que le comptage « un, deux, trois » de comprendre la signification quantitative exacte de « trois », parce qu'à aucun moment la signification de ce mot en tant que numéro ne vient parasiter l'autre signification, celle qui est visée (la signification cardinale), et parce que la collection-témoin apporte une information supplémentaire : quelque chose de plus est dit, que nous analyserons plus loin dans ce texte.

Mais une question se pose : l'enfant est-il capable de traiter cette information, c'est-à-dire de comprendre la signification des trois doigts ? Pour répondre, il serait commode ici de faire appel au phénomène connu sous le nom de « *subitizing* » : lorsqu'une collection a trois unités ou moins de trois, nous avons la possibilité de percevoir chacune d'elles d'un seul « coup d'œil », de façon simultanée, sans avoir besoin de les énumérer l'une après l'autre. Mais, outre que ce phénomène reste par bien des aspects mystérieux[17], il est préférable dans un premier temps de considérer que l'enfant peut ne pas comprendre, et souligner, comme nous allons le voir, que d'autres sortes de dialogues où ni l'enfant, ni l'adulte ne comptent sont susceptibles d'être source de progrès parce qu'ils mettent l'enfant de manière plus explicite encore sur la voie du nombre.

---

17. Son effet s'arrête-t-il à 2 ou à 3 ? On sait que les bébés, avant de savoir parler, distinguent les quantités de 2 et 3 : faut-il dans ce cas parler de « subitizing » ou convient-il mieux de restreindre l'usage de ce terme aux cas où les enfants sont capables de dire explicitement le nom de ces nombres ? Cela reste en débat. On pourra se reporter à Fischer (1991).

L'accès à la signification quantitative exacte d'un mot-nombre grâce à la description verbale du nombre sous la forme d'une décomposition

L'une des rares études des interactions langagières mères/enfants à propos du nombre[18] montre que les mères se méfient souvent du comptage et qu'elles ont alors avec leur enfant des dialogues comme celui-ci :

La mère (qui est filmée dans une pièce avec son fils Stephan, 30 mois) : *Combien y a-t-il de caméras ici ?...*

Enfant : *?*

La mère : *Quatre caméras.*

Enfant : *Quatre caméras ?*

La mère : *Oui, une là, une là, et il y en a une là et encore une là.*

Si cette mère avait compté « un, deux, trois, quatre », elle aurait prononcé « quatre » alors qu'elle pointait *une seule* caméra (« la quatre »). Comme les caméras étaient très espacées, il y aurait eu très peu de chance que l'enfant réfère le mot « quatre » à la totalité de la collection des caméras. C'est pourquoi elle est attentive à proposer comme synonyme de « quatre » la suite « une, une, une et encore une ». Elle utilise une logique langagière (« quatre c'est une, une, une et encore une) très différente de celle du comptage : chacun des mots prononcés (« quatre » et les différents « une ») a une signification cardinale (aucun n'est seulement un numéro) et le nombre total (quatre) est décrit verbalement à l'aide d'une décomposition (une, une, une et encore une).

Encore une fois, donc, et à la différence du point de vue avancé par Wynn et Bloom, lorsqu'un enfant a compris que le mot « trois », par exemple, a une signification quantitative sans savoir laquelle exactement, le comptage n'est pas la seule possibilité pour qu'il s'approprie cette signification. En effet, les dialogues où l'adulte commence par dire : « Tu vois, il y a trois chiens », et où il continue en décrivant verbalement le nombre « trois » sous la forme d'une décomposition (« un, un et encore un ») favorisent d'emblée les deux temps du progrès : non seulement le mot-nombre « trois » est utilisé dans un contexte langagier (« il y a trois chiens ») qui permet aux enfants de comprendre que ce mot a une signification quantitative, mais, de plus, celle-ci est précisée d'emblée par la décomposition qui suit : « un, un et un ».

Ce type de dialogue, comme ceux où l'adulte utilise une collection-témoin de doigts, permet mieux que le comptage « un, deux, trois » de comprendre la signification quantitative exacte de « trois » parce qu'à aucun moment la signification de ce mot en tant que numéro ne vient parasiter la signification cardinale qui est visée, et parce que la décomposition « un, un et encore un »

---

18. Durkin, Shire, Riem, Crowther et Rutter (1986).

apporte une information supplémentaire, comme le faisait précédemment la collection-témoin. Mais là encore, il se peut que l'enfant ne soit pas capable de comprendre la signification de cette décomposition. En fait, l'adulte peut être plus explicite encore, en utilisant de manière conjointe les deux procédés précédents : l'usage d'une collection-témoin de doigts et la description verbale du nombre sous la forme d'une décomposition.

L'accès à la signification quantitative exacte d'un mot-nombre grâce à l'usage conjoint d'une collection-témoin de doigts et d'une description verbale du nombre

Dans le cadre de l'interaction langagière qui nous intéresse depuis quelques pages, l'adulte peut réaliser de manière ostentatoire la correspondance terme à terme : il pose par exemple le pouce sur l'un des chiens en disant « un », l'index sur un autre en répétant « un » et le majeur sur le dernier en prononçant un dernier « un ». Dans son ensemble, le dialogue débute donc de la manière suivante : « Tu vois, il y a trois chiens : un, un et un. Ça fait trois, comme ça ». Cette utilisation conjointe des deux procédés qui viennent d'être décrits facilite de manière évidente la compréhension de chacun d'eux.

Mais il importe de remarquer que l'utilisation de collections-témoins de doigts met à la disposition de l'enfant un système symbolique qui lui permet de prendre l'initiative dans les dialogues avec l'adulte, ce qui, évidemment, est une situation très souhaitable d'un point de vue pédagogique. Une observation de Descoeudres[19] illustre bien ce phénomène. Cette psychologue a étudié la capacité des enfants à montrer autant de doigts qu'il y a d'objets dans une collection donnée. Elle fait une description détaillée du comportement d'un enfant, à la suite de cette épreuve :

« *Un jour, j'avais commencé la série des tests de calcul avec un petit garçon intelligent, de quatre ans quatre mois; le lendemain, il vint chez moi pour les terminer; entre-temps, pour éviter la fatigue, il jouait avec des plots. Spontanément, il se mit à employer le procédé des doigts pour dénombrer ses plots; comme langage, il ne possédait que les noms des deux premiers nombres. G. a trois plots devant lui et raconte, en montrant trois doigts : "Ca c'est plus que deux, c'est comme ça";... »*

À son âge, l'enfant G. ne connaît pas encore la signification exacte du mot-nombre *trois* (cette étude est ancienne et on peut penser que ce petit garçon « intelligent » n'avait eu que peu d'occasions de dialoguer avec autrui à propos de problèmes numériques), mais il importe de remarquer qu'il met spontanément en œuvre une stratégie de décomposition-recomposition.

---

19. Descoeudres (1921).

Ayant 3 objets sous les yeux, il dit en effet : « c'est plus que deux ». Il reconnaît donc deux dans la totalité des plots : il « reconnaît 2 dans 3 ». Cette première partie de l'observation peut s'interpréter comme une décomposition de la totalité. L'enfant procède ensuite à une « recomposition » de cette totalité : il dit « c'est comme ça » en montrant trois doigts. Il exprime ainsi cette totalité comme somme de ses parties (2 + 1).

De manière évidente, on peut dire d'un tel enfant qu'il a *conceptualisé* les trois premiers nombres, même s'il ne connaît pas encore le nom du plus grand : il sait que c'est deux et encore un. Un pédagogue, d'ailleurs, ne se priverait pas de valoriser un tel comportement. Tout en refaisant les gestes de l'enfant, il lui dirait : « Oui, tu as raison, deux et encore un, ce nombre, on l'appelle trois ». À ce moment de l'exposé, peut-être faut-il commencer à répondre à la question suivante : qu'est-ce qu'avoir *conceptualisé* les trois premiers nombres ?

QU'EST-CE QUE CONCEPTUALISER
LES PREMIERS NOMBRES?

Abstraire les unités numériques et savoir les énumérer de différentes façons

Considérons à nouveau le type de dialogue recommandé dans *Comment les enfants apprennent à calculer*, où l'adulte dit : « Tu vois, il y a trois chiens, comme ça », tout en construisant une collection-témoin de trois doigts. Nous nous sommes principalement intéressés jusqu'à présent aux caractéristiques langagières d'un tel dialogue. Ce ne sont pas les seules qui comptent, loin de là !

Ainsi, un des enjeux principaux de ce type de dialogue est que l'enfant, ayant compris que le mot « trois » a une signification quantitative, s'interroge de la manière suivante à propos de ce que l'adulte vient de lui dire (« Tu vois, il y a trois chiens, comme ça ») et de ce qu'il vient de faire (l'adulte a réalisé une correspondance terme à terme avec des doigts et levé ces doigts) : « Il me parle d'une quantité de chiens et il me montre des doigts ; quelle cohérence ? ».

Il est clair qu'une telle situation est susceptible d'aider l'enfant à comprendre qu'en montrant des doigts, l'adulte ne s'intéresse pas aux chiens en tant que tels mais à leur nombre. Et il le comprendra d'autant plus facilement que chacun d'eux aura été dénommé « un » et mis en correspondance terme à terme avec un doigt : ce dialogue aide l'enfant à *abstraire les unités numériques* correspondant à la collection de chiens.

Conceptualiser les premiers nombres nécessite ainsi d'être capable d'abstraire les unités numériques des collections correspondantes pour rendre compte de leur totalité. Cela impose-t-il une correspondance terme à terme explicite ? Non, et l'exemple de G., observé par Descoeudres, le montre : cela nécessite, de façon plus générale, d'*énumérer* les unités, c'est-à-dire de les prendre toutes en compte une fois et une seule[20]. Or, la correspondance terme à terme explicite n'est pas la seule possibilité de prendre toutes les unités en compte une fois et une seule, cette énumération peut aussi se faire à l'aide

---

20. En didactique des mathématiques, l'énumération a été étudiée par Briand (1993).

d'une stratégie de décomposition-recomposition : lorsqu'on a reconnu un nombre, que ce soit grâce au « subitizing » ou à l'organisation spatiale de ses unités, pour énumérer la totalité, on peut se dispenser d'une énumération un à un de cette totalité en incluant ce qui a été reconnu dans le processus d'énumération : « là, il y a deux; et il faut encore prendre en compte... ». Ce faisant, on utilise une stratégie de décomposition-recomposition.

Pourquoi insister autant sur l'importance des stratégies de décomposition-recomposition ? Nous allons voir qu'un élève ne peut pas accéder au niveau de conceptualisation des nombres qui est celui requis par l'école sans s'approprier ces stratégies : les mots-nombres et leurs écritures chiffrées, en effet, symbolisent des équivalences entre des procédures de comptage et des procédures de décomposition-recomposition; l'élève qui ne s'est approprié que les procédures de comptage n'a parcouru qu'un petit bout du chemin vers le nombre, et lorsque le pédagogue continue à mettre l'accent sur cette sorte de procédure, il ne l'aide guère à progresser. Montrons-le.

Les mots-nombres comme symboles d'équivalences entre procédures

Chez un adulte cultivé, à quoi correspond la conceptualisation du nombre désigné à l'oral par le mot-nombre « huit », par exemple ? C'est évidemment connaître ce mot-nombre, savoir lire et écrire le chiffre « 8 »; c'est aussi savoir construire une collection de 8 objets, savoir taper 8 fois de suite dans ses mains, etc. Mais cela ne suffit pas; il importe de remarquer qu'un adulte sait exécuter ces dernières tâches de différentes façons : compter 1 à 1, bien sûr, mais aussi réunir 5 objets et encore 3, ou bien 7 objets et encore 1, savoir taper 8 fois dans ses mains sans compter 1 à 1 mais en rythmant son geste sous la forme 2, 2, 2 et encore 2, etc.

L'équivalence entre les procédures de comptage, d'une part, et celles de décomposition-recomposition, de l'autre, fait partie intégrante de ce qu'on peut appeler la conceptualisation de 8. Pour s'en rendre compte, il suffit de se livrer à la petite simulation mentale proposée à la page 113 de *Comment les enfants apprennent à calculer*, en comptant avec la suite des lettres de l'alphabet plutôt qu'avec la suite habituelle des mots-nombres. En effet, nous pourrions compter les objets d'une collection en récitant les lettres dans l'ordre : il suffit de prendre un premier objet en disant « A », un autre en disant « B », encore un autre en disant « C », etc. La dernière lettre énoncée, « R » par exemple, ferait l'unanimité : « Il y a R jetons dans cette collection ». Et si l'on demandait à quelqu'un de taper H fois dans ses mains, il saurait le faire de sorte que tout le monde serait d'accord avec son geste. Mais si l'on demande : Cette personne va-t-elle taper beaucoup de fois dans ses mains ? Blanche-Neige a-t-elle rencontré plus ou moins de H nains ? Pour répondre avec assurance, la plupart des gens se mettent... à compter sur leurs doigts à l'aide des lettres de l'alphabet. Et là, ils se rendent compte que H est un petit nombre, un nombre plus petit qu'ils ne l'auraient généralement *a priori* estimé.

Que nous manque-t-il avec H dont nous disposons avec huit ? Il nous manque les décompositions analogues à 8 = 5 + 3 ; 8 = 10 − 2, 8 = 7 + 1, etc. Quand on sait qu'on a E doigts sur une main, on dispose d'une bonne intuition du nombre F. Sinon, ce n'est généralement pas le cas ! Avoir conceptualisé le nombre 8, ce n'est pas seulement savoir compter jusqu'à 8 ; c'est aussi savoir exprimer ce nombre à l'aide des repères 5 et 10, c'est savoir que, pour former une collection de 8 objets, on peut réunir une collection de 5 et une autre de 3, enlever 2 objets à une collection de 10, ajouter un objet à une collection de 7, etc. Le mot-nombre « huit », le chiffre « 8 » sont des symboles de l'équivalence entre toutes ces procédures.

La conceptualisation comme accès à un comportement stratégique

Avoir conceptualisé le nombre 8, c'est donc disposer de plusieurs procédures pour construire une collection de 8 unités et, dans un contexte donné, adopter celle qui convient le mieux en fonction de ce contexte ou de tel ou tel critère que l'on souhaite privilégier : l'économie, la fiabilité, etc. Rappelons que le mot « stratégie » désigne une procédure *quand elle est choisie parmi un ensemble de possibles*. On peut donc résumer ce qui précède en disant qu'avoir conceptualisé le nombre 8, c'est accéder à un *comportement stratégique* dans la formation d'une collection comportant 8 unités.

En fait, il est facile de montrer que, de manière générale, tous les signes arithmétiques, c'est-à-dire non seulement les écritures chiffrées, mais aussi les signes opératoires, les écritures fractionnaires, etc., sont des symboles d'équivalences entre procédures[21], et, de manière tout aussi générale, avoir conceptualisé les notions arithmétiques correspondantes, c'est disposer de plusieurs procédures pour résoudre un problème donné (ce qui donne la possibilité d'adopter celle qui convient le mieux en fonction du contexte).

L'expert, par exemple, ne calcule pas 102 − 6 de la même manière que 102 − 94. Dans le premier cas, il calcule par retraits successifs (102 moins 2, 100 ; et encore moins 4, 96), alors que dans le second cas, il calcule par compléments successifs (94 pour aller à 100, il faut 6 ; pour aller à 102, il faut donc 8). Dans les deux cas, il faut calculer une soustraction $a − b$. Le signe « − » apparaît ainsi comme le symbole de l'équivalence entre la recherche de ce qui reste lorsqu'on effectue un retrait et la recherche d'un complément. Il

---

21. Ceci est largement développé, concernant la multiplication, la soustraction et les fractions, dans Brissiaud (2002).

n'y a pas de conceptualisation de la soustraction sans appropriation de l'équivalence entre ces deux procédures et sans accès au comportement stratégique qui consiste à adopter, selon le contexte, celle qui est la plus appropriée[22].

L'école doit favoriser le plus précocement possible l'appropriation de stratégies de décomposition-recomposition

C'est ainsi qu'avoir conceptualisé « trois », ce n'est pas seulement savoir compter jusqu'à trois, c'est savoir qu'une collection de 3 objets est formée d'un objet, d'un autre et encore d'un autre, ou bien qu'une telle collection s'obtient aussi en réunissant deux objets et encore un.

L'enfant observé par Descoeudres et qui dit : « C'est plus que deux, c'est comme ça » en montrant 3 doigts, a peu de connaissances verbales, mais du point de vue conceptuel, il est *bien plus avancé* que certains enfants qui savent compter bien au-delà de 2, mais qui ne savent résoudre aucun problème à l'aide de leur comptage parce qu'il s'agit d'un comptage rituel.

Diverses preuves peuvent être avancées du fait que, dans un premier temps, l'enjeu essentiel du progrès vers le nombre n'est pas d'apprendre à compter le plus loin possible, mais plutôt de conceptualiser les trois premiers nombres au sens où cela vient d'être défini, c'est-à-dire, avant tout, de s'approprier des stratégies de décomposition-recomposition.

En premier lieu, les résultats de la recherche de Wynn présentée précédemment peuvent être considérés comme une telle preuve. Rappelons qu'il se passe en moyenne 1 an entre un premier moment où les enfants connaissent la signification cardinale exacte de *un*, où ils savent de plus que les mots-nombres *deux* et *trois* ont chacun une signification cardinale, mais sans savoir exactement laquelle, et un second moment où ils connaissent les significations cardinales exactes de chacun de ces trois mots-nombres. Un tel délai appuie l'hypothèse selon laquelle la réussite aux tâches « Donne moi deux objets » et « Donne moi trois objets » dépend plus de la conceptualisation des nombres *un*, *deux* et *trois* et, donc, des relations qu'ils entretiennent, que d'un simple perfectionnement de la procédure de comptage. Cette réussite dépend de l'appropriation d'un système : le système numérique des trois premiers nombres.

Une autre preuve a été récemment apportée par Fischer et Bocéréan[23]. Ils ont proposé à 400 enfants âgés de 3 ans à 5 ans?, et formant un échan-

---

22. Ce point de vue sur la conceptualisation arithmétique conduit à définir l'expertise en ce domaine comme la psychologie cognitive le fait classiquement dans d'autres domaines de connaissances (les échecs, la physique, etc.) : de manière générale, l'expert se distingue du novice par la pluralité de stratégies qu'il est susceptible de mettre en œuvre pour résoudre un problème qui lui est posé dans le domaine.

23. Fischer et Bocéréan (à paraître).

tillon représentatif de la population française de cet âge, les quatre tâches numériques suivantes : construction d'une collection (« Prends trois objets »), distinction (« C'est trois ou deux ? »), reconnaissance parmi plusieurs possibilités (« Montre moi trois ») et dénomination (« Combien y a-t-il de... »). Si l'on considère la sous-population des enfants qui savent compter jusqu'à 5 pour répondre à la question « Combien y a-t-il de... », le meilleur prédicteur de la performance à l'ensemble des tâches est la stratégie que les enfants adoptent pour répondre à la même question quand il n'y a que 3 objets : ceux qui ne comptent pas ont de fortes chances d'avoir une meilleure performance d'ensemble que ceux qui comptent.

Chez de nombreux enfants, la question « Combien y a-t-il de... » déclenche de manière irrépressible le comptage. Ils ont été largement conditionnés à ce comportement. L'enfant qui n'est plus dépendant du comptage pour dénommer une collection de 3 objets, ou celui qui ne l'a jamais été[24], a vraisemblablement construit le système numérique des 3 premiers nombres et il n'est guère étonnant que ce début de conceptualisation rejaillisse sur l'ensemble des tâches numériques.

Divers dialogues adulte/enfant rapportés précédemment (Durkin et collègues ; Descoeudres) montrent qu'il est possible de favoriser une conception des trois premiers nombres basée sur les décompositions de deux et de trois avant même que l'enfant ne sache compter jusqu'à trois. Dans *Comment les enfants apprennent à calculer*, il est fortement recommandé de mettre à l'école l'accent sur ces stratégies de décomposition-recomposition. En effet, dans toutes les familles, quel que soit le niveau socioculturel, on sait généralement qu'il importe qu'un enfant apprenne à compter. Savoir que l'usage de stratégies de décomposition-recomposition est tout aussi fondamental pour le progrès est vraisemblablement une connaissance moins bien partagée. C'est donc la responsabilité de l'école de mettre l'accent sur ces stratégies : si, comme cela est avancé ici, le progrès dépend de l'appropriation par l'enfant de l'équivalence entre les deux sortes de procédures, l'absence d'appropriation des procédures d'une sorte empêche celle de leur équivalence ; elle empêche la conceptualisation.

---

24. Un tel cas est décrit dans Brissiaud (1992).

LES ÉTUDES INTERCULTURELLES DES ANNÉES 1990-2000 : LA MÉMORISATION DU RÉPERTOIRE ADDITIF

Parmi les recherches récentes en psychologie du nombre qui concernent des enfants plus âgés (en âge d'être au cours préparatoire, pour l'essentiel), celles qui ont vraisemblablement fait évoluer de la façon la plus importante les connaissances dans le domaine sont diverses études interculturelles qui ont été menées durant la décennie 1990-2000 : elles consistent en une comparaison entre les performances numériques des enfants d'Asie de l'Est (chinois, coréens, japonais, pour l'essentiel) et celles d'enfants occidentaux[25].

Les différences culturelles entre les deux sortes de populations sont évidemment nombreuses, mais les divers chercheurs s'accordent pour considérer qu'un facteur en particulier joue un rôle crucial : dans les langues asiatiques, la suite des désignations orales des nombres est « bien structurée » dès le nombre qui suit dix. Dans ces langues, on compte en effet jusqu'à cent de la manière suivante :

« un, deux, trois,... huit, neuf, dix » ;
puis :
« dix un, dix deux, dix trois, ... dix huit, dix neuf, deux dix » ;
« deux dix un, deux dix deux, ... deux dix neuf, trois dix » ;
« trois dix un, trois dix deux, ... trois dix neuf, quatre dix »...
enfin : « neuf dix un, neuf dix deux, ... neuf dix neuf, cent ».

Il y a donc deux différences essentielles entre notre suite verbale et celle des Asiatiques : cette dernière est régulière après dix (il n'y a pas d'irrégularités telles que « onze », « douze », etc.), et lorsque les Asiatiques comptent de dix en dix, ils disent : dix, deux dix, trois dix, quatre dix, cinq dix, etc. Les recherches interculturelles menées dans les années 1990-2000 ont mis en évidence une supériorité manifeste et importante des enfants d'Asie de l'Est. Une question intéresse les psychologues : faut-il y voir une conséquence de la régularité de la suite verbale ? Une autre intéresse les péda-

---

25. Pour une synthèse récente, on peut se reporter à Fischer (2002). Par ailleurs, le mot « occidental » est utilisé ici pour désigner les enfants nord-américains et européens qui sont les sujets de ces recherches interculturelles.

gogues : le cheminement vers le nombre favorisé par les éducateurs qui s'inspirent de *Comment les enfants apprennent à calculer* a-t-il des caractéristiques communes avec ce qu'on pourrait appeler le « cheminement asiatique » ? Il est répondu ci-dessous à ces questions, d'abord concernant l'appropriation du répertoire additif élémentaire, puis concernant celle de la numération décimale (la compréhension du fait qu'elle est fondée sur un groupement par 10).

La meilleure appropriation du répertoire additif élémentaire chez les enfants asiatiques : un paradoxe facile à expliquer

Intéressons-nous d'abord aux 20 premiers nombres, c'est-à-dire à ceux qui sont en jeu dans les relations arithmétiques élémentaires, qu'on appelle parfois les « résultats de tables d'addition » : $9 + 4 = 13$; $8 + 6 = 14$, etc. Les recherches interculturelles ont en effet montré que dès la fin de la première année d'école, les enfants asiatiques ne comptent pratiquement plus ni sur leurs doigts, ni dans leur tête : ils ont pratiquement mémorisé l'ensemble des résultats.

Dans une étude de Geary et collègues[26], par exemple, le résultat est fourni comme s'il était connu « par cœur » dans 86 % des cas d'additions élémentaires posées (celles-ci le sont oralement). Les enfants américains n'ont un tel accès direct au résultat que dans 29 % des cas. Il y a deux ans de décalage développemental dans la mémorisation du répertoire additif entre enfants chinois et américains ! Faut-il y voir une conséquence de la régularité de la suite verbale après 10 : « dix-un, dix-deux, dix-trois, … dix-huit, dix-neuf, deux dix » ?

Si tel était le cas, on serait conduit à une sorte de paradoxe. En effet, dans un article de synthèse récent relatif au rôle du facteur verbal dans les traitements numériques, Fayol[27] note que celui-ci semble parfois ne jouer aucun rôle dans le progrès. Concernant le comptage, par exemple, des études comparant les performances d'enfants ayant un développement langagier déficient aux performances de sujets contrôles ayant un développement langagier normal[28] ne mettent en évidence aucun impact des troubles langagiers sur l'activité elle-même, ni même sur la compréhension du comptage (c'est-à-dire sur l'accès à la cardinalité). Le facteur verbal ne semblant pas crucial dans le cas du comptage, pourquoi le serait-il dans celui de l'appropriation des résultats d'additions élémentaires ? Comment expliquer ce paradoxe ?

---

26. Geary et coll. (1992).
27. Fayol (2002).
28. Camos, Fayol, Lacert, Bardi et Laquière (1998).

Il s'explique aisément. Ces études ont en effet montré que lorsqu'un enfant asiatique de première année d'école n'a pas encore mémorisé le résultat d'une addition, il utilise très majoritairement[29] une stratégie de décomposition-recomposition centrée sur dix. Il utilise notamment la stratégie qu'on appelle souvent « passage de la dizaine » : $9 + 7 = 9 + 1 + 6$ ou $7 + 4 = 7 + 3 + 1$, par exemple. Si, comme nous l'avons soutenu, 1°) la conceptualisation arithmétique dépend de l'appropriation par l'enfant de l'équivalence entre des stratégies de comptage et des stratégies de décomposition-recomposition, et 2°) la disponibilité de stratégies de décomposition-recomposition atteste mieux du niveau de conceptualisation que celle de stratégies de comptage qui, de manière générale, sont plus facilement accessibles, la plus grande fréquence d'usage des stratégies de décomposition-recomposition chez les enfants asiatiques prouve qu'ils ont généralement mieux conceptualisé les 20 premiers nombres que leurs *alter ego* américains, et la différence de mémorisation du répertoire additif ne fait que refléter cette différence de niveaux de conceptualisation (on mémorise mieux ce qu'on comprend !).

Le paradoxe est levé : le facteur verbal n'a pas d'impact sur la mise en œuvre du comptage parce que, fondamentalement, ce n'est pas cette mise en œuvre du comptage qui est problématique, c'est sa compréhension, et celle-ci dépend de la compréhension de stratégies de décomposition-recomposition. Il n'est pas étonnant que lorsque le facteur verbal favorise l'adoption de telles stratégies, son effet soit important. Mais est-on sûr que c'est bien le facteur verbal qui explique l'usage massif de stratégies de décomposition-recomposition, et ainsi, par enchaînement de causes, la grande précocité de la conceptualisation des nombres et de la mémorisation du répertoire additif ?

Oui, car lorsqu'on parle les nombres « à l'asiatique », l'emploi d'une stratégie de décomposition-recomposition va de soi : pour calculer $9 + 7$, par exemple, il est assez simple de savoir que le résultat est plus grand que 10 parce que 10, c'est le nombre qui vient tout de suite après 9. Or, lorsqu'on parle les nombres « à l'asiatique » et lorsqu'on sait que le résultat d'une addition est plus grand que 10, du fait que les nombres correspondants se disent dix-un, dix-deux... dix-huit, dix-neuf, il suffit de trouver de combien le nombre recherché dépasse 10 : s'il dépasse 10 de 2, c'est « dix-deux », s'il dépasse 10 de 5, c'est « dix-cinq », etc. La façon dont les Asiatiques parlent les nombres après dix les conduit ainsi *naturellement*, dans le cas du calcul de $9 + 7$, par exemple, à se demander : de combien le résultat dépasse-t-il 10 ? Ils sont naturellement conduits à utiliser *un passage de la dizaine*. Hatano[30] affirme ainsi qu'il ne viendrait jamais à l'esprit d'un pédagogue

---

29. Dans 67 % des cas dans l'étude de Geary *et al.* chez les enfants chinois, contre seulement 13 % des cas chez les enfants américains.

30. Hatano (1982).

japonais d'enseigner le calcul de 9 + 7 en comptant au-dessus de 9 : l'enseignement du « passage de la dizaine » paraît, dans ce pays, aller de soi.

Si les enfants américains de première année d'école élémentaire n'utilisent pratiquement pas ce type de stratégie, c'est parce que leur suite verbale est irrégulière et qu'ils n'ont donc *a priori* aucune raison de chercher de combien le résultat dépasse « dix ». Lorsqu'un enfant asiatique compte au-dessus de 8 pour calculer 8 + 6, par exemple, il dit : « <u>huit</u>, neuf, dix, dix-un, dix-deux, etc. ». Un enfant américain ou français, lui, dit : « <u>huit</u>, neuf, dix, onze, douze, etc. ». Le rôle « pivot » de dix leur est masqué. L'irrégularité de leur suite verbale au-delà de 10 leur masque le but d'un éventuel « passage de la dizaine ». Or, lorsque le but d'une procédure est masqué, celle-ci n'est guère accessible de manière spontanée. À défaut d'une action pédagogique volontariste de la part de leurs enseignants, les enfants qui ne disposent pas d'une suite verbale régulière cherchent le résultat en comptant 1 à 1, ce qui ne favorise ni la conceptualisation, ni la mémorisation.

Une autre façon d'expliquer la meilleure appropriation du répertoire additif élémentaire chez les enfants asiatiques

Mais il existe des psychologues peu sensibles aux aspects conceptuels de la connaissance et qui, pour expliquer des différences de mémorisation, s'intéressent essentiellement aux caractéristiques du « traitement de l'information » correspondant à telle ou telle procédure. Ils se demandent par exemple si telle ou telle procédure sollicite de manière importante ce qu'on appelle la « mémoire de travail ». Ces psychologues avancent souvent l'idée que la supériorité des élèves asiatiques dans la mémorisation du répertoire additif serait une conséquence du fait que les mots-nombres, dans les langues asiatiques, se prononcent de manière plus rapide que dans les langues occidentales : la plupart des premiers mots-nombres chinois (*yi, er, si, wu*, etc.) ne comportent en effet que 2 phonèmes, alors qu'en français *trois* et *quatre* en ont 4, que *six, sept, huit* et *neuf* en ont 3. Cela a des incidences sur la mémoire.

Les expériences qui le prouvent visent à mesurer ce qu'on appelle l'« empan mnésique » des personnes. On leur demande de répéter des suites formées en choisissant au hasard des mots-nombres entre un et neuf (la suite : sept, quatre, neuf, trois, six, deux, huit, par exemple). On leur propose des suites de plus en plus longues pour évaluer la taille maximum de celles qu'ils sont capables de retenir. Ces expériences montrent que plus la prononciation des mots à retenir est brève, plus grande est la taille des suites mémorisées. Lorsque l'empan mnésique est ainsi mesuré en mots-nombres élémentaires, il est d'environ 9 mots-nombres chez les Chinois et de 7 mots-nombres chez les Occidentaux. Il est sûr, donc, que la brièveté de prononciation des mots-nombres favorise la mémorisation du répertoire additif chez les enfants asiatiques, mais ce facteur est vraisemblablement moins crucial que ne le croient ces psychologues.

En effet, les études ont montré que dans les pays asiatiques, comme dans les pays occidentaux, un enfant qui ne connaît pas encore par cœur un résultat d'addition cherche le plus souvent à le reconstruire. Adoptons la perspective « traitement de l'information » des psychologues précédents et considérons le cas d'un élève français de fin de CP qui détermine « neuf plus sept » en comptant au-dessus de neuf : neuf, dix (1), onze (2), douze (3), treize (4), quatorze (5), quinze (6), seize (7). Pour mémoriser ce « fait numérique », il faut relier directement « neuf plus sept » et « seize »; or, l'élève qui compte ainsi a prononcé 7 mots-nombres différents (de neuf à quinze) entre la locution « neuf plus sept » et le résultat « seize ». Vu la nature verbale du codage en mémoire de travail et vu sa capacité limitée, il est clair qu'au sein de cette mémoire, les données du problème ont disparu quand le résultat y figure enfin : tous les mots prononcés entre « neuf plus sept » et « seize » sont autant de parasites verbaux à la mémorisation.

La situation d'un élève asiatique se présenterait-elle sous un jour beaucoup plus favorable si jamais il se mettait à compter au-dessus de 9 lui aussi ? Non : il devrait tout comme son congénère français prononcer 7 noms de nombres différents entre les données du problème et le résultat. Ces noms de nombres ne sont pas systématiquement plus courts que dans le cas de l'élève français parce que 5 d'entre eux (ici, ceux qui sont entre dix-un et dix-cinq) se prononcent en juxtaposant deux syllabes, c'est-à-dire quatre phonèmes au moins ! Dans ces conditions, la brièveté de prononciation des mots-nombres élémentaires n'a vraisemblablement qu'une influence marginale.

Le facteur crucial est ailleurs : il est dans le fait que, très précocement, les enfants asiatiques qui n'ont pas encore mémorisé le résultat de 9 + 7 *ne comptent pas au-dessus de 9* mais utilisent la stratégie de décomposition-recomposition qu'on appelle « passage de la dizaine », qui est bien plus « fulgurante » : « neuf plus sept égale... neuf plus un... dix et encore six, seize ». L'enfant prononce beaucoup moins de ces mots-nombres dont nous avons dit qu'ils sont des parasites verbaux, et ce d'autant plus que le dernier, le mot « six », ne doit pas être considéré comme un « pur parasite », du fait de sa proximité phonologique avec le résultat : « six, seize » (six, dix-six dans les langues asiatiques).

En revanche, lorsqu'un élève compte au-dessus de « neuf » pour calculer « neuf plus sept », qu'il soit français, américain ou asiatique, il y a tant de « mots parasites » entre les données de l'opération et son résultat qu'on ne comprend guère comment il pourrait mémoriser le fait numérique correspondant. Il est raisonnable de penser que même s'il comptait ainsi « 9 + 7 » des centaines, voire des milliers de fois, la mémorisation du fait numérique ne s'ensuivrait pas pour autant.

On remarquera d'ailleurs qu'une des caractéristiques les plus souvent observées chez les enfants en grande difficulté dans leurs apprentissages numériques (ceux dont on a envie de dire qu'ils ne « conceptualisent » pas les nombres) est le fait qu'ils restent prisonniers de leurs procédures de comptage et ne mémorisent pas le répertoire additif, du moins dans sa partie comportant des grands nombres[31]. En fait, pour mémoriser le répertoire additif, l'appropriation de stratégies de décomposition-recomposition est vraisemblablement incontournable, et cette mémorisation chez les enfants occidentaux dépend vraisemblablement tout autant que chez les enfants asiatiques d'une telle appropriation.

Finalement, qu'on privilégie une analyse qui insiste sur les processus de conceptualisation ou qu'on adopte le point de vue du traitement de l'information, dans les deux cas, c'est l'appropriation de stratégies de décomposition-recomposition qui explique la mémorisation du répertoire additif élémentaire. De manière étonnante, les psychologues qui analysent la mémorisation du répertoire additif en privilégiant l'aspect « traitement de l'information », plutôt que l'aspect « conceptualisation », n'ont, à ma connaissance, jamais souligné le statut causal de l'usage de stratégies de décomposition-recomposition. Du coup, dans leurs écrits, *mémorisation du répertoire additif* et *conceptualisation du nombre* n'ont pas partie liée comme elles peuvent l'avoir dans *Comment les enfants apprennent à calculer*.

---

31. Geary (1993).

LES ÉTUDES INTERCULTURELLES
DES ANNÉES 1990-2000 :
LA CONCEPTUALISATION DE LA NUMÉRATION

Concernant la régularité de la suite verbale numérique dans les langues asiatiques, nous ne nous sommes intéressés jusqu'à présent qu'aux nombres compris entre « dix » et « deux dix », lorsqu'on les dit « à l'asiatique ». Au-delà, le fait que, lorsque les Asiatiques comptent de dix en dix, ils disent : dix, deux dix, trois dix, quatre dix, cinq dix, etc., a évidemment, lui aussi, des conséquences importantes sur la compréhension du rôle du groupement de 10 dans la numération décimale. Les recherches interculturelles des années 1990-2000 ont mis en évidence[32] que cette régularité verbale est un des principaux facteurs qui expliquent un phénomène bien établi aujourd'hui : les élèves asiatiques ont une avance importante dans la compréhension de la numération décimale.

Rappelons le point de vue défendu dans *Comment les enfants apprennent à calculer* : comprendre la numération décimale, c'est comprendre un « changement d'unités ». Une écriture telle que 347, par exemple, doit ainsi être considérée comme le symbole de l'équivalence entre les deux procédures suivantes. Pour construire une collection ayant ce nombre d'objets, il est évidemment possible de les « compter 1 à 1 », mais ce sera long ! Mieux vaut « changer d'unités » et commencer par « compter des cents » plutôt que de « compter des uns » : « 1 cent, 2 cents, 3 cents ». Ce faisant, on compte les « grandes unités » que sont les cents comme on compterait n'importe quelle autre unité ! Et lorsqu'il ne reste plus assez d'objets pour compter des cents, plutôt que de « compter des uns », mieux vaut continuer en « comptant des dix » : « ... 3 cents et 1 dix, 3 cents et 2 dix, 3 cents et 3 dix, 3 cents et 4 dix... ». Enfin, lorsqu'il reste moins de dix objets, cette procédure s'achève en « comptant des uns » : « trois cents quatre dix et un, trois cents quatre dix et deux... trois cents quatre dix sept ».

S'approprier la numération décimale, c'est donc avoir construit la conviction que la procédure consistant à « compter 1 à 1 » trois cent quarante-

---

32. Fischer (2002).

sept objets et celle consistant à compter d'abord 3 cents, puis 4 dix et enfin 7 uns sont équivalentes, et qu'on peut donc à loisir remplacer l'une par l'autre. S'approprier un concept arithmétique comme la numération décimale, c'est donc, là encore, accéder à un comportement stratégique.

Dans les langues comme le français et l'anglais, il est transparent que « cent » est une grande unité de compte : « cent, deux cents, trois cents, etc. ». Ce n'est malheureusement pas le cas pour « dix ». Dans ces langues, on ne compte pas « dix, deux dix, trois dix,... ». Or, en première année d'école, dans les pays occidentaux, l'étude des nombres commence évidemment par les premiers d'entre eux, c'est-à-dire ceux dont la morphologie n'aide malheureusement pas à comprendre le rôle du groupement intermédiaire qu'est 10. C'est donc la notion même de changement d'unité, au fondement de la numération décimale, que les élèves risquent de ne pas comprendre et, par conséquent, de ne pas conceptualiser.

Commençons par présenter quelques recherches qui étayent cette analyse avant de rappeler comment l'enseignant français peut, par sa pratique pédagogique, dépasser ce risque et, finalement, offrir les mêmes chances de conceptualisation de la numération décimale aux élèves qui lui sont confiés que s'ils appartenaient à une communauté linguistique disposant d'une suite verbale numérique régulière.

Deux tâches qui mettent en évidence la supériorité des élèves asiatiques dans la conceptualisation de la numération

Nous nous intéresserons ici à deux tâches permettant d'évaluer la compréhension de la numération décimale. Cependant, de façon *a priori* surprenante, nous commencerons par la moins intéressante des deux, celle qui permet le moins bien d'apprécier les connaissances des élèves parce que les réussites apparentes qu'on y observe ne correspondent pas toujours à un authentique progrès vers la conceptualisation. Les raisons de ce choix sont les suivantes : 1°) cette tâche est fréquemment proposée à l'école, et les « pseudo-réussites » observées conduisent souvent les enseignants à se leurrer sur le niveau réel de leurs élèves, et 2°) c'est seulement lorsqu'on a analysé les insuffisances de la première tâche qu'on prend conscience que la seconde est particulièrement intéressante.

Une première tâche qui peut conduire à se leurrer sur le niveau de conceptualisation des élèves

Pour cette première tâche, l'expérimentateur dispose d'un matériel constitué à la fois de cubes unités et de barres formées de 10 cubes unités. Comme cette tâche a été utilisée pour comparer les performances entre élèves asiatiques et occidentaux[33], pour éviter qu'une population soit avantagée par rapport à l'autre, les chercheurs se sont assurés qu'aucun des élèves n'avait auparavant utilisé ce matériel en classe, et l'expérience commence en explicitant sa structure : chaque barre est formée avec 10 « cubes collés ». Si on met 10 cubes bout à bout, on forme une nouvelle barre. L'expérimentateur demande ensuite aux enfants de former avec ce matériel une collection de 42 cubes (le nombre est donné sous forme écrite chiffrée).

On observe alors comment les élèves s'y prennent : comptent-ils tous les cubes 1 à 1 ou utilisent-ils les groupements de 10 matérialisés par les barres ? On remarquera que lorsqu'un enfant forme une collection de 42 cubes en les comptant 1 à 1, bien que son comportement soit peu économique, celui-ci est compatible avec la consigne et constitue donc une réponse possible. C'est pourquoi, dans le cas où l'élève compte 1 à 1, la tâche lui est proposée une seconde fois en lui demandant de trouver une autre manière de faire. Il est ainsi conduit, lors de ce second essai, à utiliser le groupement de 10, du moins s'il en est capable. On vise donc à ce qu'il produise la configuration suivante :

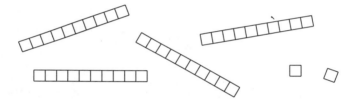

Vers la fin de la première année d'école (l'équivalent du CP en France), dans 31 % des cas seulement, les enfants nord-américains utilisent le groupement de 10 au cours du premier ou du deuxième essai. Chez les enfants coréens, ce pourcentage est de 100 % !

Un tel écart est cependant trompeur. En effet, « 42 » se lit « quatre dix deux » dans les langues asiatiques, et il se pourrait donc que les enfants coréens se laissent tout simplement « porter » par cette régularité verbale : de même que pour former une collection de « 4 carottes », face à un amas de carottes, ils en prendraient 4, pour former une collection de « 4 dix » face à des barres telles que chacune s'appelle « un dix », ils en prennent 4 aussi. Est-on sûr pour autant que, dans le même temps que ces enfants cumulent des « dix », ils considèrent ces mêmes « dix » autrement que comme des carottes, c'est-à-dire comme des grandes unités formées de 10 petites unités ? Nullement. Il suffit d'ailleurs de transformer légèrement la tâche précédente pour s'apercevoir que c'est loin d'être le cas.

---

33. Miura I., Okamoto Y., Kim C., Steere M. et Fayol M. (1993).

Une seconde tâche révélant mieux le niveau de conceptualisation de la numération décimale

Dans cette autre tâche, l'expérimentateur commence par présenter le matériel suivant :

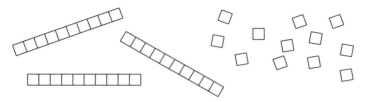

Il demande ensuite à l'enfant de chercher combien il y a de petits cubes en tout et d'écrire le nombre correspondant. Lorsque l'enfant a écrit « 42 », l'expérimentateur lui demande ce qui, dans le matériel présenté, correspond au chiffre « 4 » et au chiffre « 2 » de cette écriture chiffrée. Pour répondre, l'élève doit donc construire un nouveau groupe de dix, pour l'ajouter aux 3 qui sont déjà formés.

Dans le cas de cette seconde tâche, il ne suffit plus d'apparier un mot (dix) et un élément matériel perçu (une barre); il faut de plus concevoir cette barre comme équivalente à 10 unités séparées. Il faut être capable d'adopter un double point de vue sur « dix » : il faut le considérer à la fois comme une « *grande unité* » que l'on peut compter (« un dix, deux dix, trois dix ») et comme *composé de « dix petites unités »* (dix cubes). Or nous avons vu que comprendre la numération décimale, c'est être capable d'adopter ce double point de vue.

Les enfants qui réussissent les deux tâches doivent donc être considérés différemment de ceux qui réussissent seulement la première, car les uns et les autres n'énumèrent pas les mêmes unités : il s'agit de « grandes unités » qui sont elles-mêmes formées de « 10 unités élémentaires » en cas de réussite aux deux tâches, alors qu'il s'agit de dix qui sont « comme des carottes » en cas de réussite à la première seulement. Une autre façon de le dire consiste à remarquer que seuls les enfants qui réussissent les deux tâches accèdent à un comportement *stratégique* : on est sûr en effet que, chez eux, le « comptage des dix » est un résumé du « comptage des uns » et que, s'ils comptent des dix, c'est parce qu'ils sélectionnent celle des deux procédures qui est la plus économique. En revanche, le « comptage des dix » des enfants qui réussissent seulement la première tâche n'est pas articulé avec un « comptage des uns ». On n'a plus affaire à la sélection d'une procédure parmi un ensemble de possibles. On ne peut plus parler de comportement stratégique, on ne peut plus parler de conceptualisation.

La seconde tâche est donc bien préférable à la première pour apprécier le niveau de conceptualisation de la numération décimale chez des élèves. Les enfants coréens la réussissent-ils mieux que les enfants américains ? Oui, mais l'écart est moindre qu'avec la première tâche : la seconde est réussie par 25 % d'élèves en fin de CP aux États-Unis et par 58 % d'entre eux en Corée, alors que 100 % de ces derniers réussissaient la première tâche. La réussite à la seconde tâche reste donc très supérieure en Corée, mais il importe de remarquer qu'elle est loin d'être totale : 40 % environ d'élèves coréens échouent à cette tâche alors qu'ils réussissent la première.

Quel rôle pour le facteur langagier dans la conceptualisation de la numération décimale ?

40 % d'élèves coréens n'ont pas encore conceptualisé la numération décimale en fin de première année d'école, alors que le groupement par dix est « transparent » dans leur façon de parler les nombres. En fait, un tel système de désignation des nombres n'est « transparent » que pour celui qui l'a compris. Les résultats précédents le montrent : si une suite verbale régulière favorise effectivement la compréhension de la numération décimale (les élèves coréens réussissent significativement mieux que leurs congénères américains), elle ne l'assure pas parce que, *in fine*, c'est au niveau de la compréhension des propriétés de l'action que se joue la conceptualisation, et non à celui du verbe.

Pour conduire à la conceptualisation, *la régularité de la suite verbale doit donc être interprétée en terme d'actions*. Pour avoir l'expérience d'un tel phénomène, il suffit de s'intéresser au cas des jeunes enfants qui apprennent la suite verbale des mots-nombres et qui découvrent qu'après « vingt », on dit : « vingt et un », « vingt-deux », « vingt-trois », etc. En général, un tel enfant est ravi : enfin, les adultes sont devenus raisonnables ! Ils n'imposent plus aux enfants d'apprendre par cœur une suite de mots tous différents comme « onze », « douze », etc. Quand un enfant a appris le mot « vingt » et quand il a découvert la régularité verbale qui s'applique dans ce cas, il connaît d'un seul coup dix termes de la suite ! Pour autant, il est très simple de vérifier qu'un tel enfant ne comprend pas d'emblée qu'en réunissant une collection de « vingt » unités et une autre de « quatre », par exemple, on obtient une collection de « vingt-quatre ». Connaître la régularité verbale de notre suite numérique après « vingt » et être capable de l'interpréter correspondent généralement à des moments différents du progrès. Le langage peut aider à la conceptualisation, il ne se suffit jamais à lui-même.

Des pratiques pédagogiques qui font que les élèves occidentaux conceptualisent la numération aussi bien que les Asiatiques...

Est-on certain, cependant, que la supériorité des enfants asiatiques dans la compréhension de la numération décimale résulte principalement de cette régularité de leur comptine numérique ? L'analyse théorique précédente, qu'on trouvait déjà dans *Comment les enfants apprennent à calculer*, semble convaincante, mais d'autres causes, après tout, pourraient être évoquées : une plus grande ardeur au travail dans ces pays, une plus grande considération pour les apprentissages scolaires, etc. Un argument décisif consisterait évidemment à montrer que, lorsque des enfants occidentaux apprennent une comptine numérique régulière en plus de celle de leur langue, ils comprennent mieux la numération décimale. L'idéal serait même de montrer qu'ils sont susceptibles d'atteindre le niveau de compréhension qui est celui des Asiatiques.

Or, de manière récente, Karen Fuson et ses collaborateurs[34] ont mené une telle étude. Dans deux classes scolarisant des enfants hispanophones des quartiers défavorisés de Detroit (États-Unis), ils ont étudié l'effet d'un enseignement de deux suites verbales numériques : la suite conventionnelle dans la langue d'apprentissage du calcul et cette même suite régularisée « à l'asiatique ». Dans l'une de ces classes, l'enseignement des mathématiques se faisait en américain et dans l'autre en espagnol, c'est-à-dire la langue maternelle de ces enfants. Concernant le nombre 53, par exemple, les élèves apprenaient à le dire « cinq dix et trois uns » dans leur langue d'apprentissage du calcul, c'est-à-dire « *five tens and three ones* » dans la classe qui l'apprenait en américain et « *cinco dieces y tres unos* » dans celle qui l'apprenait en espagnol.

En fin d'année, ces élèves avaient atteint un niveau de compréhension de la numération décimale proche et même parfois supérieur à celui qu'on observe chez les élèves asiatiques. Concernant la tâche qui teste une compréhension approfondie de la numération, par exemple, le tableau suivant permet de comparer le résultat obtenu en fin de CP par des enfants américains – suivant un cursus normal – avec celui d'enfants japonais et coréens et avec ceux des élèves des deux classes de l'expérience de Fuson et ses collaborateurs :

Pays	*Réussite*
États-Unis (classe « normale »)	25 %
Corée	58 %
États-Unis / Fuson (apprentissage en américain)	55 %
États-Unis / Fuson (apprentissage en espagnol)	82 %

34. Fuson K., Smith S., Lo Cicero A.M. (1997).

Les élèves de l'une des deux classes testées par Fuson ont des résultats comparables aux élèves coréens, ceux de l'autre classe les surpassent. Remarquons qu'il est impossible de connaître l'origine de cette différence de performances entre ces deux classes. Elles n'avaient pas les mêmes enseignants, et la différence peut aussi bien résulter d'un « effet enseignant » que du fait que les enfants les plus performants apprenaient le calcul dans leur langue maternelle, contrairement aux autres. Ces deux variables étant confondues dans cette expérience, on ne peut pas savoir si l'un ou l'autre ou bien encore les deux facteurs sont déterminants.

Une chose est sûre en tout cas : les différences entre enfants occidentaux et enfants asiatiques ne sont pas irréductibles. Elles peuvent être effacées, y compris lorsqu'on enseigne à une population réputée rencontrer plus fréquemment que d'autres des difficultés scolaires. Lorsque la langue maternelle ne favorise guère l'apprentissage (parce qu'elle n'explicite pas le groupement de dix), le pédagogue peut pallier les difficultés que rencontrent de nombreux enfants en mettant à leur disposition deux suites verbales : celle, normale, de leur langue d'apprentissage du calcul, et la même, mais après qu'elle ait été régularisée « à l'asiatique ».

On peut même aller plus loin : quant aux premiers apprentissages numériques, peut-être vaut-il mieux, pour un enfant, naître dans un pays où l'on parle les nombres de manière irrégulière et bénéficier de l'enseignement d'une suite verbale régularisée que de naître dans un pays où la suite verbale numérique est d'emblée régulière. Nous avons vu en effet que dans ce dernier cas, de nombreux enfants se laissent « porter » par la régularité verbale lorsqu'ils sont confrontés à des tâches telles que construire une collection de « 4 dix 2 unités » avec du matériel structuré. Les réussites correspondantes doivent être considérées comme de « pseudo-réussites », dans la mesure où elles n'attestent pas d'une authentique conceptualisation de la numération décimale. Le pédagogue risque de se leurrer sur le niveau réel des enfants à partir de leur comportement dans ce type de tâche, et certains élèves sont susceptibles d'entrer dans la spirale de l'échec à son insu.

Mieux vaut, pour un enfant, apprendre une langue maternelle où l'on parle les nombres de manière irrégulière et bénéficier de l'enseignement d'une suite verbale régularisée, parce qu'il peut utiliser cette suite verbale régularisée pour réfléchir sa suite numérique irrégulière et parce que l'enseignant a la possibilité d'apprécier le niveau réel des élèves en leur proposant des tâches formulées avec la suite verbale irrégulière. Dans ce cas, la régularité verbale ne risque pas de faire écran au diagnostic d'éventuelles difficultés de conceptualisation.

Avant la décennie 1990-2000, celle pendant laquelle les principales études interculturelles ont été menées, *Comment les enfants apprennent à calculer* recommandait déjà de reformuler les nombres « vingt, trente, quarante, etc. » sous la forme « deux dix, trois dix, quatre dix, etc. ». Deux éléments m'avaient conduit à l'époque à la recommandation d'une telle pratique péda-gogique : d'une part, l'analyse théorique qui vient d'être rappelée de la conceptualisation de la numération décimale en tant que « changement d'unités », et, d'autre part, quelques informations relatives à la pédagogie du nombre au Japon qui étaient déjà disponibles dans la communauté scien-tifique (Hatano, 1982).

Remarquons cependant que les pratiques pédagogiques mises en œuvre dans les classes de l'expérience de Fuson correspondent à une « version extrême » de celles qui sont recommandées dans *Comment les enfants appren-nent à calculer*. Dans cet ouvrage, les formulations du type « trois dix et quatre », par exemple, sont recommandées pour faciliter la compréhension du fait qu'une collection de trente-quatre objets conduit, lorsqu'on les groupe par 10, à trois groupes de dix et encore quatre.

En revanche, dans les classes de l'expérience de Fuson, les enfants appren-nent dès le début du CP la suite verbale régularisée et ils l'apprennent indé-pendamment de tout comptage d'objets. Il s'agit, dans un premier temps au moins, de favoriser chez eux le même type d'apprentissage que celui qu'on observe chez les enfants francophones avec la suite numérique au-delà de « vingt ». Dans ce premier temps, ces enfants s'appuient seulement sur les régularités verbales de la suite, ils ne sont pas nécessairement capables d'en interpréter d'emblée les termes comme renvoyant à des décompositions. C'est dans un second temps seulement qu'ils découvrent que « dix et quatre uns », par exemple, c'est « dix et *encore* quatre uns ». Au vu des résultats de la recherche de K. Fuson, il est peu douteux que la mise en œuvre de cette version plus radicale des pratiques pédagogiques décrites dans *Comment les enfants apprennent à calculer* soit à l'avenir de plus en plus répandue.

Dix est une « grande unité de compte » qu'il faut savoir utiliser pour mesurer la taille des nombres supérieurs à cent

Mais les travaux précédents suggèrent un phénomène que les psychologues n'ont pas encore étudié expérimentalement et qui n'est pas non plus évoqué dans *Comment les enfants apprennent à calculer*. Nous avons dit qu'il est expli-cite, dans notre langue comme dans les langues asiatiques, que cent est une grande unité de compte. Pour former une collection de 460 objets, par exemple, on peut commencer par compter « 1 cent, 2 cents, 3 cents, 4 cents » avant de compléter avec « 6 dix ». Or, il est presque certain que cette régularité ver-bale, commune aux langues occidentales et asiatiques, a elle aussi un rôle ambivalent. En effet, d'un côté, il est clair qu'elle aide à la conceptualisation de « cent » comme grande unité de compte. Mais d'un autre, elle fait écran au fait de concevoir 10 comme une unité de compte qui permet de mesurer la taille des nombres dans les cas où ces nombres sont supérieurs à cent. Elle fait écran au fait de concevoir « cent dix » comme « onze dix », « cent vingt » comme « douze dix », « cent trente » comme « treize dix », etc. En fait, l'écriture des nombres à 3 chiffres reflète l'équivalence entre trois stratégies d'énumération des unités : pour construire une collection de 426, par exemple, on peut compter 1 à 1 ou compter 4 cents, 2 dix et 6 « uns », bien sûr, mais, en isolant le dernier chiffre de 426 et en s'intéressant à ceux qui précèdent (**426**), on s'aperçoit que cette écriture reflète aussi une troisième stratégie possible : on peut aussi compter **42** dix et 6 « uns ». Or, la lecture typique d'une écriture telle que : « quatre cent vingt-six » (ou même « quatre cents deux dix six » dans une suite régulière) masque cette possibilité.

Mais est-ce utile de s'être approprié une telle équivalence ? Oui, car la compréhension de diverses règles de calcul qui jouent un rôle très important dans l'organisation générale du savoir arithmétique en dépend. S'il faut calculer 426 − 83, par exemple, les débutants échouent souvent du fait qu'ils considèrent que 426 contient seulement 2 groupes de dix et qu'il est donc impossible d'en retirer 8. Savoir décomposer **426** en 42 groupes de dix et encore 6 aide à ôter 8 groupes de dix de ce nombre. De même, la division euclidienne de 426 par 10 *(en 426, combien de fois 10 ?)* devient très simple pour celui qui sait mesurer 426 à l'aide de la grande unité de compte qu'est dix : le quotient est 42 et le reste 6.

On sait qu'en classe, la première rencontre avec une notion comme les nombres à 3 chiffres constitue une sorte d'événement. Ce jour-là les élèves participent plutôt mieux à la vie de la classe et les significations que l'enseignant privilégie en cette occasion bénéficient d'une sorte de « prime à l'apprentissage ». Il est vraisemblablement important que, lors de la première leçon en classe concernant les nombres à trois chiffres, au CE1, l'enseignant mette l'accent sur les décompositions en dizaines et unités plutôt que sur les décompositions en centaines, dizaines et unités, c'est-à-dire qu'il accorde la « prime à l'apprentissage » résultant de la nouveauté à la signification qui n'est pas portée par le langage.

Nous allons maintenant analyser plusieurs façons d'aborder cette sorte de leçon, ce qui permettra d'avancer dans l'élaboration d'une théorie de l'usage pédagogique des représentations figurées.

VERS UNE THÉORIE
DE L'USAGE PÉDAGOGIQUE
DES REPRÉSENTATIONS FIGURÉES

Dans les études intercurelles qui viennent d'être présentées, l'expérimentateur utilise un matériel qui est souvent utilisé dans les classes : des cubes unités, des barres de 10 cubes, des plaques de 100 cubes (celles-ci correspondent à la juxtaposition de 10 barres), etc. Or, comme nous venons de le voir, l'usage d'un tel matériel peut conduire à de pseudo-réussites au sens où l'élève fournit la réponse correcte sans qu'on soit certain qu'il ait compris le changement d'unité qui fonde la numération décimale. Comment éviter ces pseudo-réussites en classe ?

Mais avant d'aborder cette question, une autre semble préalable : ne conviendrait-il pas mieux de renoncer radicalement à l'usage d'un tel matériel ? C'est par exemple l'avis de Stella Baruk, une rééducatrice dont nous analyserons de façon approfondie les conceptions pédagogiques plus loin dans cet essai. Concernant les nombres supérieurs à 100, elle affirme : « Je n'hésite pas à dire ici qu'une fois que l'on sait que dix dizaines *font cent*, il n'est plus nécessaire de représenter quoi que ce soit : on est dans un système d'*écriture* qui a du sens de façon *intrinsèque*, c'est-à-dire par lui-même. »[35]. C'est un autre point de vue qui sera défendu ici : l'usage de représentations figurées (rappelons qu'on dit aussi « analogiques ») peut favoriser la conceptualisation de la numération décimale, à condition que l'enseignant choisisse des tâches et des façons de dialoguer appropriées.

S'appuyer trop précocement sur le « fonctionnement intrinsèque » des écritures arithmétiques peut conduire à une première forme de verbalisme

Lorsqu'on sait que *dix dizaines font cent*, la compréhension des nombres supérieurs à 100 peut-elle résulter de la seule étude d'un « système d'*écriture* qui a du sens de façon *intrinsèque*, c'est-à-dire par lui-même » ?

Considérons le nombre 346, par exemple, et posons-nous la question : « Combien y a-t-il de dizaines en tout dans 346 ? », question dont nous avons souligné l'importance et qui se pose à l'école dès le CE1.

---

35. S. Baruk (1997).

Nous avons vu que ce qu'on entend en oralisant cette écriture, « *trois cent quarante-six* », fait plutôt obstacle à l'interprétation du chiffre « 3 » comme « trente dizaines ». En effet, l'oral établit une correspondance terme à terme entre chaque chiffre et des informations concernant respectivement les centaines, dizaines et unités. On est fortement conduit à penser que, dans l'écriture 346, seul le chiffre 4 est porteur d'information concernant les dizaines.

Pour surmonter cet obstacle, lorsqu'on s'en tient à utiliser ce que S. Baruk appelle le « sens intrinsèque du système d'écriture », il faut raisonner de la manière suivante. Si *dix dizaines font cent*, on peut dire, en inversant la proposition, que *cent c'est dix dizaines*[36] et, donc, que *trois cents c'est trois fois plus, c'est-à-dire trente dizaines*. Un tel raisonnement, qui relève de la proportionnalité, est loin d'aller de soi, et on peut considérer qu'il n'est accessible qu'à peu d'enfants de CE1.

En fait, lorsque le pédagogue s'y prend ainsi, un grand nombre d'élèves, à force de propositions erronées qui se voient rectifiées par l'enseignant (et de distinctions verbales répétées entre « le chiffre des dizaines » et « le nombre des dizaines »), vont dégager la règle suivante : « Avec un nombre à 3 chiffres, si on m'interroge sur le nombre total de dizaines, il faut que j'isole les deux premiers chiffres : le nombre que j'obtiens est la réponse attendue par l'enseignant. » Ils vont ainsi appliquer cette règle, mais sans en comprendre les raisons. Ils « réussissent » au sens où ils fournissent à l'enseignant la réponse qu'il attend, mais il s'agit d'une « fausse réussite », qui repose sur un rituel verbal. Dès que les leçons ne seront plus centrées sur cette question, de nombreux élèves oublieront évidemment cette règle et ce « vernis » de savoir disparaîtra. Une telle pédagogie relève de ce que Piaget, et de nombreux pédagogues avant lui, appelait du *verbalisme* : l'adulte n'offre pas d'autre recours à l'enfant que de s'approprier le texte du savoir, sans réelle compréhension de ce qu'il signifie.

L'usage de représentations figurées au-delà de 100 pour éviter cette première forme de verbalisme

Montrons que l'usage de représentations figurées, sous certaines conditions, doit être crédité de propriétés pédagogiques intéressantes, dont celle d'aider l'enseignant à éviter la forme de verbalisme qui vient d'être décrite.

Considérons la situation suivante : pour former une collection de 346 jetons, on décide de les grouper par 10 (on peut évidemment répartir le travail entre les élèves). Dès qu'on a 10 jetons, on les met dans une petite enve-

---

36. On sait qu'une telle inversion n'est pas si facile : on a plus facilement accès à la connaissance « 4 plus 3, ça fait 7 » qu'à la connaissance « 7, c'est 4 + 3 ». Cela s'explique par le fait que « 7, ce n'est pas seulement 4 + 3 ».

loppe et on écrit « 10 » dessus. Dès qu'on a rempli 10 petites enveloppes, on les met dans une grande enveloppe, et on écrit… « 100 » dessus. On se trouve finalement devant la configuration :

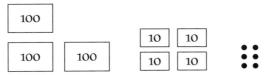

On peut demander aux élèves d'écrire d'abord le nombre total de jetons (346), puis de dire combien il y a de groupes de 10 en tout, en précisant éventuellement qu'il faut tenir compte de ceux « qu'on voit » et de ceux « qu'on ne voit pas ». Dès le CE1, la réussite est alors beaucoup plus importante, et il s'agit plus probablement d'une « vraie réussite », dans la mesure où les élèves peuvent se représenter chacune des 10 enveloppes de 10 jetons à l'intérieur des grandes enveloppes de 100 (d'autant plus aisément qu'ils ont eux-mêmes formé ces groupements) et se convaincre qu'en les comptant, il y en aurait dix (en pointant une grande enveloppe), vingt (une autre), trente (la dernière). La règle est évidemment dégagée en classe : dans une écriture telle que 346, le chiffre « 3 » correspond à 3 groupes de 100, mais c'est aussi 30 groupes de 10. Au total, dans 346, en prenant en compte les 30 groupes de 10 qu'on « ne voit pas » et les 4 groupes de 10 qu'on « voit », il y a 34 groupes de 10.

Et lorsqu'à partir d'autres exemples, voire d'autres contextes, les élèves se sont approprié cette règle, ils peuvent répondre à partir de la seule écriture chiffrée. L'enseignant, plutôt que d'utiliser les enveloppes elles-mêmes, peut alors en utiliser une figuration de la manière suivante : il dessine 5 grandes enveloppes, 7 petites et 3 jetons, par exemple, et demande combien il y a de jetons en tout et combien de groupes de 10. À un élève qui a répondu 573 puis 57 en utilisant la règle, l'enseignant peut dire : « Tu me dis qu'il y a 57 groupes de 10, mais je n'en vois que 7 ! » Ce dialogue permet à l'enseignant de s'assurer que, chez chacun de ses élèves, l'usage de la règle est le reflet de la compréhension d'une équivalence entre procédures (c'est-à-dire d'une abstraction réfléchissante) : il revient au même de compter 5 cents, 7 dix et 3 unités isolées que de compter 57 dix et 3 unités isolées.

Rappelons-nous maintenant la tâche utilisée dans les études interculturelles analysées précédemment : on présente à l'élève 3 barres de dix et 12 cubes, on l'interroge sur le nombre total de cubes et on lui demande enfin ce qui, dans le matériel, correspond au « 4 » et au « 2 » de 42. Ces deux situations ont une caractéristique commune : les propriétés que la figuration rend saillantes (dans la situation des enveloppes, on ne voit que 7 groupes de 10 ; dans celle des barres de dix, on n'en voit que 3) ne permettent pas de répondre directement à la question posée. Dans les deux tâches proposées, ces figurations sont ainsi *des incitations à l'action ou à l'évocation de l'action* : évoquer le remplissage des grandes enveloppes dans la première situation, la formation d'une nouvelle barre de 10 dans l'autre.

Concluons : lorsque des figurations fonctionnent comme représentations spatiales du résultat d'actions et lorsque les propriétés auxquelles l'enfant doit accéder pour résoudre le problème posé ne sont pas saillantes dans ces figurations, celles-ci peuvent être de précieuses aides pédagogiques.

Il y a deux formes de verbalisme : le verbalisme des figurations et le verbalisme des signes numériques

Il ne s'agit évidemment pas d'affirmer ici que l'usage de figurations des centaines ou des dizaines est sans danger. L'enfant qui serait face à la figuration de « six grandes enveloppes – cinq petites – huit jetons » et qui, lorsqu'on lui demande combien il y a en tout, répondrait qu'il y a « six cent – cinquante – huit » parce qu'il utilise une règle consistant à remplacer « six grandes enveloppes » par « six cents » et « cinq petites enveloppes » par « cinquante » est tout autant dans le verbalisme que celui qui produit les réponses attendues en utilisant sans les comprendre des règles portant sur le maniement des écritures chiffrées. Cet autre dysfonctionnement provient du fait que les enveloppes ne sont pas conçues comme la représentation spatiale du résultat d'une action : leur remplissage par 100 ou 10 jetons selon le cas. Nous avons déjà rencontré ce dysfonctionnement lors de la présentation des études interculturelles : certaines réponses correctes doivent être, chez les élèves asiatiques, considérées comme de pseudo-réussites dans la mesure où ils comptent les barres de 10 comme s'il s'agissait de carottes, par exemple, et non comme de grandes unités formées elles-mêmes de 10 petites unités.

Cette forme de verbalisme peut paraître différente de la première. D'un côté, il y a un élève qui répond correctement que dans 347, il y a 34 dizaines, bien qu'il ne sache pas, par exemple, que le chiffre « 3 » désigne 30 dizaines (en fait, il utilise la règle : « j'isole les deux premiers chiffres et je donne le nombre que j'obtiens comme réponse »). De l'autre côté, il y a un élève qui utilise une règle analogue mais portant sur des représentations figurées. En réalité, dans les deux cas, les élèves raisonnent sur des représentations « statiques » (respectivement celles des écritures chiffrées et celles des figurations) qui ne sont pas conçues comme résultats d'une action de dénombrement. Nous allons voir cependant que, d'un point de vue didactique, ces deux formes ne doivent pas être considérées de la même façon, et c'est la raison pour laquelle il peut être utile de les dénommer différemment. On parlera donc, dans la suite de ce texte, de verbalisme des figurations, d'une part, et de verbalisme des signes numériques, de l'autre.

L'emploi du mot « groupe » pour se protéger du « verbalisme des figurations »

Il importe en effet de remarquer que, dans le cas de l'usage de représentations figurées, le pédagogue dispose d'un espace d'initiatives pour éviter cette forme de verbalisme. Tout d'abord, il dépend de lui que les élèves aient été mis en situation de construire eux-mêmes les groupements qui permettent d'interpréter ces figurations comme résultats d'actions de dénombrement. Mais il peut aussi choisir les termes qu'il emploie pour dénommer ces figurations. Un accord se fait aujourd'hui entre chercheurs pour considérer que les mots « dizaines » et « centaines » sont mal compris des élèves, ne serait-ce que parce que dans le langage quotidien, l'usage du suffixe « -aine » avec des mots-nombres crée une signification d'approximation : quelqu'un qui « a la trentaine », par exemple, a environ trente ans.

Quel(s) mot(s) doit-on alors choisir ? Lorsque le pédagogue anime des activités telles que celles qui viennent d'être décrites, pourquoi n'utiliserait-il pas le mot « enveloppe » ? S'il fait ce choix, remarquons qu'il est important de dire : « 6 grandes enveloppes de cent » et « 5 petites enveloppes de dix », plutôt que « 6 grandes enveloppes » et « 5 petites enveloppes ». Ce qui compte en effet, dans la situation ainsi représentée, c'est le contenu et non le contenant. Or, les deux sortes de locutions, « enveloppes » et « enveloppes de 10 », orientent différemment l'attention de l'enfant. Toutefois, les locutions qui utilisent le mot « enveloppe », même lorsqu'elles précisent les quantités contenues, ne sont pas, comme nous allons le voir, celles qu'il convient de privilégier. Il vaut mieux en effet utiliser la locution « groupe de 10 » qu'une quelconque des locutions « enveloppe de 10 », « paquet de 10 », « boîte de 10 », « équipe de 10 », etc.

En effet, lorsqu'on sait par exemple que 34 paquets de 10 objets et 6, c'est 346 objets, il n'est guère facile d'en déduire que 34 équipes de 10 enfants et encore 6 enfants, c'est 346 enfants. En revanche, lorsqu'on sait que 36 groupes de 10 et 6, c'est 346, il est assez facile d'en déduire que 34 équipes de 10 enfants et 6 ou 34 paquets de 10 objets et 6, c'est 346 de ces unités.

Il est en effet plus facile de transférer les propriétés du général (ici, donc, des groupes) au particulier (vers les enveloppes, les équipes, les paquets, les rangées, etc.) que d'un cas particulier (les enveloppes, par exemple) vers un autre cas particulier (les équipes, par exemple). Cela oriente le choix qu'on est amené à faire lorsqu'on ne souhaite pas utiliser de manière précoce les mots « dizaines » et « centaines » dans le type de situation qui a été décrite précédemment : les connaissances que les enfants s'approprient dans ce type de situation se transféreront plus facilement si on utilise le mot « groupe » à la place de « dizaine », plutôt que tout autre mot : enveloppe, boîte, paquet, équipe, etc.

Un autre argument, qui n'est pas sans lien avec le précédent, est que le mot « groupe » correspond au niveau de généralité où le même mot désigne l'action (on *groupe* des objets…) et le résultat de cette action (… pour former des *groupes*). Nous avons vu que le verbalisme qui risque d'accompagner l'usage de figurations provient le plus souvent du fait que celles-ci ne sont pas conçues comme représentations du résultat d'une action (par exemple, les barres de 10 qui sont comptées comme on compte n'importe quelles unités simples). Il est donc nécessaire que les entités figurées soient interprétées comme le résultat d'une action. Si, au même moment, pour dénommer ces entités, on active en mémoire le mot qui désigne cette action, il y a tout lieu de penser que la figuration risque moins d'être interprétée de manière « statique » et naïve. Ici, le langage ne peut rien sans l'action, mais tout langage ne se vaut pas : selon les mots qu'il choisit pour dénommer les dizaines et les centaines, le pédagogue évitera plus ou moins le verbalisme des figurations[37].

Résumons la thèse défendue ici. Il existe deux sortes de verbalismes qui correspondent aux deux grands types de représentation des quantités : analogique vs. linguistique. L'un comme l'autre résultent d'une conception statique des représentations utilisées ; l'enfant fournit des réponses correctes qui n'attestent pas de sa compréhension d'équivalences entre des procédures de dénombrement. L'usage de représentations figurées, cependant, est susceptible d'aider le pédagogue à se prémunir contre le verbalisme des signes numériques à condition de choisir des tâches et des façons de dialoguer avec les élèves appropriées. Dans tous les cas, ce sont les discordances qui sont sources de progrès : les tâches les plus intéressantes sont celles où les propriétés rendues saillantes par les représentations analogiques et les représentations linguistiques, ne se correspondent pas. Remarquons que c'était déjà le cas lorsqu'un adulte montrait trois doigts (représentation figurée) en disant : « Il y a trois chiens » (représentation linguistique). L'usage du mot « groupe » crée lui-aussi une certaine discordance parce qu'il conduit à désigner les entités à un niveau plus abstrait qu'on ne le fait spontanément.

Cette ébauche d'une théorie de l'usage pédagogique des représentations figurées sera précisée plus loin en analysant les cas où il est intéressant d'utiliser les mots-nombres en tant que déterminants (c'est le cas de « trois » dans « trois chiens », par exemple) et ceux où il vaut mieux les utiliser en tant que nom, sans préciser l'unité.

---

37. Cette question a été récemment abordée dans des documents pédagogiques diffusés par le ministère français de l'Éducation et qui accompagnent les nouveaux programmes pour l'école publiés en 2002. Il y est recommandé de ne pas utiliser trop précocement les mots « dizaines » et « centaines » parce que les enfants de cycle 2 les comprennent mal, et d'utiliser plutôt « paquets de 10 » et « paquets de 100 ». Il aurait été préférable de recommander l'utilisation du mot « groupe ».

STANISLAS DEHAENE
ET L'USAGE DE LA CALCULATRICE À L'ÉCOLE

Élucider les « bases neurales » de la cognition arithmétique

S. Dehaene est un neuropsychologue français qui étudie les « bases neurales » de la cognition arithmétique. Dans un article fameux publié dans la revue *Science*[38], par exemple, il décrit des recherches qui utilisent à la fois la démarche expérimentale classique de la psychologie et les deux principales techniques d'imagerie cérébrale : l'IRM et l'électro-encéphalographie[39].

Les résultats qu'il obtient plaident de manière convaincante en faveur de l'existence de deux systèmes neuraux sous-jacents à la cognition arithmétique chez l'adulte : l'un qui permet une représentation approximative des quantités et qui est relativement indépendant du langage, et l'autre qui permet le calcul exact et qui, lui, est très dépendant du langage. Les travaux de S. Dehaene visent à étayer la thèse du caractère inné et fondateur du premier de ces systèmes : « [...] le cerveau humain possède de manière innée un mécanisme d'appréhension des quantités numériques, hérité du monde animal, et qui guide son apprentissage des mathématiques ».

Pour donner au lecteur l'intuition du genre de représentation quantitative qu'un animal est susceptible de construire à partir d'un mécanisme non langagier d'appréhension des quantités, considérons l'expérience mentale suivante. Imaginons qu'une machine actionne mécaniquement un levier et que, lorsqu'on lance cette machine, ce levier se baisse et se relève automatiquement un nombre constant de fois, 20 fois par exemple. Imaginons de plus que la machine soit actionnée alors que quelqu'un a posé sa main sur le levier et que son bras se trouve ainsi entraîné par les mouvements mécaniques du levier. Si on demande à cette personne de ne pas compter verbalement les mouvements du levier, elle n'en construira pas moins une représentation approximative du nombre d'actions subies. Cette représentation, construite à partir de ce qu'elle a enregistré dans ses muscles, ses tendons et, bien sûr, son cerveau, peut lui permettre de reproduire

---

38. Dehaene, Spelke, Pinel, Stanescu et Tsivkin (1999).

39. Pour une présentation de ces techniques et de leur apport à la recherche en psychologie, on peut se reporter à Houdé, Mazoyer et Tzourio-Mazoyer (2002).

approximativement la suite des mouvements du levier, en l'actionnant intentionnellement cette fois. Il faut donc considérer que le mécanisme non langagier précédent a abouti à une certaine représentation du nombre. Mais cette représentation est évidemment *approximative*, et elle doit être qualifiée d'*analogique* au sens où c'est en se référant à la trace mnésique des mouvements *considérés dans leur ensemble* que la personne est susceptible d'en reproduire à peu près le même nombre, et non en faisant référence *à la trace mnésique du seul dernier mouvement*.

On peut donc considérer que tous les enfants ont, à leur naissance, cette forme de « bosse des maths » qu'est un mécanisme inné d'estimation des quantités (*La Bosse des maths* est le titre de l'ouvrage dans lequel S. Dehaene communique au « grand public » sa théorie psychologique et ses conceptions pédagogiques[40]).

Les propriétés d'un tel mécanisme, et notamment la possibilité qu'il donnerait aux bébés de faire du calcul sur les toutes petites collections, restent aujourd'hui l'objet de débats[41]. Mais en tant que tel, il est clair que l'existence d'un mécanisme inné d'estimation des quantités apparaît tout à fait compatible avec le cadre théorique avancé dans *Comment les enfants apprennent à calculer* : il est tout à fait raisonnable, par exemple, de penser que l'appropriation de la représentation analogique exacte des quantités par des collections-témoins puisse être guidée par une capacité innée de représentation analogique *approximative* des quantités !

Des conceptions très différentes du progrès

Mais au-delà de cette thèse initiale, S. Dehaene développe un point de vue très différent de celui qui est privilégié ici. S. Dehaene y oppose comptage et calcul de la façon suivante. Le comptage serait facilement accessible aux enfants parce qu'ils ont la possibilité d'utiliser leur mécanisme inné d'estimation des quantités pour en interpréter le résultat. Le calcul, en revanche, leur serait nécessairement d'un accès difficile parce qu'il nécessite un traitement exact et, donc, un codage verbal des quantités. Or, si l'évolution des espèces a bien adapté notre cerveau de primate à la manipulation approximative des quantités, cette évolution a eu, concernant le langage, d'autres fins que la manipulation langagière des nombres. La mémoire verbale humaine est sujette à des phénomènes d'interférences : on fait facilement l'erreur de dire « cinq fois huit, quarante huit » au lieu de « six fois huit, quarante huit », par exemple. C'est ce qui fait dire à S. Dehaene qu'elle est mal adaptée au calcul exact.

Il pense de plus qu'il convient de tirer les conséquences pédagogiques de cet état de fait : « Les idées que je défends ici devraient donc conduire à

---

40. Dehaene (1997).
41. Barouillet (2002) ; Bideaud (2000, 2002).

une rationalisation de l'enseignement des mathématiques. Bien éduquer consiste à accorder les leçons du maître aux atouts et aux limites des structures cérébrales de l'élève. » C'est ce qui lui fait recommander le remplacement de l'enseignement du calcul à l'école par l'usage de la calculatrice électronique : « Puisque les tables arithmétiques et les algorithmes de calcul sont, d'une certaine façon, contre nature, je crois que nous devrions nous interroger sérieusement sur l'opportunité de les inculquer de force à nos enfants. Car nous disposons aujourd'hui d'une alternative : la calculatrice électronique, omniprésente, peu coûteuse et infaillible. »

À partir de son expérience de neuropsychologue, S. Dehaene prône ainsi une « rationalisation » de l'enseignement des mathématiques qui constituerait un bouleversement complet des pratiques existantes. Les psychologues spécialistes des apprentissages mathématiques se doivent donc de débattre son point de vue.

Des sensibilités différentes au rôle ambivalent du comptage dans le progrès des enfants

Une première différence entre le point de vue de Dehaene et celui qui est développé dans *Comment les enfants apprennent à calculer* concerne le comptage : le phénomène du « comptage-numérotage » occupe dans cet ouvrage une place qu'il n'a pas dans celui de Dehaene. Celui-ci rapporte bien les travaux de Wynn, il dit même qu'initialement le comptage n'est chez l'enfant qu'un « jeu distrayant où l'on récite une comptine en désignant des objets tour à tour », et que « si l'enfant connaît très tôt le *comment* du comptage, il semble en ignorer initialement le *pourquoi* » (p. 136). Mais cela n'empêche nullement Dehaene de considérer que « l'aptitude (au comptage) fait partie de l'enveloppe génétique de l'espèce humaine ». Il ne considère pas le principe de cardinalité comme inné, mais il pense que sa découverte n'est guère problématique (p. 137). Il affirme de manière surprenante que dès 3 ans et demi les enfants ne seraient nullement surpris qu'on puisse commencer à compter une rangée de jetons par le milieu de la rangée et non à gauche, comme cela se fait le plus souvent[42].

Des sensibilités différentes au rôle des collections-témoins de doigts dans le progrès des enfants

Au-delà de cette différence de point de vue sur le comptage, une autre attire l'attention : dans son ouvrage, S. Dehaene ne parle pratiquement pas des

---

42. Briars et Siegler (1984) font des observations contraires. Par ailleurs, Geary (1993) a montré qu'une des caractéristiques des enfants ayant des difficultés dans leurs apprentissages numériques est précisément celle-là : ils refusent longtemps de considérer que quelqu'un qui a compté en énumérant les unités de manière inhabituelle a « bien compté ».

collections-témoins de doigts. De mon point de vue, le peu d'attention qu'il leur accorde doit être considéré comme une faiblesse théorique de son ouvrage : il est clair en effet que le mécanisme inné d'estimation des quantités, qui est son centre d'intérêt, est tout autant susceptible de guider la compréhension de la représentation analogique exacte à l'aide de collections-témoins que celle de la représentation langagière du nombre à l'aide du comptage.

De plus, nous avons vu que l'usage de collections-témoins favorise une autre façon de parler les nombres que le comptage et qu'il facilite l'appropriation des stratégies de décomposition-recomposition. Bref, cet usage favorise la conceptualisation des premiers nombres. Lorsqu'il aborde les tout premiers apprentissages, le peu d'attention que S. Dehaene accorde aux collections-témoins de doigts ne l'amène pas à organiser les résultats qu'il rapporte en psychologie du nombre autour de la problématique de la conceptualisation. Cette problématique n'est malheureusement pas plus présente lorsqu'il s'intéresse à des apprentissages plus tardifs, la mémorisation du répertoire additif, par exemple.

Une organisation des résultats en psychologie du nombre qui ne met pas l'accent sur la conceptualisation

S. Dehaene fait partie des psychologues qui, pour expliquer la supériorité des élèves asiatiques dans la mémorisation du répertoire additif, se contentent d'avancer l'argument de la moindre durée sonore des mots-nombres dans ces langues. Nulle allusion dans son ouvrage au fait que l'emploi extrêmement fréquent chez les élèves asiatiques de stratégies de décomposition-recomposition atteste d'une meilleure conceptualisation du nombre, et, donc, d'une meilleure mémorisation. On ne trouve pas non plus dans cet ouvrage l'analyse qui montre que, même lorsqu'on se contente d'envisager la mémorisation du point de vue du « traitement de l'information », il apparaît clairement que l'usage de stratégies de décomposition-recomposition pour reconstruire le résultat favorise mieux la mémorisation que celui de procédures de comptage.

Cette absence d'organisation des résultats de la psychologie du nombre autour du phénomène de la conceptualisation conduit Dehaene à l'affirmation selon laquelle, à l'école, mémorisation et compréhension seraient en opposition ! De son point de vue, il faudrait que l'école cesse d'avoir pour objectif que les enfants sachent faire du calcul mental, faire une soustraction, une multiplication ou une division et qu'ils connaissent le répertoire multiplicatif parce que, presque nécessairement, l'enseignant qui vise cette connaissance chez ses élèves doit leur « inculquer de force » tous ces savoir-faire et, donc, les empêcher de comprendre. Du point de vue qui est défendu ici, S. Dehaene est conduit à une telle position parce qu'il ne considère pas que le calcul et la conceptualisation vont de pair (la conceptualisation correspond à l'accès à un comportement stratégique en calcul) et qu'ils ont ensemble pour conséquence la mémorisation. Cela apparaît clairement lorsqu'il argumente sa prise de position en faveur de l'usage de la calculatrice à l'école.

Quel remède à l'échec scolaire : la calculette ou des situations-problèmes conduisant à anticiper le résultat d'une résolution pratique ?

Considérons l'exemple du calcul d'une soustraction en colonnes. Lorsqu'un enfant n'a pas compris cet algorithme, et s'il doit calculer 317 moins 83, par exemple, l'erreur la plus fréquente consiste à calculer 8 − 1 au rang des dizaines plutôt que d'affronter la difficulté résultant du fait que 1 est plus petit que 8. Dehaene commente ainsi ce phénomène (p. 151) :

« Lorsque, au terme d'une intense application, un écolier conclut sans sourciller que 317 moins 83 fait 374, c'est qu'il y a quelque chose de pourri au royaume de Charlemagne. Je pense que l'usage raisonné de la calculatrice, en libérant l'enfant des aspects fastidieux et mécaniques du calcul, peut lui permettre de se concentrer sur le sens. Elle peut l'aider à développer son sens naturel de l'approximation. La calculette, qui ne se trompe jamais, peut lui apprendre qu'une soustraction donne toujours un résultat inférieur au nombre de départ, que multiplier par un nombre de trois chiffres augmente de deux ou trois chiffres la taille du nombre de départ, et ainsi de suite. Le sens des nombres s'acquiert ainsi : en observant. »

Cette argumentation mériterait d'être discutée point par point, mais on se contentera ici d'en infirmer la conclusion : le sens des nombres ne s'acquiert pas en observant les affichages d'une calculette. Pour le montrer, examinons une pratique pédagogique différente de celle qui consiste à préconiser l'usage d'une calculette et qui, de mon point de vue, aide mieux un élève qui commet l'erreur précédente dans le calcul de 317 moins 83.

Comme, au cours de l'activité qui va être décrite, l'enfant utilise du matériel, l'exemple retenu sera celui de 217 moins 83 : en effet, même lorsqu'on groupe les unités par 10 pour contrôler son travail, la constitution d'une collection de 217 unités prend déjà un certain temps ; avec 317 ce serait encore plus long. L'idée générale de l'activité est la suivante : pour aider l'élève à calculer 217 − 83, on commence par lui demander de former une collection de 217 unités avec des cubes emboîtables et de la mettre dans une boîte opaque. Puis il doit retirer 83 cubes de la boîte et déterminer combien il en reste à l'intérieur de cette boîte. Le plus simple serait évidemment de compter les cubes se trouvant encore dans la boîte après le retrait, mais on lui interdit de le faire : il doit anticiper le résultat de ce comptage en raisonnant sur les symboles 217 et 83. C'est dans un second temps seulement, et pour vérifier la solution trouvée, que l'élève pourra compter effectivement les cubes restants. Un tel scénario pédagogique crée donc une situation d'anticipation, comme celles qui sont décrites dans le chapitre 8 de *Comment les enfants apprennent à calculer*. Les didacticiens des mathématiques ont largement commenté l'intérêt de ce type de situations (elles sont auto-correctives, l'élève peut évoquer mentalement la résolution pratique qui n'a pas été autorisée, etc.)[43]. Elles permettent une sorte de théâtralisation en classe de ce qu'est l'activité mathématique : travailler sur des symboles pour anticiper le résultat de certaines transformations qui affectent la taille de collections.

De plus, dans ce cas précis, il est intéressant que l'enseignant incite l'élève à utiliser le groupement par 10 pour contrôler la taille des différentes collections qu'il construit. L'enseignant vise ainsi à ce que l'enfant, lorsqu'il se trouvera confronté au calcul chiffré de 217 − 83, prenne conscience que le même groupement par 10 est inscrit dans les écriture chiffrées (**217** et **83**) et qu'il est possible de raisonner sur les groupements de 10 pour calculer la solution. Montrons comment cela peut se passer en détaillant le déroulement de l'activité.

La soustraction qu'il s'agit de calculer, 217 − 83, est d'abord écrite sous forme chiffrée et l'élève est invité à former une collection de 217 unités avec des cubes emboîtables. Il serait évidemment possible de les compter 1 à 1, mais ce serait long et, surtout, en cas d'erreur, il faudrait tout recommencer depuis le début ! Il est donc préférable de former 21 barres de 10 et d'ajouter 7. Si l'enfant ne conçoit pas 217 sous cette forme, des séances préliminaires visant l'appropriation de cette équivalence s'avèrent indispensables.

Les 217 cubes sont ensuite mis dans la boîte en les séparant 1 à 1. Il est en effet intéressant que l'enfant obtienne la solution en raisonnant sur des groupes de dix alors que ceux-ci ne sont pas effectivement réalisés, de sorte que l'écriture **217** correspond à une « mise en forme virtuelle » de la collection à l'aide du groupement par dix. C'est bien ainsi que fonctionne cette écriture chiffrée chez un expert : il sait que si les 217 cubes étaient groupés par 10, il y aurait 21 de ces groupes.

Pour créer une collection correspondant à 217 − 83, il faut enlever 83 cubes aux 217 de la boîte. Pour contrôler ce travail, il est, là encore, intéressant de grouper par 10 les cubes à enlever pour s'assurer qu'on en a bien ôté « 8 dix et encore 3 ». La question est alors posée : combien reste-t-il de cubes dans la boîte ? Ou encore : peut-on anticiper, en raisonnant sur l'écriture 217 − 83 (qui peut être posée en colonnes), ce que l'on obtiendra tout à l'heure lorsqu'on dénombrera les cubes restés dans la boîte ? Il est facile de comprendre que pour anticiper ce qui reste, il faut enlever 3 unités aux 7 uni-

---

43. Brousseau (1998).

tés de 217 mais, lorsque l'activité s'est déroulée comme ci-dessus, il est tout aussi facile de comprendre qu'il faut retirer 8 groupes de dix aux... 21 groupes de dix de 217[44].

Ce type de scénario pédagogique permet ainsi d'enseigner le calcul de soustractions où l'on enlève un nombre à 2 chiffres à un nombre à 3 chiffres. Mais il est très important de remarquer que, dans le même temps, l'enfant continue à s'approprier les équivalences qui fondent la numération décimale. Dans leur recherche de 1997, K. Fuson et ses collaborateurs utilisent un scénario pédagogique proche de celui-ci pour enseigner dès la première année d'école les soustractions avec deux nombres à 2 chiffres : ils obtiennent 75 % de réussite environ à un test de fin d'année, alors que, rappelons-le, la population scolaire concernée par cette recherche est socialement très défavorisée.

Comment le sens des nombres s'acquiert-il ?

Revenons à la question initiale : comment le sens des nombres s'acquiert-il ? À partir de l'exemple précédent, la réponse suivante peut être avancée : 1°) En articulant les propriétés de nos actions sur les collections (actions d'ajout, de retrait, de partage, etc.) avec les propriétés des différentes stratégies d'énumération et de totalisation des unités d'une collection : 317, c'est 31 groupes de 10 et encore 7, et pour retirer 83 unités, par exemple, plutôt que de les retirer 1 à 1, je peux retirer d'abord 3 unités, puis 8 groupes de dix. 2°) En prenant conscience du fait que les écritures arithmétiques, ainsi que leurs règles d'usage, reflètent au niveau symbolique les propriétés dégagées.

Est-il raisonnable de penser qu'un enfant pourrait acquérir les mêmes connaissances en observant l'affichage d'une calculette sur laquelle il a tapé le calcul 217 − 83 et en interprétant les données et la solution de ce problème à l'aide de son « sens naturel de l'approximation » ? De mon point de vue, il est vain d'espérer qu'en mettant directement en relation un processus primitif (le sens naturel de l'approximation) et les règles d'usage des écritures arithmétiques, il soit possible de fonder celles-ci en raison. Rappelons que Piaget pensait que le progrès des enfants résulte de l'intériorisation et de la structuration de leurs actions. Même si on peut lui reprocher d'avoir décrit ces phénomènes, concernant le nombre, de manière trop générale[45], d'avoir sous-évalué les compétences numériques des très jeunes enfants,

---

44. Dans la méthode de calcul d'une soustraction que les pédagogues appellent « méthode naturelle », avant d'ôter les 8 dizaines, on décompose le plus souvent les 21 dizaines en 1 centaine et 11 dizaines, mais, dans un cas comme celui-ci, le calcul sur les dizaines peut très bien s'effectuer directement sous la forme 21 − 8.

45. *Cf.* la présentation de la première édition., pages 87-88 du présent ouvrage.

lorsque le domaine numérique concerné est celui des trois premiers nombres, et d'avoir sous-estimé le rôle du symbolique et du langage dans la dynamique du progrès, je pense qu'il avait fondamentalement raison dans sa description de ce qui est au cœur du progrès[46]. La théorie de Dehaene est très éloignée de celle de Piaget et, plus généralement, des propositions théoriques avancées par le courant constructiviste en psychologie développementale du nombre. Pour celui qui adhère à la conception constructiviste du progrès vers le nombre, les propositions pédagogiques de S. Dehaene concernant l'usage de la calculatrice à l'école paraissent d'emblée peu crédibles, parce qu'elles font l'impasse sur les connaissances que les enfants acquièrent à partir de leurs actions sur des collections et de leurs stratégies d'énumération et de totalisation des unités de ces collections.

---

46. La première édition de *Comment les enfants apprennent à calculer* comportait un sous-titre : « Au-delà de Piaget et de la théorie des ensembles ». À sa lecture, il apparaît clairement que cet « au-delà » n'était pas un « en deçà ». L'utilisation de certaines idées de Piaget (celle de progrès par stades, notamment) avait, à l'époque, abouti à la quasi-disparition des activités numériques à l'école maternelle, et il s'agissait donc de se démarquer de ce courant. Aujourd'hui, au contraire, d'autres idées (celle d'abstraction réfléchissante, notamment) méritent d'être redécouvertes. N'étant plus d'actualité, le sous-titre a disparu dans cette édition, et a été remplacé par celui du présent texte : « Le rôle du langage, des représentations figurées et du calcul dans la conceptualisation des nombres ».

LA CONCEPTION PSYCHOLOGIQUE DE S. BARUK
ET LE RÔLE DE L'ABSTRACTION
DANS LA CONCEPTUALISATION ARITHMÉTIQUE

Chez les pédagogues, des idées proches de celles de Dehaene sont défendues par une rééducatrice en mathématiques, Stella Baruk. Certes, l'un est neuropsychologue, l'autre pédagogue, et les informations théoriques qu'ils utilisent étant différentes, les discours qu'ils développent le sont également. Tous deux, cependant, recommandent une pédagogie fondée sur l'observation et l'interprétation des signes numériques. Ils ne s'intéressent pas au rôle de l'action dans la conceptualisation arithmétique et négligent donc les apports de Piaget et des psychologues constructivistes.

Pour exposer et analyser les conceptions de S. Baruk, nous nous référons à son ouvrage *Comptes pour petits et grands*[47]. En effet, alors que celle-ci s'appuyait jusqu'alors sur son expérience professionnelle, celle d'une rééducatrice qui rencontre en entretien individuel ou en petit groupe des enfants en échec scolaire, elle rend compte pour la première fois dans cet ouvrage d'une expérience d'enseignement en classe de CP et CE1. Elle y plaide pour « un apprentissage du nombre et de la numération fondé sur la langue et le sens » (c'est le sous-titre de l'ouvrage).

De même que, pour Dehaene, l'enfant est susceptible de s'approprier les mathématiques en interprétant les affichages d'une calculatrice, selon elle, une des sources principales du progrès chez l'enfant est l'interprétation de la « langue des nombres » à partir de son écoute. Cela la conduit, comme Dehaene, à des prises de position pédagogiques très surprenantes pour un enseignant. Par exemple, il conviendrait, au CP, après avoir enseigné les dix premiers nombres, d'aborder directement les nombres entre 30 et 59, parce qu'en oralisant **tr**ente, on entend le début de **tr**ois (dizaines), et parce qu'en oralisant **qua**rante, on entend le début de **qua**tre (dizaines), etc. C'est dans un deuxième temps seulement que l'enseignant devrait aborder les nombres entre 20 et 29, parce que le mot « vingt » n'a aucun phonème commun avec le mot « deux ». Et c'est encore plus tard qu'il conviendrait d'aborder les nombres entre 11 et 16, parce que la langue des nombres emploie, dans ce cas, un lexique particulièrement opaque.

---

47. S. Baruk (1997).

S. Baruk utilise souvent une distinction importante pour qui veut préciser le rôle du facteur langagier dans le progrès des enfants[48] : la distinction entre l'usage du mot « trois » en tant que déterminant d'un nom (dans « *trois* chiens », par exemple) et son usage en tant que nom (dans « *trois* est un nombre impair » ou encore « deux et un, ça fait *trois* », par exemple). Mais elle utilise, pour rendre compte de cette distinction, un vocabulaire qui lui est propre : elle parle de « nombre de » dans le premier cas et de « nombre » dans le second. De plus, elle défend l'idée que cette distinction permettrait de faire l'économie d'un concept central en psychologie, celui d'abstraction : « Il faut espérer que la distinction entre "nombre de" et "nombre" [...] reléguera la question du concret et de l'abstrait dans la préhistoire – malheureuse – de l'enseignement mathématique apporté aux enfants » (page 166).

Pour discuter le cadre théorique développé par S. Baruk, commençons par analyser la distinction qu'elle opère entre « nombre de » et « nombre » et l'usage qu'elle en fait. Nous débattrons ensuite de sa condamnation d'une « pédagogie du concret », et aborderons enfin sa recommandation de ne pas enseigner les nombres dans l'ordre conventionnel.

Le passage du « nombre de » au « nombre » ne se confond pas avec les deux processus d'abstraction qui fondent la conceptualisation arithmétique

Une première question est donc la suivante : la distinction entre « nombre de » et « nombre » rendrait-elle caduque la problématique du concret et de l'abstrait ? Ou plutôt, parce que nous allons voir qu'il est préférable de s'exprimer différemment de S. Baruk, la distinction entre un usage des mots-nombres en tant que déterminants et un usage en tant que noms doit-elle conduire à ne plus s'intéresser aux processus d'abstraction ?

Rappelons d'abord ce qu'est l'abstraction pour un psychologue (ou un philosophe, d'ailleurs), en remarquant qu'un même objet matériel peut être considéré de manière plus ou moins abstraite : un fauteuil, par exemple, lorsqu'il est envisagé en tant que siège, est considéré de manière plus abstraite que lorsqu'il l'est en tant que fauteuil. En tant que siège, en effet, il est considéré sur le même plan que s'il s'agissait d'un tabouret, et on néglige alors ses autres propriétés, comme d'avoir un dossier et des accoudoirs, par exemple.

Abstraire, c'est donc abandonner des propriétés. C'est d'ailleurs pourquoi les psychologues n'utilisent pas une opposition binaire entre le « concret » et l'« abstrait », mais parlent plutôt de processus d'abstraction. Ces processus mentaux conduisent à considérer une même entité,

---

48. Hurford (1975) et Hurford (1987).

qu'elle soit matérielle ou idéelle, qu'elle soit réelle ou inventée, de manière plus ou moins abstraite du fait de la présence à l'esprit de telle ou telle propriété et non de telles autres[49]. Le processus d'abstraction n'est donc pas un passage du réel à la représentation, mais d'une représentation particulière à une représentation plus générale, de propriétés particulières à des propriétés plus universelles.

Abstraction de propriétés empiriques et abstraction réfléchissante

De plus, de nombreux psychologues, dans le sillage de Piaget, trouvent pertinent de distinguer *deux sortes de processus d'abstraction*. Une première abstraction consiste en *l'abandon de propriétés empiriques*. Lorsqu'on est face à un couple de chiens avec leur chiot, comprendre ce que signifie « trois chiens », par exemple, nécessite évidemment d'abandonner leurs propriétés relatives à la taille, à l'âge, au sexe, à la couleur... pour ne considérer chacun d'eux que comme « un chien ».

Mais il existe une autre sorte d'abstraction, qui consiste, elle aussi, en un abandon des propriétés empiriques des données de la tâche, mais un abandon qui a un côté radical parce que la personne se centre sur les propriétés de ses actions plutôt que sur celles des objets sur lesquels elles portent. C'est cette seconde sorte d'abstraction qui est produite lorsqu'un enfant comprend par exemple qu'il est équivalent, pour former une collection de trois objets, de compter jusqu'à trois, ou d'en rassembler deux et encore un, ou encore d'en cumuler un, un et encore un. Chez l'enfant, la compréhension de telles équivalences se fait évidemment sur un mode pratique (Piaget parlait de coordination de schèmes), mais lorsqu'on veut formuler les raisons de ces équivalences, on est conduit à le faire en termes de propriétés d'actions et non en termes de propriétés des objets constituant les données de la tâche : c'est ce qui explique que l'équivalence « trois, c'est deux et encore un », par exemple, soit conçue par l'enfant comme vraie quelles que soient les unités considérées (gâteaux, perles, etc.). Piaget qualifiait cette sorte d'abstraction de « réfléchissante »[50].

Or, les analyses développées au début de ce texte montrent que ce serait une erreur de croire que la compréhension de la signification des « nombres

---

49. Parmi les psychologues, ceux dont le thème de recherche est la résolution de problèmes s'intéressent particulièrement aux processus d'abstraction (Richard, 1994 ; Sander, 2000 ; Tijus, 2001). En effet, échouer à résoudre un problème, c'est souvent ne pas penser à l'action susceptible de conduire à sa solution, et cela peut s'expliquer du fait qu'on a conçu les données du problèmes à un niveau trop particulier : c'est le cas, par exemple, lorsqu'on ne pense pas, dans une situation où l'on manque d'un parasol, à utiliser un grand parapluie. Abstraire certaines propriétés permet d'envisager de nouvelles actions, dont celles qui mènent à une solution.

50. On trouve une analyse du rôle des deux sortes d'abstraction dans la conceptualisation des opérations arithmétiques (multiplication, soustraction, etc.) dans Brissiaud (2002).

de » nécessiterait seulement une abstraction empirique alors que celle des « nombres » exigerait une abstraction réfléchissante ! En effet, si comprendre ce que signifie « trois chiens » nécessite effectivement de faire abstraction de propriétés telles que leur taille, leur âge, etc., cela ne suffit pas. Nous avons vu qu'on ne peut pas comprendre ce que signifie « trois chiens » sans comprendre ce que signifie « deux chiens » et « un chien », et qu'il s'agit là de la compréhension d'un système numérique. Comprendre un « nombre de » nécessite déjà une abstraction réfléchissante, et c'est vraisemblablement ce qui explique le décalage d'un an entre le moment où les enfants savent que les locutions « deux chiens » et « trois chiens » désignent des quantités et celui où ils savent lesquelles exactement.

Dès lors, il apparaît clairement que la distinction entre les productions langagières où les mots-nombres ont le statut de déterminant (les « nombres de », pour S. Baruk) et celles où ils ont le statut de nom (les « nombres », de son point de vue) *ne coïncide pas avec la distinction de deux sortes d'abstractions* et ne peut donc d'aucune façon se substituer à elle. Dès lors, loin de conduire à ne plus s'intéresser aux processus d'abstraction, la distinction de deux statuts syntaxiques des mots-nombres, sur laquelle S. Baruk insiste tant, doit au contraire constituer l'un des éléments d'analyse des dialogues enfants/adultes, pour tenter d'apprécier dans quelle mesure ces dialogues favorisent les abstractions qui conduisent aux nombres.

Un exemple d'analyse qui coordonne le rôle du statut syntaxique des mots-nombres et les processus d'abstraction

Considérons, par exemple, un dialogue où un adulte sait qu'un enfant connaît la quantité exacte désignée par « deux » et où, alors qu'ils regardent ensemble une image contenant 3 chiens, il lui dit : « Tu vois là, il n'y a pas deux chiens ». Il continue en disant : « Il y en a deux... » (l'adulte a fait une correspondance terme à terme entre deux chiens de l'image et deux de ses doigts), « ...et encore un... » (il a mis le 3ᵉ chien en correspondance avec un 3ᵉ doigt). Il achève enfin, en refaisant le geste avec les doigts seulement : « deux, comme ça, et encore un, ça fait trois ; il y a trois chiens ».

Dans un tel dialogue – dont on a vu qu'il constitue une sorte d'optimum en termes de conditions favorisant le progrès –, pour décrire le nombre « trois » à l'aide d'une décomposition, l'adulte prononce une phrase où chacun des mots-nombres est un nom : « deux et encore un, ça fait trois ». Dans le même temps, il utilise des collections de doigts, et il est clair que le fait de ne pas dire « deux doigts et encore un doigt, ça fait trois doigts » favorise la compréhension chez l'enfant du fait que chaque doigt vaut pour un chien ou pour toute autre unité, c'est-à-dire la compréhension de la nature symbolique du procédé et de la nature générale de la relation : « deux et encore un, ça fait trois ». Par ailleurs, l'adulte explicite le plus clairement possible l'enjeu de ce qu'il est en train de dire : « Il n'y a pas deux chiens, il y a trois chiens ». À cet effet, il utilise évidemment des « nombres de », car un enfant de 3 ans environ est plus intéressé par le « nombre de » chiens que par la mise en relation des entités purement idéelles que sont les nombres deux et trois. La phrase : « Tu sais, deux, ce n'est pas trois » motiverait beaucoup moins un enfant de cet âge. En utilisant les mots-nombres comme noms avec les doigts et comme déterminants avec les chiens, l'adulte vise à favoriser chez l'enfant cette abstraction réfléchissante : « deux chiens et encore un chien, c'est un chien, un autre, et encore un autre, parce que deux et encore un, c'est un, un et encore un ».

Concluons : pour comprendre l'intérêt d'un tel dialogue, il convient de s'intéresser *conjointement* à la nature syntaxique des mots-nombres dans les phrases qui sont prononcées (ce que S. Baruk appelle la distinction entre « nombre de » et « nombre ») *et* aux processus d'abstraction. On ne voit pas pourquoi le fait de s'intéresser à l'un rendrait les autres caducs. Par ailleurs, l'analyse précédente nous permet d'avancer dans notre projet d'élaboration d'une théorie générale de l'usage pédagogique des représentations figurées : lorsqu'un mot-nombre comme « trois » est utilisé en même temps qu'une représentation analogique d'une quantité (en même temps qu'une collection-témoin de trois doigts, par exemple), il convient de l'utiliser comme déterminant quand on réfère à la quantité représentée et comme nom quand on réfère à la collection-témoin représentante. C'est cet usage des mots-nombres qui favorise le mieux l'abstraction des unités numériques. La plupart des pédagogues mettent en œuvre spontanément ce genre de savoir-faire ; ils en ont une connaissance implicite. L'expliciter ne peut évidemment que favoriser sa transmission.

Un cadre théorique qui assimile les nombres au système linguistique servant à les désigner *vs.* un cadre théorique constructiviste

Considérer la distinction entre les productions langagières où un mot-nombre comme « trois », par exemple, a le statut de déterminant (« trois chiens ») et celles où il a le statut de nom (« trois ») comme une opposition entre « nombre de » et « nombre », c'est identifier ce qui relève du registre d'un fonctionnement langagier (la fonction syntaxique d'un mot) avec les concepts désignés eux-mêmes. C'est notamment identifier le nom « trois » avec le nombre lui-même. En de nombreuses occasions, dans son ouvrage, S. Baruk soutient que comprendre le système linguistique qui sert à désigner les nombres (« la langue des nombres »), c'est comprendre les nombres eux-mêmes. Ce faisant, elle s'oppose à tous les théoriciens constructivistes qui considèrent que les nombres ne sont pas des concepts comme les catégories naturelles, celles qui sont désignées par les mots du langage courant. Les signes arithmétiques, eux, symbolisent des équivalences entre procédures, ils ne peuvent être réellement compris que s'ils sont conçus comme fonctionnant en systèmes. Cette divergence quant à la nature des concepts arithmétiques a plusieurs conséquences que nous précisons ci-dessous.

Les deux cadres théoriques divergent sur l'usage pédagogique de problèmes d'anticipation

L'assimilation des nombres au système linguistique qui sert à les désigner et le rejet de tout usage théorique du concept d'abstraction a une conséquence importante : S. Baruk recommande aux enseignants, *sauf exception,* de ne pas proposer de problèmes « concrets » portant sur des cubes, des perles, des enfants, de l'argent, etc. Comme cette recommandation est, là encore, surprenante et que l'analyse des exceptions renseigne souvent sur les principes qui gouvernent le cas général, analysons l'une des exceptions qu'elle tolère et les arguments qu'elle utilise dans ce cas.

Il s'agit que les enfants comprennent une définition qui leur est donnée d'un nombre pair : « Un nombre pair est un nombre de paires ». S'ils sont 24 dans la classe, par exemple, on leur demande de se grouper par deux (donc par paires) en se tenant la main : ils peuvent donc vérifier qu'ils sont un nombre de paires. Puis, en se tenant toujours la main, ils forment deux rangs. Ils lâchent la main de leur camarade pour faire un quart de tour et, cette fois, lui faisant face, ils prennent la main de ceux qui sont maintenant sur leurs côtés (le premier et dernier élève n'ont évidemment qu'un voisin). On constate que, quand le nombre d'enfants est pair, on forme deux équipes égales, et que, lorsqu'il est impair, ce n'est pas le cas.

S. Baruk justifie ainsi cette exception : « Cette activité concrète, qui représente une notable exception à l'ensemble du propos, est destinée à faire passer du sens enraciné dans la langue de l'expression "nombre pair"/"nombre de paires" à la définition plus savante de "nombre divisible par deux", en évitant de parler de division. Il s'agit d'une *organisation* – celle de deux groupes où il y en a autant – qui peut exister quand une autre organisation existe, celle d'un nombre de paires, et réciproquement » (p. 79).

S'il n'y avait pas eu le jeu de mots : nombre pair/nombre de paires, S. Baruk n'aurait donc pas recommandé cette activité. Une « activité concrète » ne trouve sa justification à ses yeux que si elle conduit à *organiser les données selon une structure langagière*[51].

Considérons le problème suivant, qui a déjà été analysé lors de la présentation des propositions pédagogiques de Dehaene (cf. plus haut p. 55) :

---

51. Il convient de remarquer qu'il serait assez simple de transformer la situation qu'elle décrit pour que les élèves soient moins en situation de contempler des organisations et plus en situation d'anticiper une propriété, par exemple : avec 13 élèves, pourra-t-on ou non former deux équipes égales ?

on met 217 cubes dans une boîte opaque vide, on en retire 83 et il faut anticiper, en travaillant sur les symboles 217 et 83, ce que contient la boîte. Il n'y a aucune expression dans la langue dont cette activité permettrait d'extraire le « sens enraciné ». Du point de vue de S. Baruk, donc, non seulement elle n'aide pas au progrès, mais de plus elle y fait obstacle. Tout didacticien qui prend au sérieux les thèses constructivistes considère que les problèmes d'anticipation que les pédagogues appellent souvent « situations-problèmes » sont une façon de théâtraliser ce qu'est l'activité mathématique : c'est travailler sur des signes numériques pour anticiper certaines transformations qui affectent des collections (ou des grandeurs continues) dont ces signes mesurent la taille. Pratiquement tous les chercheurs s'accordent à considérer que ce type de problème est à la fois source et mobile de conceptualisations parce qu'il favorise la prise de conscience d'équivalences entre procédures. La position de S. Baruk s'interprète ici comme un rejet radical du constructivisme.

Les deux cadres théoriques divergent sur l'articulation entre le calcul et la conceptualisation des nombres

La compréhension des nombres ne résulte pas seulement de ce qu'on entend lorsqu'on les dit ou de ce qu'on voit lorsqu'on regarde leur écriture chiffrée. Considérons le calcul de *seize moins quatre*, par exemple, sous la forme : « Seize, c'est dix et six. Donc, lorsqu'on retire quatre, il reste dix et deux, douze ». Ce calcul ne serait-il pas un moyen de comprendre « seize », *en opérant* sur « seize » ? Et pourtant cet aspect de la conceptualisation des nombres n'est pas abordé dans l'ouvrage de S. Baruk.

Plus généralement, elle dissocie trop la représentation des nombres et le raisonnement sur les nombres. Or, l'un ne peut être envisagé sans l'autre, et un psychologue comme Gérard Vergnaud[52] a eu mille fois raison de défendre l'idée qu'il fallait regrouper au sein du même vocable « conceptualisation des nombres » ce qui est trop souvent envisagé de manière séparée par les psychologues des apprentissages numériques, à savoir la représentation des nombres *et les opérations* sur ces nombres.

On remarquera d'ailleurs qu'écrire un livre sur le développement des activités numériques chez l'enfant n'est pas une tâche facile pour un pédagogue ou un psychologue constructiviste : s'il aborde la représentation des quantités et le calcul dans des chapitres différents, le risque est grand en effet qu'il les dissocie trop. C'est ainsi, que, la « forme influant sur le fond », il lui est difficile de rendre compte des processus de conceptualisation dans toute leur complexité. Dans le cas de S. Baruk, l'obstacle est quasi-insurmontable : son ouvrage n'aborde que la compréhension des nombres à partir de leur repré-

---

52. Vergnaud (1987).

sentation langagière, l'étude du calcul et des opérations étant renvoyée... à un autre ouvrage !

Les deux cadres théoriques divergent sur l'usage pédagogique de représentations figurées

Rappelons que S. Baruk considère comme inutile l'usage de représentations figurées des quantités au-delà de 100. À l'opposé, la position qui a été défendue ici est la suivante : bien entendu, les concepts numériques ne peuvent pas dériver « simplement » des représentations figurées. Mais celles-ci peuvent être fécondes si elles sont pensées pour « mettre en scène » les équivalences que l'enfant a construites dans l'action : il est équivalent soit de réunir deux unités et encore une, soit de réunir une unité, une autre et encore une autre ; il est équivalent soit de réunir 3 groupes de 100, 4 groupes de 10 et 6 unités isolées, soit de réunir 34 groupes de 10 et 6 unités isolées.

Les concepts numériques ne peuvent pas non plus dériver « simplement » de règles d'interprétation des signes numériques utilisés (mots-nombres et écritures chiffrées). Le langage pédagogique des mathématiques doit également être pensé pour « mettre en scène » les équivalences entre procédures découvertes dans l'action. Mieux vaut dire : « deux et encore un, c'est trois » que « deux doigts et encore un doigt, c'est trois doigts », et mieux vaut dire : « 34 groupes de 10 et 6 unités isolées, c'est 346 » que dire « 34 petites enveloppes et 6 jetons, c'est 346 ».

Nous nous sommes ainsi refusé à assimiler les concepts numériques soit à leurs représentations figurées, soit à leur désignation verbale. Ils ont été conçus comme résultant de l'appropriation par l'enfant d'équivalences entre procédures (grâce notamment à des processus d'abstraction réfléchissante), et, donc, comme l'accès à un comportement stratégique. Ce faisant, on dispose d'un espace théorique pour analyser les dysfonctionnements provenant d'une interprétation statique soit des représentations figurées, soit des mots-nombres et des chiffres, c'est-à-dire pour analyser le verbalisme sous ses deux formes : le verbalisme des figurations analogiques et celui des signes numériques.

Vouloir que les enfants, le plus rapidement possible, s'approprient les connaissances numériques à partir du seul fonctionnement du système linguistique, de « façon intrinsèque », expose les enseignants qui utilisent un tel cadre théorique au verbalisme des signes numériques : leurs élèves risquent d'apprendre des règles portant sur les désignations numériques sans réelle compréhension des raisons de ces règles. Répétons-nous (cf. plus haut p. 48) : toute pratique pédagogique court ce risque, y compris lorsqu'elle s'appuie sur des représentations figurées. Mais s'interdire toute représentation figurée, c'est se priver d'une tactique pédagogique précieuse : celle qui consiste à créer des décalages entre les propriétés rendues saillantes par les représentations figurées utilisées et les propriétés privilégiées par le système linguistique utilisé par la communauté au sein de laquelle l'enfant est éduqué. En effet, ces décalages peuvent toujours être à l'origine de dialogues qui remettent sur la « scène verbale » les actions importantes pour progresser vers la conceptualisation.

Faut-il renoncer, au cours préparatoire, à enseigner les nombres dans l'ordre conventionnel?

La proposition pédagogique consistant à enseigner au CP d'abord les dix premiers nombres, puis les nombres entre **tr**ente et **cin**quante-neuf, puis les nombres entre 20 et 29, et enfin les nombres entre 11 et 19, est particulièrement contre-intuitive : lorsqu'on compte les unités d'une collection, la suite verbale permet de mesurer la taille de celle-ci et amputer cette suite verbale d'une partie centrale, c'est comme fournir un mètre cassé à un menuisier. La logique d'une telle proposition est claire : lorsqu'on assimile, comme le fait S. Baruk, les concepts numériques au système linguistique qui sert à les désigner, on ne peut évidemment que rêver d'une « langue des nombres » transparente et, quand elle ne l'est pas, commencer par étudier les segments les plus réguliers.

Mais on a vu que ce rêve d'une langue des nombres transparente est réalité en Asie de l'Est. Que dire de l'apprentissage des nombres à l'école, pour un pédagogue de ces pays qui s'inspirerait du cadre théorique de S. Baruk ? Il n'aurait évidemment plus besoin de reconstruire un ordre d'enseignement sensiblement différent de l'ordre qui permet de mesurer la taille des collections. Dans ce cas, savoir écrire les nombres à partir de ce qu'on entend en les oralisant devient d'une simplicité extrême. N'y aurait-il plus besoin d'école ?

On a vu qu'il faut répondre non à une telle question. On en a aujourd'hui les preuves expérimentales : il convient de se méfier des fausses réussites chez les enfants qui se laissent « porter » par la régularité de la langue. Ces résultats expérimentaux créent une discordance entre les données expérimentales disponibles et l'hypothèse centrale de la théorie de S. Baruk, selon laquelle on peut assimiler les concepts numériques au système linguistique qui sert à les désigner.

On remarquera que S. Baruk, bien qu'elle ne se réfère jamais aux travaux des psychologues expérimentaux, a l'intuition des résultats précédent lorsqu'elle écrit, à propos de nombres entre 70 et 99 : « Curieusement, et après avoir légitimement pensé, comme tout le monde, qu'il eût mieux valu que notre langue conservât ses fort commodes, parce que régulièrement formés et donc significatifs, *septante*, *octante* et *nonante* [...], je ne peux m'empêcher aujourd'hui de penser que ce serait dommage » (p. 139). Et elle avance comme explication le fait qu'une locution telle que quatre-vingts « propose une richesse de contenus conceptuels qui est remarquable » (p. 152) du fait qu'elle révèle un autre mode de groupement des unités de compte que celui qui est privilégié par l'écriture de ce nombre (cette désignation verbale favorise l'utilisation de *vingt* comme « grande unité »).

En fait, l'explication que S. Baruk mobilise localement ici, pour expliquer cette intuition concernant les nombres entre 70 et 99, peut être retenue de façon plus générale : ce qui fait la « richesse de contenus conceptuels » d'une désignation verbale de n'importe quel nombre, c'est la diversité des modes de réalisation des quantités correspondantes, et l'enjeu de sa conceptualisation est donc l'appropriation par les enfants de l'équivalence entre ces divers modes de réalisation. Localement, S. Baruk retient ainsi, une explication constructiviste d'un phénomène, alors que, pour l'essentiel, sa théorie s'oppose point par point à cette approche théorique. Cet « arrangement » avec la thèse générale qu'elle défend affaiblit évidemment celle-ci.

Quant à l'irrégularité des désignations orales des nombres entre 11 et 16, elle peut s'analyser comme celle des nombres entre 70 et 99 : alors qu'*a priori*, elle semble faire obstacle à leur conceptualisation, l'enseignant peut la transformer en aide pédagogique comme cela semble avoir été le cas dans l'une au moins des deux classes ayant participé à l'expérience de K. Fuson et ses collègues (cf. le chapitre IV de cet essai). Il convient pour cela que l'enseignant mette à la disposition de ses élèves une suite verbale régulière, « à l'asiatique », facilitant leur appropriation des équivalences entre procédures qui fondent notre numération décimale. Il convient également que l'enseignant profite de notre suite verbale irrégulière pour détecter ceux de ses élèves qui, lorsqu'on parle les nombres « à l'asiatique », se laissent porter par la régularité des désignations. Un tel choix pédagogique semble préférable à celui préconisé par S. Baruk[53].

---

53. Concluons par une dernière remarque. Toute contre-intuitive qu'elle soit, une suggestion pédagogique telle que celle de ne pas enseigner les nombres dans l'ordre conventionnel n'est pas à écarter d'emblée, et il est évidemment souhaitable d'en débattre, ce que j'ai essayé de faire ici avec sérieux. Ce qui est plus regrettable dans la façon d'argumenter de S. Baruk est qu'elle affirme qu'un tel choix devrait paraître évident à quiconque. C'est ainsi qu'elle écrit (p. 14) : « Enseigner les nombres *en ordre* traditionnel, c'est comme si on choisissait d'enseigner à se servir, pour *parler, lire, écrire à l'école*, d'abord des articles, puis des noms, puis des verbes, etc. » Ceux qui n'enseignent pas les nombres en « sautant » dans un premier temps les nombres entre 11 et 29 seraient donc aveugles à une telle évidence. La quasi-totalité des enseignants, qui abordent dans leur classe les nombres dans l'ordre traditionnel, peuvent légitimement se sentir blessés par ce jugement peu flatteur sur leur discernement. Quiconque se voit reconnaître le statut d'expert dans un domaine sait que son discours doit à la fois être porteur des convictions qu'il s'est forgées à la suite de ses travaux et, dans le même temps, ne pas être un discours d'anathème pour les praticiens du domaine en question. L'équilibre est fragile, mais il est certain que la forme du discours peut contribuer à le maintenir.

Chapitre
VIII

DÉBATS D'HIER ET D'AUJOURD'HUI
EN PÉDAGOGIE
ET EN PSYCHOLOGIE DU NOMBRE

Des idées pédagogiques qui font leur chemin...

Comment les enfants apprennent à calculer est l'un des ouvrages qui, vers 1990, ont contribué à la réhabilitation des activités numériques à l'école maternelle. C'est ainsi que, dans le même temps, le comptage s'est lui-même trouvé réhabilité. Pendant la rédaction de cet ouvrage, cependant, j'avais le souci d'éviter de favoriser un phénomène classique en pédagogie : celui du « retour du balancier ». La pratique du comptage ayant été condamnée pendant des décennies, il était en effet probable que sa réhabilitation risquait de se traduire, chez certains pédagogues, par un engouement exagéré pour ces mêmes pratiques.

Pour que ce mouvement de réhabilitation conduise à des comportements pédagogiques raisonnés, il était donc important de prendre au sérieux la méfiance des générations successives de pédagogues qui, depuis plus de cent ans, avaient exprimé leurs réticences envers les pratiques de comptage à l'école (voir l'introduction de la première édition). Tous les maîtres qui ont un peu d'expérience savent en effet qu'enseigner le comptage ne suffit pas pour qu'un enfant construise le nombre, et qu'une centration trop exclusive du pédagogue sur cet enseignement est même susceptible de freiner le progrès plutôt que de le favoriser : elle risque en effet de renforcer l'aspect rituel des pratiques de comptage et de détourner l'enfant de l'usage des stratégies de décomposition-recomposition ; elle risque de faire obstacle à la conceptualisation.

Deux moyens sont proposés dans *Comment les enfants apprennent à calculer* pour éviter que les enfants rentrent de façon rituelle dans le comptage. Le premier, qui fait largement consensus, consiste à faire apparaître le plus souvent possible le comptage comme un outil de résolution de problèmes (*cf.* chapitre 8). Le second, dont on peut dire qu'il constitue l'apport original de cet ouvrage, consiste à varier la façon dont l'adulte et les enfants parlent les nombres et à diversifier les stratégies d'énumération qu'ils utilisent, grâce à l'usage de collections-témoins organisées à l'aide des repères 5 et 10 (doigts des deux mains ou matériel didactique qui a la même structure).

Les pédagogues se sont en grande partie approprié cet aspect du contenu de *Comment les enfants apprennent à calculer*. Alors que dans les programmes de 1986, on pouvait lire sans autre indication qu'« à l'école maternelle l'enfant apprend et récite la comptine numérique », ceux de 2002 mettent en garde les enseignants contre un tel apprentissage lorsqu'il est trop précoce (p. 132). Ces programmes font en revanche, et pour la première fois, la préconisation suivante :

« [Il convient de procéder à la] comparaison de collections à des collections naturelles (par exemple, reconnaissance de cinq comme quantité qui correspond à celle des doigts de la main) ou à des collections repères (nombre de places autour de la table, constellation du dé...) » (p. 131).

La notion théorique de « collection-témoin », définie comme mode de représentation analogique et exacte du nombre, n'est pas explicitement présente dans ce texte, mais le passage précédent montre qu'elle est présente dans l'esprit de ses rédacteurs. En fait, il aurait été possible de mieux souligner l'un des principaux enjeux de l'utilisation des collections-témoins : parler les nombres autrement que dans le contexte du comptage. En effet, les programmes de 2002 insistent avec raison sur l'importance des activités langagières à l'école et sur le fait que l'enseignant et ses élèves n'y parlent pas seulement dans un souci de régulation du vécu collectif : l'école est un lieu où l'on parle pour apprendre ; on y parle notamment pour « apprendre les nombres ». Une des principales questions à laquelle un enseignant d'école maternelle doit être capable de répondre est la suivante : lorsque je prononce un mot qu'un enfant n'a encore jamais entendu, comment faire pour qu'il le comprenne quand même ? Alors qu'on dispose de réponses à cette question concernant les mots-nombres, il est dommage que les programmes de 2002 n'y fassent pas allusion.

Nous avons vu par ailleurs que l'usage de collections-témoins favorise une appropriation précoce de stratégies de décomposition-recomposition. Les programmes de 2002 ne recommandent l'usage de telles stratégies qu'en première et deuxième année d'école élémentaire (les stratégies désignées sous le vocable de « calcul pensé » dans *Comment les enfants apprennent à calculer* le sont sous celui de « calcul réfléchi » dans les programmes de 2002). Il y aurait pourtant un intérêt évident à dire plus clairement aux enseignants que, dès la petite section, les prémices de telles stratégies sont accessibles aux enfants, et que les élèves de CP et CE1 auraient peut-être moins de mal à s'approprier cette sorte de stratégies s'ils les avaient rencontrées dès ce niveau de la scolarité.

Sur tous les points précédents les principales idées défendues dans *Comment les enfants apprennent à calculer* ont fait leur chemin, mais on voit qu'elles sont susceptibles, dans les années qui viennent, de continuer à enrichir le débat pédagogique.

D'autres idées pédagogiques à modifier ou à préciser

Toutes les idées pédagogiques développées dans *Comment les enfants apprennent à calculer* ne se retrouveraient pourtant pas telles quelles s'il s'agissait, aujourd'hui, de rédiger à nouveau cet ouvrage. La principale sur laquelle je reviendrais est la préconisation, chapitre 9, d'enseigner dès le cours préparatoire l'égalité numérique et, donc, de proposer des égalités lacunaires telles que : « 9 = 7 + ... ».

Enseigner l'addition à trou dès le cours préparatoire?

Un ou deux ans après la parution de cet ouvrage, un enseignant ayant suivi la progression concernant l'enseignement de l'égalité qui y est décrite fit une évaluation comme celle proposée pages 209-214 et, obtenant des résultats comparables à ceux qui y sont rapportés, se montrait plutôt satisfait. Mais, malade, il dut s'absenter deux semaines et ne fut pas remplacé. À son retour, proposant à nouveau des égalités lacunaires, il constata un taux d'échec extrêmement important. S'agissant de l'égalité « 9 = 7 + ... », presque tous les enfants additionnèrent 9 et 7, comme c'est le cas lorsque le « schème de lecture » d'une telle égalité n'a encore fait l'objet d'aucun débat au sein d'une classe.

Il est difficile d'interpréter un tel phénomène. Soit les réussites observées dans un premier temps étaient superficielles, soit les échecs observés dans le second temps s'interprètent comme un défaut d'inhibition du schème habituel de lecture de gauche à droite (les deux explications ne s'excluent d'ailleurs nullement)[54]. En tout état de cause, je ne suis plus sûr aujourd'hui qu'on ait intérêt à amorcer précocement cette étude, je penserais même plutôt le contraire.

Un meilleur contrôle de l'usage pédagogique des représentations figurées et du langage grâce à une théorie générale de cet usage

Par ailleurs, *Comment les enfants apprennent à calculer* a été à l'origine de la réhabilitation de l'usage pédagogique de représentations figurées des quantités en classe[55]. Cet usage y est décrit de manière à favoriser les processus d'abstraction qui sont nécessaires au progrès. Il est par exemple recommandé d'utiliser des collections de doigts différentes pour représenter une même quantité (il importe que les élèves comprennent que chaque doigt vaut « un »). On peut aussi remarquer que le matériel qui y est décrit sous le nom de « réglettes avec caches » favorise l'accès à des représentations figurées qui ne sont pas « statiques » : lorsqu'on masque 5 jetons avec un cache,

---

54. Ce type d'explication en termes de défaut d'inhibition est de plus en plus souvent retenu aujourd'hui dans le contexte d'une tâche où la réponse correcte dépend de la mise en œuvre d'un « schème savant » qui est en concurrence avec un « schème quotidien » (*cf.* Houdé, 1995).

55. La réforme dite des « mathématiques modernes » avait abouti à la quasi-disparition de cet usage.

et lorsqu'on en ajoute 2 autres, par exemple, pour savoir combien il y en a en tout, les enfants comptent souvent les 5 jetons masqués « à travers le cache » ; à terme, celui-ci fonctionne comme représentation spatiale du résultat d'une énumération. Lorsqu'un enfant, face à une configuration formée d'un « cache de 5 » et de 2 jetons isolés, dit qu'il y a 7 jetons en tout, l'adulte a la possibilité de lui dire « Mais moi, je n'en vois que 2 ! » pour s'assurer qu'il comprend bien la situation.

Pour autant, on peut regretter que, dans la première édition de *Comment les enfants apprennent à calculer*, aucune théorie générale de l'usage pédagogique des représentations figurées ne soit proposée. C'est chose faite avec ce texte. On y a distingué deux sortes de verbalisme : celui des signes numériques et celui des figurations. On y a souligné que certaines tâches utilisant des figurations des quantités sont particulièrement intéressantes pour le pédagogue, comme celles où l'on utilise des barres de 10 cubes ainsi que des cubes isolés, ceux-ci étant plus nombreux que 10 (le nombre total ne peut donc pas se « lire » directement dans le matériel), ou encore celles qui utilisent des figurations de centaines faisant appel à un scénario où les unités sont « masquées » dans les dizaines et où les dizaines sont « masquées » dans les centaines. Dans le cas de ces tâches, en effet, ce ne sont pas les mêmes propriétés qui sont rendues saillantes par la figuration utilisée, d'une part, et les signes linguistiques, de l'autre. Parler avec les enfants des décalages ainsi produits permet d'évoquer les actions qui permettent d'accéder à la conceptualisation : former tous les groupes de 10 cubes, prendre en compte les dizaines ou les unités « masquées ».

Par ailleurs, l'étude des conditions d'emploi des mots-nombres soit en tant que déterminants, soit en tant que noms, nous a conduits à la conclusion que ce dernier usage est souvent source de progrès. Pour signifier que « deux chiens et encore un chien, c'est trois chiens », le pédagogue a intérêt à dire : « Deux et encore un, c'est trois », alors qu'il montre des doigts. Dans un tel contexte, utiliser les mots-nombres en tant que nom plutôt qu'en tant que déterminant favorise en effet l'abstraction.

Concernant les nombres supérieurs à dix, on remarquera d'ailleurs que dans la locution « deux dix cubes » (lorsqu'on s'exprime « à l'asiatique »), le mot-composé « deux dix » est un déterminant. Cependant, à l'intérieur de ce mot composé, « dix » fonctionne comme un nom (en français, le mot « cent » dans « deux cents » s'accorde en nombre alors que les déterminants numéraux sont invariables). Il est clair que cette façon de parler les nombres favorise la transition de l'emploi du mot-nombre dix en tant que déterminant vers son emploi en tant que nom et, donc, l'abstraction de la « grande unité » correspondante.

Enfin, nous avons vu que lorsqu'on ne parle pas les nombres à l'asiatique, l'usage du mot « groupe » est préférable à celui de paquet, enveloppe, etc. parce qu'il est plus abstrait et qu'il favorise mieux le transfert des propriétés dégagées dans un type de situation aux situations qui ont la même structure.

Un tel cadre théorique peut servir de guide aux pédagogues pour animer en classe des activités qui utilisent des figurations de quantités.

La calculette : un outil pédagogique ambivalent

Cela ne pouvait guère être anticipé il y a 15 ans, mais une autre idée fait, elle aussi, son chemin et figure dorénavant dans les programmes de l'école (programmes de 2002). On y lit :

« La diffusion massive, et maintenant banalisée, de nouveaux outils de calcul conduit à repenser, dès le cycle 2, la place accordée aux différents moyens de calcul et les objectifs assignés à leur enseignement. »

Et, parmi les compétences qui seraient exigibles en fin de cycle 2, ces programmes fixent celle-ci :

« [...] utiliser à bon escient une calculatrice (en particulier pour obtenir un résultat lorsqu'on ne dispose pas d'une méthode de calcul efficace). »

Il n'est pas impossible que cette préconisation de l'usage de la calculette dès les premières classes de l'école élémentaire trouve son origine dans la large diffusion des idées de S. Dehaene. Mais est-ce bien grave ? En effet, contrairement à ce chercheur, les programmes de 2002 insistent sur l'importance de favoriser le calcul réfléchi à l'école. Pourquoi les maîtres ne favoriseraient-ils pas à la fois un usage fréquent de la calculette et le développement de bonnes compétences en calcul sans calculette ?

Malheureusement, les recherches disponibles montrent qu'il sera vraisemblablement difficile aux pédagogues de poursuivre les deux objectifs à la fois. Ainsi, Campbell et Xue[56] demandent à des étudiants de se rappeler leur scolarité à l'école élémentaire et au collège et de dire s'il leur arrivait d'y utiliser la calculette pour déterminer 65 + 34 ou 23 x 17, par exemple. Pour chacun des deux niveaux de scolarité (école et collège), ils doivent donner une note qui va de 1 (je n'utilisais jamais la calculette) à 5 (toujours). L'échelle ainsi produite permet donc d'estimer leur fréquence d'usage de cet outil lorsqu'il s'agissait de faire cette sorte de calculs durant leur scolarité. Or, la même échelle rend également compte des performances de ces étudiants lorsqu'on leur propose maintenant des calculs similaires : plus ils ont utilisé la calculette dans leur scolarité, moins ils calculent vite (la corrélation entre l'échelle d'usage et celle des temps nécessaires aux calculs est de + 0.73, ce qui exprime une très forte liaison positive).

---

56. Campbell et Xue (2001).

Les pédagogues ne peuvent donc pas à la fois favoriser l'usage de la calculette « dès qu'un élève ne dispose pas d'une méthode de calcul efficace » et espérer dans le même temps que cet élève s'approprie des méthodes de calcul efficaces et variées, c'est-à-dire accède aux comportements stratégiques qui sont caractéristiques de la conceptualisation arithmétique. Il y a toutes les raisons de penser que les programmes de 2002 font en l'occurrence des recommandations contradictoires. Parions que ceci sera l'objet d'un des principaux débats pédagogiques à venir. Quiconque voudrait défendre la place du calcul à l'école trouvera des arguments à la fois dans *Comment les enfants apprennent à calculer* et dans le texte présent, le principal argument étant le suivant : calcul et conceptualisation vont de pair parce que la conceptualisation correspond à l'accès à un comportement stratégique en calcul.

Des hypothèses psychologiques dont la formulation peut parfois être améliorée, mais qui, globalement, font leur chemin

Dans la première partie de *Comment les enfants apprennent à calculer*, intitulée « Communiquer », deux chemins permettant à l'enfant de s'approprier les premiers nombres sont distingués : l'un où l'enfant apprend de manière précoce à compter et où ce comptage n'est, le plus souvent, qu'un comptage-numérotage (chapitre 2), et l'autre qui se fonde sur des dialogues avec l'enfant où l'adulte fait usage de collections-témoins de doigts pour expliciter la signification cardinale des premiers mots-nombres (chapitre 3).

Dans la deuxième partie du livre, intitulée « Calculer » (dans le chapitre 6, notamment), on distingue deux composantes du progrès vers la connaissance du répertoire additif. Une première composante consiste en l'amélioration des procédures de comptage : plutôt que de commencer par dessiner 6 bâtons, puis 3 bâtons avant de recompter le tout, l'enfant progresse parce qu'il adopte la procédure qui consiste à « compter au-dessus de 6 » et qu'il dessine donc moins de bâtons ou bien utilise moins d'objets ou de doigts que s'il recomptait le tout. Il se contente, par exemple, de lever successivement 3 doigts en disant : 6, 7 (1 doigt levé), 8 (2), 9 (3). Une seconde composante du progrès est l'usage de collections-témoins qui sont *organisées à l'aide des repères 5 et 10*, comme c'est le cas des doigts ou de divers matériels pédagogiques ayant la même structure. Cet usage conduit à mettre en œuvre des stratégies de décomposition-recomposition. Pour déterminer 6 + 3, par exemple, 6 est d'abord représenté directement sur les doigts, sans les compter, sous la forme 5 + 1; puis l'ajout de 3 amène à la reconnaissance directe du résultat, là encore sans comptage, sous la forme 5 + (1 + 3).

Dans le chapitre 10, la compréhension de la numération décimale est elle-même décrite comme l'appropriation des stratégies de décomposition-recomposition correspondant à un « changement d'unités ».

Comme on le voit, les principales idées qui ont été commentées dans cette introduction étaient donc déjà présentes dans *Comment les enfants apprennent à calculer*. Mais, s'il s'agissait aujourd'hui d'en reprendre la rédaction, telle ou telle formulation ne s'y retrouverait pas à l'identique. Il aurait par exemple été possible de mieux souligner un phénomène essentiel à mes yeux, le rôle pédagogique des dialogues que l'adulte engage avec de très jeunes enfants. Ces dialogues favorisent l'usage de stratégies qui sont des prémices de celles que le même enfant utilisera plus tard, lorsqu'il fera du « calcul pensé » ou lorsqu'il utilisera le « changement d'unités » correspondant à la numération décimale. Les tout premiers apprentissages et ces apprentissages plus tardifs peuvent être théorisés de manière similaire[57].

Il est dommage que cette continuité entre stratégies de décomposition qui utilisent les doigts (ce qu'on peut appeler du « calcul sur les doigts ») et les stratégies de calcul pensé n'apparaissent pas plus clairement dans *Comment les enfants apprennent à calculer* parce que cette approche théorique de la façon dont les enfants s'approprient le répertoire additif reste, aujourd'hui encore, originale.

Une approche théorique de la façon dont les enfants s'approprient le répertoire additif qui, aujourd'hui encore, reste originale

La conceptualisation telle qu'elle a été définie ici correspond à l'appropriation d'équivalences entre procédures de comptage, d'une part, et de décomposition-recomposition, de l'autre. Elle correspond donc à la possibilité de choisir parmi ces procédures en fonction du contexte.

On remarquera qu'aujourd'hui encore cette approche reste différente de celle qui est le plus souvent retenue en psychologie développementale et qu'on trouve résumée dans un article de synthèse de Lemaire et collègues[58]. S'il s'agit de déterminer 6 + 3, par exemple, ces auteurs appellent « stratégies » aussi bien les diverses procédures de comptage (recompter le tout, compter au-dessus de 6, etc.) que la procédure de décomposition 6 + 3 = 5

---

57. Bien que cette idée soit présente dans *Comment les enfants apprennent à calculer,* elle n'émerge guère. Cela s'explique du fait que le calcul y est défini à partir de deux critères : il correspond à la fois à l'usage de stratégies de décomposition-recomposition et à l'appropriation de la *forme verbale* des relations numériques correspondantes (et, donc, à l'abandon de l'usage des collections-témoins). Il aurait été plus clair de définir le calcul à partir du seul usage de stratégies de décomposition-recomposition, qu'elles utilisent des collections-témoins ou non, comme cela est fait dans ce texte. En effet, c'est l'accès à cette sorte de stratégie qui s'avère, en fait, crucial : comme nous l'avons analysé, la mémorisation du répertoire additif, par exemple, doit être considérée comme une conséquence de l'appropriation de stratégies de décomposition-recomposition, c'est-à-dire comme une conséquence de la conceptualisation. C'est d'ailleurs ce que j'ai voulu faire dès 1991 en introduisant l'expression de « calcul sur des objets » ou, mieux encore, de « calcul sur des collections organisées » (Brissiaud, 1991).

58. Lemaire *et al.* (2002). Ces auteurs s'inspirent beaucoup de Siegler et Shrager (1984).

+ 1 + 3. Par ailleurs, ces auteurs décrivent les procédures de décomposition comme difficiles et tardives parce que les seules décompositions qu'ils envisagent sont celles qui s'expriment d'emblée verbalement. La procédure consistant à sortir directement 6 doigts grâce au repère 5 de la main, à sortir 3 autres doigts et à dire directement « 9 » sans compter n'est pas considérée comme une procédure de décomposition. Ces auteurs n'utilisent donc pas la notion de « calcul sur les doigts » par opposition à celle de « comptage sur les doigts ».

La position défendue ici est différente : l'amélioration des procédures de comptage n'est pas considérée comme un changement de stratégie, contrairement à l'accès à une procédure de décomposition-recomposition. Cet accès en revanche est possible, selon nous, dès les tout premiers apprentissages sous la forme d'un « calcul sur les doigts » (voir Brissiaud, 1991).

Le choix retenu ici, en soulignant l'importance des procédures de décomposition-recomposition pour l'accès à la conceptualisation, permet de mieux expliquer la supériorité des élèves asiatiques sur les élèves occidentaux. Il explique mieux aussi une caractéristique commune à une grande majorité des élèves qui sont en difficulté dans leurs apprentissages numériques : pour résoudre des problèmes, ces élèves utilisent presque exclusivement des procédures de comptage et non des stratégies de décomposition-recomposition. Il permet enfin d'utiliser le même cadre théorique pour expliquer l'accès aux premières connaissances numériques (comprendre la signification cardinale exacte des trois premiers mots-nombres, par exemple) et l'accès à des connaissances plus tardives (avoir mémorisé le répertoire additif élémentaire ou comprendre la numération décimale, par exemple).

Une théorie générale du rôle du langage et des représentations figurées dans la conceptualisation des nombres

Par ailleurs, c'est seulement dans cet essai introductif que les bases d'une théorie *générale* du rôle du langage et des représentations figurées dans la conceptualisation des nombres sont posées. De nombreuses analyses avancées dans *Comment les enfants apprennent à calculer* traitaient déjà de ce sujet, qu'il s'agisse de souligner l'importance de favoriser un usage des mots-nombres où ils ont une signification cardinale, le rôle positif d'une suite verbale numérique régulière, l'intérêt de l'usage pédagogique d'un matériel tel que les réglettes avec caches, la méfiance qu'il convient d'avoir envers un enseignement précoce de l'addition en colonnes, etc. De plus, toutes ces analyses, lorsqu'on les relit aujourd'hui, apparaissent cohérentes avec le cadre théorique qui vient d'être avancé. Mais elles gardaient un aspect local. Pour le psychologue autant que pour le pédagogue, il est important d'analyser ensemble les pratiques langagières et l'usage de représentations figurées et de pouvoir formuler ainsi une théorie générale ; cette approche a permis de mettre en évidence, par exemple, qu'il existe à la fois un verbalisme des signes numériques et un verbalisme des représentations figurées, que le fait de dénommer une représentation figurée de manière plus abstraite qu'on ne le ferait dans une pratique langagière quotidienne est source de progrès, etc.

Ce texte précise donc de manière utile le cadre théorique avancé dans *Comment les enfants apprennent à calculer*. Pour autant, j'espère avoir montré ici que, pour l'essentiel, les recherches menées ces 15 dernières années ont plutôt étayé les points de vue développés dans l'ouvrage qu'on va lire et que, tel qu'il est, ce livre est encore susceptible d'alimenter les débats à venir dans le champ de la psychologie développementale du nombre.

Février 2003

BARUK, S. (1997). *Comptes pour petits et grands : pour un apprentissage du nombre et de la numération fondé sur la langue et le sens.* Paris : Magnard.

BIDEAUD, J. (1997). « Du bébé à l'enfant de Piaget : quelle construction du nombre ? » *Psychologie française*, 42, p. 45-56.

BIDEAUD, J. (2002). « Les animaux et les bébés comptent-ils ? », *in* J. Bideaud & H. Lehalle (éd.), *Traité des sciences cognitives : le développement des activités numériques chez l'enfant*, p. 55-80. Paris : Hermes.

BIDEAUD, J. & LEHALLE, H. (2002). *Traité des sciences cognitives : le développement des activités numériques chez l'enfant.* Paris : Hermes.

BLOOM, P. & WYNN, K. (1997). « Linguistic cues in the acquisition of number words », *Journal of Child Language*, 24, p. 511-533.

BRESSON, F. (1987). « Les fonctions de représentation et de communication », *in* J. Piaget, P. Mounoud & J.-P. Bronckart (éd.), *Psychologie*, p. 933-982. Paris : Bibliothèque de la Pléiade.

BRIAND, J. (1993). *L'énumération dans le mesurage des collections, un dysfonctionnement de la transposition didactique.* Thèse de l'université Bordeaux-1.

BRIARS, D. & SIEGLER, R. S. (1984). « A featural analysis of preschoolers' counting knowledge », *Developmental Psychology*, 20, p. 607-618.

BRISSIAUD, R. (1991). « Un outil pour construire le nombre : les collections-témoins de doigts », *in* J. Bideaud, C. Meljac & J.-P. Fischer (éd.), *Les chemins du nombre*, p. 59-90. Lille : Presses universitaires.

BRISSIAUD, R. (1992). « Calculer et compter de la petite section à la grande section de maternelle », *Grand N*, 49, p. 37-48.

BRISSIAUD, R. (1995). « Une analyse du comptage en tant que pratique langagière en souligne le rôle ambivalent dans le progrès de l'enfant », *in* J-P Astolfi & G. Ducancel (éd.), « Apprentissages langagiers, apprentissages scientifiques », *Repères*, 12, p. 143-164.

BRISSIAUD, R. (2002). « Psychologie et didactique : choisir des problèmes qui favorisent la conceptualisation des opérations arithmétiques », *in* J. Bideaud & H. Lehalle (éd.), *Traité des sciences cognitives : le développement des activités numériques chez l'enfant*, p. 265-291. Paris : Hermes.

CAMOS, V., FAYOL, M., LACERT, P., BARDI, A., LAQUIERE, C. (1998). « Le dénombrement chez des enfants dysphasiques et des enfants dyspraxiques », *A.N.A.E. (Approche neuropsychologique des apprentissages chez l'enfant)*, 48, p. 86-91.

CAMPBELL, J. & XUE, Q. (2001). « Cognitive Arithmetic Across Cultures », *Journal of Experimental Psychology : General,* 130(2), p. 299-315.

DEHAENE, S. (1997). *La bosse des maths.* Paris : Odile Jacob.

DEHAENE, S., SPELKE, E., PINEL, P., STANESCU, R. & TSIVKIN, S. (1999). « Sources of mathematical thinking : behavioral and brain-imging evidence », *Science*, 284 (5416), p. 970-974.

DESCŒUDRES, A. (1921). *Le Développement de l'enfant de deux à sept ans.* Neufchâtel, Paris : Delachaux et Niestlé.

DURKIN, K., SHIRE, B., RIEM, R., CROWTHER, R.D. & RUTTER, D.R. (1986). « The social and linguistic context of early number word use », *British Journal of Developmental Psychology,* 4, p. 269-288.

FAYOL, M. (1990). *L'enfant et le nombre : du comptage à la résolution de problèmes.* Neuchâtel : Delachaux et Niestlé.

FAYOL, M. (2002). « Le facteur verbal dans les traitements numériques : perspective développementale », *in* J. Bideaud & H. Lehalle (éd.), *Traité des sciences cognitives : le développement des activités numériques chez l'enfant,* p. 151-173. Paris : Hermes.

FISCHER, J.-P. (1991). « Le subitizing et la discontinuité après 3 », *in* J. Bideaud, C. Meljac & J.-P. Fischer (éd.), *Les chemins du nombre,* p. 235-258. Lille : Presses universitaires.

FISCHER, J.-P. (2002). « Différences culturelles et variabilité des modalités des acquisitions numériques », *in* J. Bideaud & H. Lehalle (éd.), *Traité des sciences cognitives : le développement des activités numériques chez l'enfant,* p. 215-237. Paris : Hermes.

FISCHER, J.-P. & BOCÉRÉAN, C. (à paraître). « Les modèles du développement numérique à l'épreuve de l'observation ».

FRYE, D., BRAISBY, N., LOWE, J., MAROUDAS, C. & NICHOLLS, J. (1989). « Young Children's Understanding of Counting and Cardinality », *Child Development,* 60, p. 1158-1171.

FUSON, K.C. (1988). *Children's counting and concepts of number.* New York : Springer.

FUSON, K.C. & HALL, J. (1983) « The acquisition of early number word meanings », *in* H. Ginsburg (éd.), *The development of children's mathematical thinking,* 49-107. New-York : Academic Press

FUSON, K.C., SMITH, S., LO CICERO, A.M. (1997). « Supporting latino first graders'ten-structured thinking in urban classrooms », *Journal for Research in Mathematics Education,* 28, p. 738-766.

GALLISTEL, C.R. & GELMAN, R. (1992). « Preverbal and verbal counting and computation », *Cognition,* 44, p. 43-74.

GEARY, D.C. (1993). « Mathematical disabilities : cognitive, neuropsychological and genetic components », *Pyschological Bulletin,* 114, p. 345-362.

GEARY, D.C., FAN, L. & BOW-THOMAS, C.C. (1992). « Numerical cognition : Loci of ability differences comparing children from China and the United States », *Psychological Science,* 3, p. 180-185.

GELMAN, R. & GALLISTEL, C.R. (1978). *The child's understanding of number.* Cambridge : Harvard University Press.

HATANO, G. (1982). « Learning to Add and Substract : a Japanese

Perspective », *in* T.-P. Carpenter, J. Moser & T.-A. Romberg (eds), *Addition and Substraction : a cognitive perspective*. Hillsdale : Lawrence Erlbaum.

HOUDÉ, O. (1995). *Rationalité, développement et inhibition : un nouveau cadre d'analyse*. Paris : PUF

HOUDÉ, O., MAZOYER, B. & TZOURIO-MAZOYER, N. (2002). *Cerveau et psychologie*. Paris : PUF.

HURFORD, J.-R. (1975). *The Linguistic Theory of Numerals*. Cambridge : Cambridge University Press.

HURFORD, J.-R. (1987). *Language and Number. The Emergence of a Cognitive System*. Oxford : Basil Blackwell.

KARMILOFF, K. & KARMILOFF-SMITH, A. (2003). *Comment les enfants entrent dans le langage*. Paris : Retz.

LEMAIRE, P., DUVERNE, S., EL YAGOUBI, R. (2002). « Le développement des stratégies en situation de résolution de problèmes arithmétiques », *in* J. Bideaud & H. Lehalle (éd.), *Traité des sciences cognitives : le développement des activités numériques chez l'enfant*, p. 195-211. Paris : Hermes.

MIURA, I.T., OKAMOTO, Y., KIM, C.C., STEERE, M. & FAYOL, M. (1993). « First graders' cognitive representation of number and understanding of place value : Cross-national comparisons : France, Japan, Korea, Sweden, and the United States », *Journal of Educational Psychology*, 85, p. 24-30.

RICHARD, J.-F. (1994). « La résolution de problèmes », *in* M. Richelle, M. Robert, & J. Reguin (éd.), *Traité de psychologie expérimentale*, p. 523-574. Paris : PUF.

SANDER, E. (2000). *L'analogie : du Naïf au Créatif*. Paris : L'Harmattan.

SCHAEFFER, B., EGGLESTON, V.H. & SCOTT, J.-L. (1974). « Number development in young children », *Cognitive Psychology*, 6, p. 357-379.

SIEGER, R. S. & SHRAGER, J. (1984). « Strategy choices in addition and substraction : how do children know what to do? », *in* C. Sophian (éd.), *Origins of cognitive skills*, p. 229-293. Hillsdale : Erlbaum.

TERRAIL, J.-P. (2002). *De l'inégalité scolaire*. Paris : La Dispute.

TIJUS, C. (2001). *Introduction à la psychologie cognitive*, Paris : Nathan.

VERGNAUD, G. (1987). « Les fonctions de l'action et de la symbolisation dans la formation des connaissances chez l'enfant », *in* J. Piaget, P. Mounoud & J.-P. Bronckart (éd.), *Psychologie*, p. 821-843. Paris : Bibliothèque de la Pléiade.

VILETTE, B. (2002). « Processus de quantification chez le jeune enfant : peut-on parler d'une arithmétique précoce? », *in* J. Bideaud & H. Lehalle (éd.), *Traité des sciences cognitives : le développement des activités numériques chez l'enfant*, p. 81-101. Paris : Hermes.

WYNN, K. (1990). « Children's understanding of counting », *Cognition*, 36, p. 155-193.

WYNN K. (1992). « Children's acquisition of the number words and the counting system », *Cognitive Psychology*, 24, p. 220-251.

Un domaine de connaissances à réorganiser

Un domaine de connaissances à réorganiser

UNE PÉDAGOGIE DES PREMIERS APPRENTISSAGES NUMÉRIQUES QUI SE CHERCHE

À l'école maternelle, l'enfant « apprend et récite la comptine numérique ». Ce passage des nouvelles Instructions officielles françaises (1986) aura certainement intrigué tous ceux qui s'étaient laissé convaincre par les promoteurs de la réforme des « mathématiques modernes » (1970) que le nombre n'avait plus sa place à l'école maternelle. Il y a peu de temps encore, cette opinion était toujours très répandue parmi les pédagogues. C'est ainsi que, en 1982, on pouvait encore lire dans une revue sérieuse[1] que, « pour des enfants de cinq ans, apprendre à compter jusqu'à dix n'a guère d'utilité (sinon faire plaisir aux parents) ». Entre 1977 et 1986, le programme officiel de l'école maternelle était muet sur l'apprentissage des nombres avant la scolarité élémentaire. Mais le fait qu'on préconise aujourd'hui l'apprentissage de la comptine numérique aurait peut-être tout autant surpris les anciens pédagogues (ceux d'avant la réforme des mathématiques « modernes »), qui étaient extrêmement méfiants à l'égard des pratiques de comptage.

C'est ainsi qu'avant la réforme de 1970, pour empêcher qu'un enfant compte des objets en les pointant avec l'index, on utilisait souvent un cache de la façon suivante :

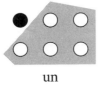
un

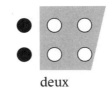
deux

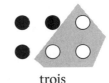
trois

D'après J. Bandet, 1962.

---

1. *Le Monde de l'éducation,* novembre 1982.

On procédait ainsi pour que chacun des mots-nombres prononcés (« un », « deux », « trois »…) soit associé à la quantité correspondante plutôt qu'aux objets pointés, la grande crainte des pédagogues étant que les enfants récitent la suite des mots-nombres de façon automatique, comme une suite de « numéros » (le « un », le « deux »…), sans comprendre qu'à chacun d'eux on peut faire correspondre une quantité.

Que penser, en définitive, des nouvelles Instructions officielles ? Faut-il inciter les jeunes enfants à compter ? À quel âge ? Et en cas de réponse affirmative, faut-il le faire sans plus de précautions, ou faut-il prendre au sérieux la crainte des « anciens » et contrôler de très près la façon dont fonctionne le comptage chez l'enfant ? Beaucoup de certitudes ont été ébranlées, et on peut penser que de nombreux enseignants, comme de nombreux parents, sont aujourd'hui à la recherche d'informations qui leur permettent de penser les premiers apprentissages numériques d'une manière à peu près cohérente. Ne serait-ce que dans un but pratique : Que faire avec les enfants de ma classe ? Ou encore, que faire pour aider mon enfant ?

On tentera ici de fournir des repères, de les organiser en un cadre théorique qui aide non seulement à « lire » les progrès des enfants, mais qui permette aussi de guider l'action pédagogique. Constamment, on essaiera de relier les réponses d'ordre pratique aux raisons qui les fondent, en explicitant du mieux possible les choix qui sont faits, notamment quand ces choix auraient pu être différents : dans ce domaine comme dans d'autres, l'efficacité pédagogique dépend autant de la maîtrise des raisons qui guident l'action que des choix qui ont été faits.

On étudiera le développement des compétences numériques de l'enfant jusque vers 7 ans, c'est-à-dire pendant la période de la scolarité qui commence en petite section de maternelle et s'étend jusqu'à la fin du cours préparatoire. Il aurait été possible de restreindre le domaine d'étude à l'enfant qui fréquente l'école maternelle, mais cela n'aurait pas permis de réfléchir à l'usage qui est fait à l'école des écritures arithmétiques (les signes « + » et « = »). Au moment où on assiste à une floraison d'ouvrages périscolaires qui visent à initier de façon précoce les enfants à l'usage de ces signes arithmétiques, il aurait été dommage de ne pas aborder ce thème. Par ailleurs, le choix fait ici plaide en faveur d'une meilleure continuité éducative lors du « passage à la grande école ».

À l'instant, on a délibérément opposé les Instructions officielles de 1986 à celles de 1970 (1977, pour l'école maternelle), dates somme toute assez proches les unes des autres. Cette présentation abrupte risque de faire apparaître les changements correspondants comme autant de revirements successifs, et elle ne rend guère justice aux progrès pédagogiques qui ont résulté de l'action des réformateurs de 1970. Bien sûr, une analyse historique détaillée des discours et des pratiques pédagogiques concernant les premiers apprentissages numériques dépasserait le propos de ce livre, mais peut-être faut-il malgré tout brosser à grands traits ce que pourrait être cette analyse. Ne serait-ce que pour y puiser une leçon de prudence : en effet, il ne suffit pas de reconnaître que l'exclusion du nombre de l'école maternelle fut une erreur, encore faut-il comprendre la genèse de cette erreur et en tirer quelques leçons avant d'aborder à nouveau le sujet.

L'ENSEIGNEMENT DU CALCUL D'AVANT LA RÉFORME N'EST PAS UN « PARADIS PERDU »

Quand l'école publique est née, à la fin du XIXe siècle, elle s'est donné pour programme, concernant la section des enfants de 5 à 6 ans, l'étude des « quatre opérations sur des nombres de deux chiffres » (arrêté du 18 janvier 1887). Cela peut surprendre, aujourd'hui, mais cet apprentissage des quatre règles (addition, soustraction, multiplication, division) constituait l'essentiel du programme d'arithmétique depuis les sections préélémentaires jusqu'au cours moyen. Le caractère répétitif de ce programme correspondait à l'emploi d'une méthode pédagogique appelée « concentrique », selon laquelle on revient chaque année sur ce qui a été fait l'année précédente, afin de bien le « graver » dans la mémoire de l'élève. Cette méthode était, bien entendu, l'objet de critiques, mais, dans un premier temps, on lui reprochait surtout d'instaurer l'ennui dans la classe (chaque nouvelle année scolaire n'apportait qu'insuffisamment son « lot de nouveauté »), et moins le fait qu'il soit demandé des choses trop difficiles aux jeunes enfants.

Le programme de 1945 modifie considérablement ces objectifs : en grande section, les quatre opérations ne doivent plus faire l'objet que de « petits exercices de calcul mental », et on précise que les exercices de calcul écrit doivent être accompagnés des « dessins correspondants ». Cependant, quand on regarde des cahiers d'élèves de grande section datant des années 1960, on s'aperçoit qu'il était encore fréquent, à cette époque, que les enfants de maternelle posent des « additions en colonnes ».

Comme on évitait de poser des additions avec retenues, il était relativement facile d'apprendre à des enfants de 5-6 ans le calcul de sommes telles que 34 + 21 : il suffisait de les entraîner à positionner ces nombres verticalement, en faisant attention à respecter l'alignement en colonnes, et il ne restait plus à l'élève qu'à effectuer les calculs simples que sont 4 et 1 et 3 et 2.

Bien entendu, les enfants de maternelle ne peuvent pas comprendre pourquoi ce mode de calcul est valide, car cela nécessite de savoir relier l'écriture des nombres à leur décomposition en dizaines et unités. Mais, surtout, la somme de 34 et 21 est déjà un grand nombre et pratiquement aucun enfant de grande section ne peut attribuer de sens précis à 53. On a donc enseigné à l'enfant une procédure dont il est incapable d'interpréter le résultat. Pour ne pas se méprendre sur la signification de ce savoir-faire, il suffit d'ailleurs de remarquer que, par cette méthode, il serait certainement possible d'apprendre à des enfants de grande section le calcul de sommes telles que 2 341 + 3 212, et qu'on pourrait même augmenter encore le nombre de chiffres sans que cela crée un réel obstacle !

Soyons clairs : la préoccupation principale de ces pédagogues était que l'enfant, très tôt, « prenne de bonnes habitudes ». Aussi l'entraînait-on, dès le plus jeune âge, à aligner les chiffres en colonnes. On peut discuter le fait de savoir s'il est judicieux d'enseigner certaines procédures aux enfants (l'alternative étant d'essayer de leur faire « inventer » ces procédures, quitte à en retarder l'apprentissage), mais on admettra probablement qu'il n'est pas utile d'enseigner une procédure dans des circonstances où l'enfant est incapable d'en interpréter le résultat et la signification ! Les enfants ne rechignent pas systématiquement à apprendre ainsi ; beaucoup d'entre eux désirent savoir faire une addition en colonnes le plus tôt possible, car pour leur entourage cela signifie qu'ils « grandissent ». Mais les mots sont quelque peu ambigus pour décrire le savoir de l'enfant quand il l'a acquis dans ces conditions : sait-il faire une addition ou a-t-il seulement acquis un comportement en tout point semblable ? A-t-il acquis le savoir ou n'en a-t-il que « la lettre » ?

Tout cela ne serait pas bien grave s'il n'était vraisemblable que ces apprentissages précoces constituent ultérieurement un réel obstacle aux progrès de certains enfants. On pense notamment aux enfants qui continuent durant toute leur scolarité à s'approprier des procédures, en se souciant insuffisamment de leurs conditions d'application. Le mal endémique dont souffre l'enseignement des mathématiques à l'école élémentaire est bien connu : « Les élèves savent à peu près calculer, mais ils ne savent pas résoudre des problèmes. » Si le pédagogue a enseigné des procédures dont l'enfant est incapable d'interpréter le résultat, comme dans l'exemple précédent, il n'a pu que conforter les enfants dans l'idée que certaines procédures ont une valeur par elles-mêmes (« Je sais faire une addition »), indépendamment de l'usage qui peut en être fait.

Cette critique sera développée plus longuement dans la suite de l'ouvrage, mais remarquons simplement, pour conclure, que ce n'est pas parce que l'enfant n'arrivait pas à produire le comportement attendu, ni parce que les élèves étaient particulièrement malheureux, que l'enseignement précoce de telles procédures de calcul a été rejeté : c'est dans un souci d'efficacité didactique, parce que certaines « réussites » apparentes risquent de faire le lit d'échecs futurs.

VERS 1970, LA DISTINCTION ENTRE ACTIVITÉS PRÉNUMÉRIQUES ET ACTIVITÉS NUMÉRIQUES

Comme bien des pédagogues avant eux, les réformateurs de 1970 condamnaient les méthodes qui mettent l'écolier en état d'appliquer un certain nombre de règles qu'il ne comprend pas. Ils n'étaient évidemment pas les premiers à avancer ces idées. C'est ainsi qu'on peut lire, dans un rapport rédigé en 1928 par les inspecteurs généraux, qu'« en calcul, il y a des retards qui valent des avances », ou encore qu'« on passe toujours trop rapidement sur l'étude des premiers nombres, dans la hâte d'arriver aux opérations ». Mais les pratiques pédagogiques n'évoluent que lentement, et ce qui se passait dans les classes durant les années 60, très souvent, méritait encore les reproches énoncés en 1928.

Les réformateurs de 1970 ont « réussi » là où leurs devanciers piétinaient quelque peu : fini donc les additions posées en colonnes à l'école maternelle... mais fini aussi d'aider l'enfant à accéder à ses premières connaissances de calcul mental : « 2 et 2, ça fait combien ? », « 2 et 3 ? »... Il est possible que le « succès » des réformateurs ait été favorisé par le caractère radical de leur position : non seulement il ne fallait plus enseigner de règles de calcul à l'école maternelle, mais l'enfant ne devait plus calculer du tout. Il est donc légitime de se demander aujourd'hui si on n'a pas jeté le bébé avec l'eau du bain...

Mais il ne fallait pas, après 1970, que l'absence de pratiques numériques à l'école maternelle passe pour du désintérêt. On l'évita grâce à l'attribution du qualificatif de « prénumérique » à certaines activités menées en maternelle et au début du cours préparatoire. Pour cela, deux cadres théoriques ont essentiellement servi de référence :

– Le premier est l'œuvre de Piaget sur la genèse du nombre chez l'enfant. C'est à partir de ce cadre théorique que des activités telles que la mise en ordre d'une série de baguettes selon leurs longueurs croissantes, ou bien encore l'emboîtement d'une série de cubes gigognes (ces activités sont appelées des *sériations*) ont acquis leur statut d'activités « prénumériques ».

– L'autre est une théorie mathématique développée vers 1880 pour résoudre certains paradoxes liés à la notion d'infini ; les nombres y sont définis à partir des ensembles. C'est dans l'adaptation pédagogique qui a été faite de cette « théorie des ensembles » que les activités de classement (mettre ensemble des objets qui ont la même couleur, par exemple) et de rangement (ordonner les ingrédients d'une recette dans l'ordre où ils seront utilisés, par exemple) ont acquis le statut de « prénumériques ».

Dans cette optique, l'enseignement était donc organisé en deux phases successives : dans la première, on proposait à l'enfant des activités qui visaient à développer certaines capacités logiques assez générales, et ce n'est qu'ensuite qu'étaient abordées les activités à proprement parler numériques, c'est-à-dire celles où l'enfant compte ou calcule. Le passage du prénumérique au numérique se situait approximativement vers Noël au cours préparatoire, laissant ainsi le temps de « réviser » le prénumérique durant le premier trimestre. C'est cette distinction qui permit une quasi-disparition des activités numériques à l'école maternelle.

LA NÉCESSITÉ D'UNE NOUVELLE APPROCHE DES PREMIERS APPRENTISSAGES NUMÉRIQUES

La disparition des activités numériques de l'école maternelle n'allait pas de soi, et elle fut l'enjeu de nombreuses polémiques dans les années 70. En 1974, une inspectrice des écoles maternelles[2] résumait les positions des différents protagonistes de la façon suivante :

« – S'appuyant sur les données de la psychologie d'une part, sur les connaissances mathématiques d'autre part, certains mathématiciens – ils furent nombreux – ont réfuté la place du nombre à l'école maternelle.

« – S'appuyant sur leurs observations quotidiennes, les pédagogues ont pensé que la rencontre de l'enfant avec le nombre était plus précoce qu'on ne le supposait, qu'il y a, par ailleurs, pressions familiales et sollicitations constantes de l'environnement, ce qui fait que l'enfant de 5 ans, même si on ne l'y encourage pas en classe, est fort capable d'affirmer qu'il y a aujourd'hui 9 personnes en visite dans la classe, qu'il y a 6 fleurs dans le bouquet ou qu'il lui manque 5 feutres ce matin pour travailler. »

Aussi, depuis 1980 environ, dans de nombreuses classes d'école maternelle, le nombre a retrouvé une plus grande place. Deux types d'activités servent principalement de support à ces nouvelles pratiques numériques :

– la gestion coopérative de la classe : la gestion des présents et des absents, celle des élèves qui mangent à la cantine, la gestion du temps (mise à jour du calendrier, etc.) et la gestion de divers stocks (stocks de matériel tel que les ciseaux de la classe, ou encore le stock de nourriture d'un animal de la classe) ;

– de nombreux jeux à règles qui ont une composante numérique : c'est le cas dans des jeux de société traditionnels (dès qu'on utilise un dé, par exemple), mais les enseignants utilisent également des jeux pédagogiques spécialement élaborés pour les premiers apprentissages numériques, et qui sont vendus dans le commerce.

---

2. A.-M. Gillie, *in* R. Sarazanas, 1974.

Si les praticiens ont été les premiers à avoir une attitude critique vis-à-vis de l'utilisation dogmatique de ces références théoriques, aujourd'hui la validité de la description que fit Piaget de la genèse du nombre est fortement remise en cause par les psychologues eux-mêmes, et l'emploi pédagogique d'une définition ensembliste du nombre continue à être l'objet de vigoureuses critiques.

Que penser aujourd'hui de la description que fit Piaget de la genèse du nombre?

Pour Piaget[3], le développement des compétences numériques de l'enfant est essentiellement lié au développement de ses capacités logiques. C'est ainsi que trois épreuves lui apparaissent comme cruciales :

– l'épreuve de la conservation numérique : alors que deux rangées de jetons sont en correspondance terme à terme, l'adulte écarte les jetons de l'une des rangées, et demande à l'enfant de comparer les quantités correspondantes. Avant 5-7 ans, les enfants jugent que la rangée la plus longue contient plus de jetons que celle qui n'a subi aucune transformation : ils ne surmontent pas le leurre perceptif créé par l'écartement des jetons ;

– l'épreuve de la sériation des longueurs : l'enfant doit ordonner des bâtonnets selon leurs longueurs croissantes, de façon à former un « escalier » ;

– enfin, dans une situation de réunion de deux ensembles, on demande à l'enfant de comparer le tout à l'une de ses parties : dans un bouquet qui contient des marguerites et des roses, par exemple, y a-t-il plus de fleurs ou plus de marguerites ? (Cette épreuve est connue sous le nom d'« inclusion de classes ».)

Pour Piaget, un enfant qui réussit à l'une des épreuves précédentes réussit aux deux autres : il y a synchronisme entre la conservation numérique, la sériation et l'inclusion. Par ailleurs, toujours selon Piaget, la réussite qu'on observe vers 6-8 ans à chacune de ces épreuves est « opératoire », c'est-à-dire, ici, de nature logique. Explicitons ceci à partir de l'exemple de la sériation : avant 6-8 ans, l'enfant peut réussir cette tâche par tâtonnement, mais si on lui propose une baguette intercalaire (fig. 1), il ne trouve généralement pas de méthode pour la placer d'emblée, et préfère souvent tout recommencer. Vers 6-8 ans, l'enfant réussit à placer directement une baguette intercalaire. Cette réussite peut être expliquée de deux façons différentes :

– la réussite est de type logique (« opératoire ») si l'enfant utilise la transitivité de la relation d'ordre sur les longueurs (fig. 1) : si A > B et B > C, alors A > C ;

---

3. J. Piaget et A. Szeminska, 1941.

– la réussite est de type empirique si l'enfant place correctement la baguette intercalaire en ajustant cette baguette au cadre perceptif global (fig. 2). L'action de l'enfant est alors guidée par l'usage de la bonne forme perceptive de la série, et il n'emploie pas la propriété de transitivité.

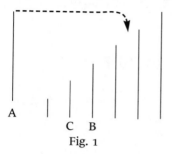

Fig. 1

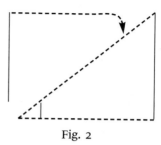

Fig. 2

Or c'est cette dernière explication qui est généralement retenue aujourd'hui : la maîtrise logique de cette tâche serait tardive (vers 10 ans), les réussites observées vers 6-8 ans s'expliquant du fait que l'action de l'enfant est guidée par une représentation spatiale et globale de la série. Des résultats analogues ont été obtenus concernant la tâche d'inclusion[4].

Après une analyse minutieuse de toutes les expériences relatives à ces tâches, J. Bideaud, dans sa thèse d'État, conclut ainsi son étude :

« 1. Il n'est plus guère possible de convenir d'un synchronisme entre la conservation numérique, l'inclusion et la sériation (…)

« 2. Mais le problème crucial est encore ailleurs. Si, comme on le soutient à partir des faits expérimentaux présentés et analysés, ni l'inclusion, ni la sériation ne sont opératoires, au sens piagétien du terme, avant 10-11 ans (…), que devient la synthèse originale qui conduit au nombre ? »

Que penser aujourd'hui de l'approche ensembliste du nombre à l'école ?

On lit dans les Instructions officielles de 1970 que l'enfant doit « élaborer le concept de nombre naturel ». Les commentaires qui accompagnent ces instructions précisent cet objectif, en donnant des exemples d'activités :

« Deux enfants étalent sur leur table le contenu de leur trousse. Si l'on peut mettre en correspondance un à un les objets d'une trousse et ceux de l'autre (sans s'occuper ni de leur nature, ni de leur disposition), on peut conclure qu'il y a autant d'objets dans l'une des trousses que dans l'autre.

« C'est quand on aura multiplié ces exercices que les enfants compren-

---

4. Voir R. Brissiaud (1988) pour une présentation simple, et J. Bideaud (1985) comme ouvrage de référence.

dront que le nombre est une propriété qui s'attache à des ensembles et ceci par une démarche analogue à celle qui leur a permis de comprendre que la couleur, par exemple, est une propriété qui s'attache à des objets.

« L'emploi systématique de la correspondance terme à terme permet de classer des ensembles et d'attribuer à chaque classe un nombre : ainsi, la classe de tous les ensembles qui ont autant d'objets que l'on a de doigts dans une main définit le nombre naturel "cinq". »

Cette description de la façon dont l'enfant élaborerait les notions de couleur et de nombre pèche principalement parce qu'elle minimise l'importance du langage dans l'apprentissage : il est trop schématique de penser que l'enfant apprend les couleurs en regroupant d'abord des objets selon certaines caractéristiques sensorielles communes (il met « les jaunes » ensemble, « les bleus » ensemble…), et que l'adulte n'intervient que dans un second temps, pour indiquer à l'enfant comment se nomment les classes obtenues. Le dialogue avec l'adulte joue un rôle essentiel dès le départ, en permettant à l'enfant de focaliser son attention sur la bonne caractéristique sensorielle (la couleur plutôt que la forme). Par ailleurs, l'enfant utilise le mot « jaune » alors qu'il en maîtrise encore mal la signification et pas seulement après qu'il ait construit le concept de « jaune ». Cette possibilité qu'a l'enfant d'employer les noms de couleur, alors qu'il en maîtrise mal le contenu conceptuel, joue un rôle essentiel dans l'apprentissage parce qu'elle permet à l'enfant d'être actif dans son dialogue avec l'adulte ou les autres enfants, d'émettre des hypothèses, quitte à se tromper et faire ainsi évoluer ses conceptions.

De même, en ce qui concerne les nombres, la progression qui était proposée a souvent mis les enseignants de cours préparatoire dans un profond embarras : pour savoir si deux collections avaient autant d'objets, l'enfant devait systématiquement utiliser la correspondance terme à terme ; il ne devait pas compter puisque, selon la logique de cette progression, le nom des nombres n'apparaissait qu'ultérieurement. Pratiquement, beaucoup d'enfants comptaient quand même… avant de faire plaisir à l'enseignant en procédant de la manière demandée. Là encore, la « notion de nombre » ne précède pas l'emploi des mots-nombres. On doit plutôt considérer que l'emploi des mots-nombres, et notamment les pratiques de comptage, participent au processus d'apprentissage des nombres.

L'abandon de la distinction entre activités numériques et prénumériques

Cela signifie-t-il qu'il ne faille plus faire de sériations à l'école maternelle ou au cours préparatoire ? Bien sûr que non : les enseignants n'ont pas attendu l'apparition du mot « sériation » dans les programmes, en 1977, pour, par exemple, faire jouer les enfants avec des cubes emboîtables. C'est la croyance aux vertus « prénumériques » de ces activités qu'il s'agit de reconsidérer.

De même, on peut difficilement vivre sans faire des classements et des rangements : quand un enfant met les ciseaux dans la boîte à ciseaux et les crayons dans la boîte à crayons, il fait un classement, mais il le fait comme monsieur Jourdain faisait de la prose. On voit mal pourquoi ce genre d'activités préparerait de façon un tant soit peu directe à des compétences numériques. De même qu'on voit mal pourquoi le rangement (la mise en ordre) des ingrédients nécessaires à la confection d'une mousse au chocolat selon la relation « est versé avant dans le ramequin » préparerait d'une façon un peu directe au nombre. La distinction entre activités numériques et activités prénumériques a donc perdu ses fondements théoriques, et il est légitime aujourd'hui de douter de sa pertinence pédagogique.

COMMENT FONDER UNE NOUVELLE APPROCHE ?

Depuis 1980 environ, les nombres ont donc retrouvé une plus grande place à l'école maternelle, et ils sont abordés de façon plus précoce au cours préparatoire. La situation n'est pas pour autant satisfaisante car il n'y a guère d'action pédagogique raisonnée possible pour celui qui ne possède pas un ensemble de repères organisés qui lui servent de guide. En fait, l'absence de tout cadre théorique risquerait de conduire, le plus souvent, au retour des pratiques pédagogiques antérieures à la réforme de 1970, comme cela s'est passé aux États-Unis où une pédagogie essentiellement basée sur l'entraînement est à nouveau dominante. Si ce risque est moindre dans l'école maternelle française, qui possède une solide tradition de pédagogie active issue des mouvements d'« éducation nouvelle », il est par contre bien réel au cours préparatoire où la désillusion est grande aujourd'hui. Mais comment éviter les erreurs passées dans la mise au point de ce nouveau cadre théorique ?

Quelle utilisation des travaux de psychologie ?

C'est peut-être moins le fait d'avoir utilisé des travaux de psychologie qu'il s'agit de remettre en cause aujourd'hui que la façon dont on les a utilisés. En effet, il est essentiel de signaler qu'en 1970 les psychologues savaient déjà que le comptage joue un rôle important dans le développement des compétences numériques : le psychologue français P. Gréco avait publié dès 1962 une étude qui était parfaitement explicite à cet égard[5]. Entre 1941 (date à

_____

5. « Quantité et quotité », 1962.

laquelle Piaget a construit sa théorie concernant la genèse du nombre) et 1970, de nombreux chercheurs avaient abordé à nouveau le sujet, et l'état des connaissances en psychologie n'offrait pas un aspect aussi uniforme que celui qui a été présenté par les réformateurs.

Bien sûr, l'accord se faisait sur l'importance des apports de Piaget : le fait d'avoir montré que certaines conservations ne vont pas de soi, par exemple, est d'un apport précieux pour quiconque essaie d'imaginer le monde tel que l'enfant se le représente. Il n'était pas évident auparavant que l'enfant doive ainsi chercher ce qui reste immuable sous la surface changeante des apparences. En revanche, d'autres aspects de la théorie de Piaget étaient déjà, en 1970, l'objet de critiques bien fondées. Et ce, non seulement de la part de chercheurs anglo-saxons, mais aussi à l'intérieur même de l'école de Genève.

Peut-être faut-il davantage critiquer les réformateurs de 1970 parce qu'ils ont fait un usage partiel et dogmatique des connaissances en psychologie, que parce qu'ils en auraient trop fait usage.

De même, aujourd'hui, pour un nouveau réformateur qui souhaiterait réhabiliter les pratiques de comptage à l'école maternelle, la tentation est grande de se réclamer du parrainage exclusif de la psychologue américaine Rochel Gelman, dont les travaux commencent à être vulgarisés[6]. Ce serait ignorer ceux de Steffe et von Glasersfeld, de J.-P. Fischer, ou encore T.-P. Carpenter, K. Fuson, dont les points de vue sont souvent différents de ceux de R. Gelman.

La diversité des approches des chercheurs ne permet pas de considérer la pratique pédagogique comme une simple application de ce que serait l'« état de la science » en psychologie. Les connaissances en psychologie doivent être réinterprétées par un pédagogue critique qui juge de leur pertinence pour son domaine, et qui assume son statut de chercheur susceptible de formuler des hypothèses qui interpellent les psychologues.

On a donc évité, pour cet ouvrage, un mode d'exposition où une partie théorique de nature purement psychologique précéderait une partie pratique. Ce choix de présenter conjointement des pratiques pédagogiques possibles et les raisons qui les fondent a conduit à écarter, dans une première approche, toute information qui n'est pas d'un apport essentiel à la compréhension des activités pédagogiques. C'est ainsi que la recherche d'une vue synthétique a été préférée à l'exhaustivité. En revanche, le lecteur intéressé ou intrigué par le maniement qui aura été fait de certains concepts, comme celui de « quantité », trouvera dans la dernière partie de l'ouvrage les compléments nécessaires. Dans cette partie, on explicitera également ce que cet exposé doit aux principaux théoriciens contemporains du domaine, à savoir R. Gelman, von Glasersfeld et K. Fuson, ainsi que ce qui nous sépare de l'un

---

6. « Les Bébés et le calcul », 1983.

ou l'autre de ces chercheurs et provient des travaux de l'auteur.

Une nouvelle discipline : la didactique des mathématiques

Mais la psychologie des premiers apprentissages numériques n'a pas été notre seule source d'information ; on a également tenté de tenir le plus grand compte des techniques professionnelles anciennes : une profession n'a pas cent ans d'existence (en se limitant à l'école de la République) sans qu'elle se soit dotée d'un riche patrimoine de techniques professionnelles. Il est essentiel que la réflexion sur ces techniques permette une capitalisation de leurs apports respectifs : le plus grand mal qu'ait fait la réforme de 1970, c'est peut-être de convaincre nombre d'enseignants, comme de parents, qu'ils avaient « tout faux », et finalement de les déposséder de toute possibilité de réflexion sur leurs propres pratiques pédagogiques antérieures.

Les activités pédagogiques présentées ici ont été mises en œuvre sur une période de deux ou trois années dans de nombreuses classes, mais c'était également le cas pour les activités préconisées par les réformateurs de 1970 et cela ne saurait suffire à les légitimer. Toute innovation a, chez les enfants qui en bénéficient, des effets positifs qui s'expliquent, au moins partiellement, par la plus grande motivation des enseignants qui la conduisent. Comment juger, dans ce cas, de la valeur des propositions qui sont faites ici ?

Nous venons de définir trois critères : la prise en compte des connaissances actuelles en psychologie, l'obtention de résultats positifs dans une innovation menée sur le terrain et la prise en compte des techniques professionnelles anciennes. Chacun de ces éléments pris isolément peut déjà permettre de se faire une opinion, mais, au départ de ce livre, il y avait un projet beaucoup plus ambitieux : celui de confronter et d'organiser les informations issues de ces différents domaines de connaissance. Ce projet est ambitieux, mais peut-être est-il le seul qui soit réaliste. Il semble bien en effet qu'on n'ait guère progressé depuis le temps où Vygotski (en 1935) disait : « C'est un fait surprenant et négligé jusqu'à présent de constater que les recherches sur le développement de la pensée chez l'élève partent souvent de la prémisse que ce processus est indépendant de ce que l'enfant apprend effectivement à l'école. La capacité de raisonner de l'enfant, son intelligence, ses idées sur ce qui l'entoure, ses interprétations des causes physiques, sa maîtrise des formes logiques de pensée et de la logique abstraite sont considérées par les chercheurs comme des processus autonomes qui ne sont en aucune manière influencés par l'apprentissage scolaire[7]. »

Le travail présenté ici n'est donc pas seulement de la psychologie des pre-

---

7. Cité dans J.-P. Bronckart et B. Schneuwly, 1983.

miers apprentissages numériques, ni seulement de l'histoire des pratiques scolaires. Il n'est pas non plus la simple relation d'une innovation pédagogique. Il relève en fait d'une nouvelle discipline qui émerge en France depuis quelques années : la didactique des mathématiques. Dans le dernier chapitre, on comparera notre approche de cette discipline avec celle de son « père fondateur » en France : G. Brousseau.

LE PLAN DE L'OUVRAGE

Pour l'école maternelle, comme pour l'école élémentaire, les nouvelles Instructions officielles françaises prônent un apprentissage des mathématiques par résolution de problèmes. Concernant l'école maternelle, on lit que « le but des activités scientifiques et techniques est toujours de poser et de résoudre un problème » (p. 61), et dans celles pour l'école élémentaire, que « lors de l'introduction de notions nouvelles, les élèves sont mis en situation d'apprentissage actif : ils découvrent les notions comme des réponses à des problèmes » (p. 39). C'est également cette approche qui a été adoptée ici.

Pour penser un apprentissage des nombres par résolution de problèmes, on doit d'abord repérer les différents usages des nombres : À quoi servent-ils ? Quels problèmes permettent-ils de résoudre ? On distinguera deux fonctions principales des nombres :

– ils servent à communiquer des quantités ou encore à garder la mémoire des quantités. En effet, dans la vie de tous les jours, nous communiquons de façon efficace grâce à l'emploi des mots-nombres : lorsqu'une personne demande *quatre* pains chez le boulanger, le commerçant et son client s'entendent sur une quantité déterminée de pains. Par ailleurs, en notant sur un morceau de papier une liste de courses, je peux, grâce à l'emploi des chiffres, garder la mémoire des quantités désirées (ce qui revient à communiquer avec moi-même dans le temps) ;

– ils servent également à calculer, c'est-à-dire à mettre en relation les quantités.

L'exposé sera articulé autour de ces deux fonctions des nombres : dans une première partie (chapitres 1 à 4), on étudiera le nombre en tant que moyen de communiquer ou de garder la mémoire des quantités, et dans la seconde en tant que moyen de calculer (chapitres 5 à 10).

Ce découpage facilite l'exposition, mais il ne faut pas y voir une hiérarchie dans la difficulté ; ce serait un contresens, par exemple, de penser que la première partie concerne les enseignants de maternelle et la seconde ceux du primaire : tout au contraire, une des thèses qui est soutenue ici est que l'enseignant doit, dès les premiers apprentissages, favoriser le développement des compétences en calcul, même si celui-ci ne concerne qu'un domaine numérique restreint.

Les enseignants de cours préparatoire sont concernés par l'ensemble de l'ouvrage, ceux de maternelle également, à l'exception peut-être des chapitres 9 et 10, qui traitent respectivement de l'apprentissage des écritures arithmétiques (les signes « + » et « = »), et de l'addition des nombres de deux chiffres.

La troisième partie de l'ouvrage contient les compléments annoncés plus haut.

Communiquer

On distinguera deux moyens de communiquer à propos des quantités (chapitre 1):

– lorsqu'on veut communiquer une petite quantité, sans parler, ni écrire, il est fréquent qu'on montre une configuration de doigts: ce mode de représentation sera appelé une collection-témoin;

– sinon on dit « quatre », ou on écrit « 4 »: dans ce cas, on dira que la quantité est représentée par un mot-nombre ou un chiffre.

Deux processus d'apprentissage du nombre seront décrits, qui dépendent de l'enseignement qui est initialement prodigué:

– le plus souvent, les adultes commencent par enseigner les aspects les plus conventionnels du nombre: réciter la « comptine numérique », puis apprendre à compter (chapitre 2);

– mais un autre processus d'apprentissage est possible, où l'enfant commence par communiquer à l'aide de configurations de doigts (chapitre 3).

Dans le dernier chapitre de cette partie, on étudiera la genèse de la communication écrite, concernant les quantités, c'est-à-dire les premiers usages que l'enfant fait des chiffres (chapitre 4).

Deux moyens de communiquer à propos des quantités : les collections-témoins et les mots-nombres

CHIFFRES ET MOTS-NOMBRES

Comment les nombres permettent-ils de représenter les quantités ? Par quel mécanisme les membres d'une même communauté arrivent-ils à communiquer de façon efficace à propos des quantités en utilisant les nombres, que ce soit sur un mode écrit (avec des chiffres) ou oral ?

Pour répondre à ces questions, il faut commencer par distinguer deux aspects dans la représentation des quantités. S'il s'agit d'une communication écrite, par exemple, un premier aspect consiste à expliquer pourquoi, quand on dessine le chiffre « 6 » pour passer une commande écrite d'objets, l'interlocuteur comprend la quantité désirée, et un second à expliquer qu'en agençant de tels chiffres, « 2 » et « 6 », sous la forme 26 ou encore 62, on puisse encore communiquer à propos de quantités plus importantes. C'est à l'étude de ce second aspect qu'on se réfère généralement quand on parle de numération écrite : il s'agit alors d'étudier la représentation écrite des quantités en tant que système d'écriture.

La même distinction doit être faite concernant la représentation des quantités sur un mode oral :

– un premier aspect consiste à expliquer qu'en prononçant certains mots, « dix », par exemple, on arrive à communiquer de façon efficace à propos d'une quantité ;

– le second à expliquer qu'en agençant de tels mots, « dix » et « sept », par exemple, sous la forme « dix-sept », on puisse communiquer à propos de quantités plus importantes : il s'agit alors d'étudier la représentation des quantités en tant que système oral de désignation. Cet aspect relève de l'étude de la numération orale.

Aussi, de la même manière qu'il faut différencier les nombres et les chiffres (qui servent à désigner les nombres sous une forme écrite), il faut donc différencier les nombres de ce que les Anglo-Saxons appellent les « mots-nombres », qui servent à désigner les nombres sur le mode oral.

La différenciation entre nombres et chiffres est facilitée par la considération d'écritures telles que « 17 », car l'écriture d'un seul nombre se fait alors à l'aide de deux chiffres. De même, la différenciation entre nombres et mots-nombres est facilitée par la considération de désignations orales comme celle de « dix-sept », car la désignation d'un seul nombre nécessite l'emploi de deux mots-nombres, dix et sept (dix-sept est le premier des nombres qui possède cette propriété, car, de zéro jusqu'à seize, à chaque nombre correspond un mot-nombre différent : les numérations écrites et orales ne coïncident pas).

Les difficultés que soulève l'apprentissage des numérations orales et écrites seront abordées plus loin dans cet ouvrage : le problème essentiel, dans un premier temps, est de savoir comment l'enfant apprend que chiffres et mots-nombres représentent des quantités.

Dans cet ouvrage, les mots-nombres seront souvent désignés par leur écriture entre crochets : cela permettra de savoir immédiatement si une écriture en lettres désigne le nombre ou le mot-nombre correspondant. À titre d'exemple, on trouve les deux emplois possibles de « cinq » dans la phrase suivante : « Quand un enfant compte une collection de **cinq** objets, il pointe ces objets en disant : [un], [deux], [trois], [quatre], [**cinq**]. »

REPRÉSENTATION ANALOGIQUE PAR UNE COLLECTION-TÉMOIN ET REPRÉSENTATION NUMÉRIQUE

Pour représenter une quantité, une pratique autrefois courante consistait à construire une collection-témoin par correspondance terme à terme : s'il s'agissait de représenter la quantité de soldats d'une armée, par exemple, chaque soldat déposait un caillou en un lieu donné avant d'aller combattre. Le tas de cailloux ainsi formé constituait une collection-témoin qui permettait de garder la mémoire de la quantité initiale de soldats. Quand il revenait du combat, chaque soldat reprenait un caillou. Il était alors possible de savoir si la quantité de soldats « s'était conservée » et, dans le cas contraire, comment elle avait évolué.

L'usage des mots-nombres n'est donc pas le seul moyen dont on dispose pour garder la mémoire des quantités : il est également possible de représenter ces quantités par des collections-témoins.

Les deux moyens de représenter les quantités

Dans les deux cas, le principe de base est la correspondance terme à terme. En effet, si dans le cas de la collection-témoin cette correspondance terme à terme se fait avec des cailloux, des traits gravés sur un support, ou des doigts successivement levés, en cas de représentation numérique ce sont les mots-nombres (lors d'un comptage oral) ou les chiffres (lors d'un numérotage écrit) qui doivent être mis en correspondance terme à terme avec les unités de la quantité à représenter.

À partir de l'exemple de la représentation d'une quantité de quatre moutons, la figure ci-dessous explicite plusieurs processus de mise en correspondance terme à terme. Concernant l'usage des doigts, deux exemples différents sont présentés, suivant qu'on lève ou qu'on baisse successivement un nouveau doigt (cette dernière façon de procéder était adoptée dans certaines cultures anciennes).

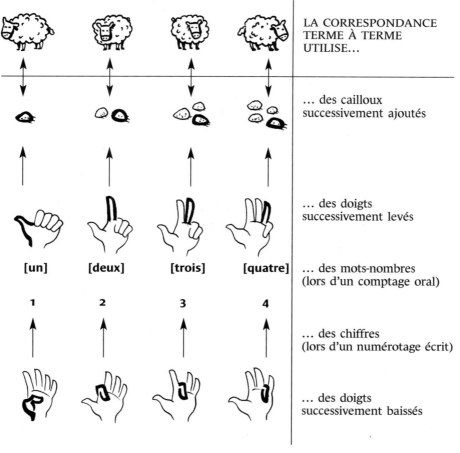

LA CORRESPONDANCE TERME À TERME UTILISE…

… des cailloux successivement ajoutés

… des doigts successivement levés

[un] [deux] [trois] [quatre] … des mots-nombres (lors d'un comptage oral)

1 2 3 4 … des chiffres (lors d'un numérotage écrit)

… des doigts successivement baissés

Le principe de base est toujours la correspondance terme à terme. En revanche, la façon dont la quantité est finalement représentée varie :

– dans un cas, la quantité est représentée par l'ensemble des éléments mis en correspondance terme à terme : ils constituent ce qu'on a appelé une collection-témoin ; il s'agit d'une représentation analogique de cette quantité ;

– dans l'autre, la quantité est représentée par le dernier élément mis en correspondance terme à terme : il s'agit de représentations numériques.

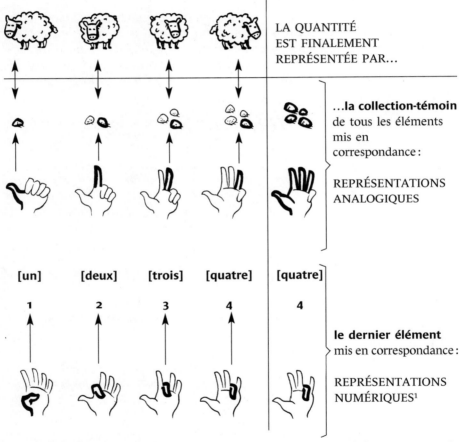

LA QUANTITÉ EST FINALEMENT REPRÉSENTÉE PAR…

…**la collection-témoin** de tous les éléments mis en correspondance :

REPRÉSENTATIONS ANALOGIQUES

[un] [deux] [trois] [quatre] [quatre]

1 2 3 4 4

le dernier élément mis en correspondance :

REPRÉSENTATIONS NUMÉRIQUES[1]

La procédure qui consiste à baisser successivement un doigt est un mode de représentation numérique peu banal qui peut faciliter la comparaison entre la représentation analogique à l'aide d'une collection-témoin et la repré-

---

1. Note de l'auteur pour la deuxième édition : signalons (cf. l'essai introductif) qu'il aurait été préférable de parler ici de représentation linguistique de la quantité. Fondamentalement, cela n'affecte pas le contenu des idées exposées dans la suite de l'ouvrage.

sentation numérique. Dans cette procédure, lorsque les doigts de la main sont épuisés, on poursuit en pointant successivement un nouvel élément du corps, dans un ordre toujours identique : après avoir baissé le petit doigt, on désigne le poignet, le coude, l'épaule, etc.

Cela n'aura étonné personne qu'on qualifie de « numérique » les représentations qui utilisent les chiffres et les mots-nombres. En revanche, cela peut paraître plus surprenant en ce qui concerne cette procédure, parce qu'elle utilise les doigts : il faut bien voir que le caractère numérique ou non numérique d'un mode de représentation ne résulte pas de la nature physique des éléments qui sont mis en correspondance terme à terme. Que ce soient des mots, des dessins ou des objets physiques, ce qu'il importe de savoir c'est si la quantité est représentée par la collection-témoin dans son ensemble, ou seulement par le dernier élément mis en correspondance terme à terme.

Il n'y a pas de représentation numérique possible sans l'existence d'un ordre conventionnel

Considérons à nouveau la procédure où les doigts sont successivement baissés : selon qu'on commence par le pouce ou bien le petit doigt, l'annulaire n'a pas la même valeur. Dans un cas, on obtient la suite « pouce, index, majeur, annulaire », et l'annulaire vaut quatre, alors que, dans l'autre cas, on a la suite « petit doigt, annulaire » et il vaut deux. En fait, le choix qui est fait concernant cet ordre est indifférent : commencer par baisser le petit doigt permet tout aussi bien de représenter les quantités que de commencer par le pouce, mais si les membres d'une communauté veulent se comprendre, il est important qu'ils aient tous fait le même choix ! Cet ordre résulte donc d'une convention culturellement construite et transmise.

On pourrait en dire autant de la suite des mots-nombres ou de celle des chiffres que nous utilisons : leurs ordres auraient pu être autres. Ce qui est important, pour les mots-nombres comme pour les chiffres, c'est qu'il existe un ordre commun à tous les membres de notre communauté culturelle. La différenciation entre les deux moyens de représenter les quantités que sont les représentations analogique et numérique met donc bien en évidence ce que ces dernières doivent à l'usage d'une convention culturelle qui n'a pas d'équivalent dans la représentation des quantités par des collections-témoins ; quatre doigts levés représentent toujours la même quantité, quels que soient ces doigts.

Quand une quantité est représentée par une collection-témoin, elle est représentée sous une forme très similaire à celle sous laquelle elle a été perçue : quatre moutons sont représentés par quatre cailloux, quatre entailles sur une écorce ou encore quatre doigts levés. C'est pour cela qu'on dit de la représentation d'une quantité par une collection-témoin qu'elle est une *représentation analogique* de cette quantité. Ce n'est plus du tout le cas en ce qui concerne les représentations numériques, car alors une pluralité est représentée par un signe unique : une pluralité de moutons, par exemple, est représentée par un seul mot-nombre, par un seul chiffre ou encore par un seul doigt baissé. Et ce signe unique, par exemple « 5 » ou encore « V », représente la quantité sous une forme apparemment arbitraire. Il s'agit dans ce cas d'une **représentation conventionnelle** de la quantité.

Deux façons d'apprendre la représentation des quantités

Il faut donc s'attendre à ce que la représentation des quantités par une collection-témoin soit plus précoce parce que plus accessible que la représentation numérique.

Or certains enfants savent compter assez loin dès 4 ans. Cela signifie-t-il que la représentation numérique de grandes quantités est possible de façon précoce ? Il faut être prudent car les apparences sont susceptibles d'être trompeuses.

Dans les prochains chapitres, deux processus d'apprentissage seront examinés :

– dans le premier de ces processus (chapitre 2), l'enfant commence par s'approprier les aspects conventionnels de la représentation numérique ; il apprend à réciter la suite des mots-nombres (la « comptine numérique »), et à mettre en correspondance terme à terme ces mots-nombres avec les objets d'une collection (il apprend à compter). Mais, s'il n'est pas trop difficile d'apprendre à compter aux enfants, on a souvent l'impression que les plus jeunes n'utilisent pas le comptage comme les adultes : en fait, ce premier comptage ne leur permet pas encore la représentation numérique des quantités. Ce n'est que plus tard qu'ils y ont accès ;

– dans le deuxième processus d'apprentissage (chapitre 3), l'enfant commence par représenter les quantités par des collections-témoins, et notamment par des collections de doigts. Ce n'est que dans un deuxième temps qu'il apprend à compter.

Avant de présenter chacune de ces deux façons d'apprendre, peut-être faut-il insister sur le rôle fondamental joué par le milieu familial, selon qu'il insiste plus ou moins précocement sur l'apprentissage des aspects conventionnels du nombre. Cependant, la façon dont on représente les quantités au sein de la classe peut être différente de celle qui est préconisée à la maison : les enfants savent très tôt qu'il faut adapter son fonctionnement au contexte social dans lequel on se situe. Il n'y a, de toute façon, aucune raison de dramatiser une opposition entre ces deux processus d'apprentissage, et quel que soit celui qui a cours, l'analyse qui est présentée ici doit permettre à l'enseignant de mieux comprendre comment l'enfant apprend et de favoriser cet apprentissage.

Un premier processus d'apprentissage : du comptage-numérotage au dénombrement

COMPTAGE-NUMÉROTAGE ET DÉNOMBREMENT

Compter, c'est mettre en correspondance terme à terme les objets d'une collection avec la suite des mots-nombres, tout en respectant l'ordre conventionnel.

Cette définition est insuffisante parce qu'elle n'évoque que les objets d'une collection comme entités qu'on puisse compter. Or on peut également compter des groupements d'objets (3 paires de chaussures) et non seulement des objets isolés, des événements successifs (5 coups d'horloge), des concepts (les 7 péchés capitaux)... Plus généralement, pour procéder à un comptage, il faut que la première entité comptée, comme les suivantes, puisse être appariée au mot-nombre [un] : on peut donc compter tout ce que nos sens et notre raison nous permettent de considérer de manière unifiée, c'est-à-dire comme étant « un ».

Quand il s'agit du comptage des enfants, la définition donnée ci-dessus est insuffisante pour une autre raison plus fondamentale : elle peut laisser croire que l'activité mentale d'un jeune enfant qui compte est identique à celle d'un adulte qui a le même comportement. Or ce n'est pas toujours le cas et il faut distinguer deux types de comptage suivant la signification que l'enfant accorde aux mots-nombres qu'il prononce : le « comptage-numérotage » et le dénombrement[1].

---

1. Tous les auteurs français distinguent deux sortes de comptage :

– J.-P. Fischer et C. Meljac (1987) parlent de « comptage au sens fort et comptage au sens faible » ;

– M.-P. Chichignoud (1985) parlent de comptage et dénombrement.

Le comptage-numérotage

Les enseignants de petites ou moyennes sections ont pu remarquer qu'avant 4 ans 1/2 (environ), quand on demande à un enfant combien il y a d'objets dans une collection de 4 ou 5 objets, il procède très souvent à un comptage, mais il ne sait pas toujours qu'il faut extraire le dernier mot-nombre prononcé pour le fournir comme réponse :

ENSEIGNANT : Combien il y a d'objets ?

ENFANT *(compte) :* [un], [deux], [trois], [quatre].

ENSEIGNANT : Oui, alors combien il y en a ?

ENFANT *(recompte) :* [un], [deux], [trois], [quatre].

ENSEIGNANT : Oui, d'accord... Mais combien il y a d'objets ?

ENFANT *(recompte) :* [un], [deux], [trois], [quatre].

Tout se passe comme si la réponse à la question « Combien y a-t-il d'objets ? » était la procédure de comptage dans son ensemble : dès que l'adulte pose cette question, l'enfant compte... mais ne fournit pas la réponse attendue. Ça ressemble à un parfait conditionnement !

Pour certains enfants ce n'est certainement que cela (on parle parfois de « comptage automatique »), mais pour d'autres, cette forme de comptage est un outil efficace qui leur permet de résoudre des petits problèmes. Ainsi, s'il s'agit de comparer deux quantités de respectivement 4 et 5 objets, certains enfants procèdent ainsi : « Là il y a [un], [deux], [trois], [quatre], et là [un], [deux], [trois], [quatre], [cinq], alors là c'est plus beaucoup parce là c'est [un], [deux], [trois], [quatre] »[2].

Pour cet enfant, le comptage fonctionne comme une attribution de dossards à des coureurs : dans un cas il a distribué « le un », « le deux », « le trois », « le quatre », et dans l'autre « le un », « le deux », « le trois », « le quatre » et « le cinq ». Il sait que, quand on va plus loin dans la distribution des dossards, ça signifie qu'il y a plus d'objets. Mais aucun des mots-nombres prononcés ne représente une quantité à lui tout seul. Le dernier mot-nombre prononcé ne « vaut » pas plus que les autres : lui aussi est un numéro qui réfère à l'objet pointé. C'est cette forme de comptage qu'on appellera un *comptage-numérotage* : chacun des mots-nombres prononcés, y compris le dernier, est un numéro qui réfère uniquement à l'objet pointé.

Certains enfants ne savent rien faire de leur comptage-numérotage... sauf montrer à l'adulte qu'ils savent compter. Pour d'autres, c'est un outil efficace qui leur permet, en un certain sens, de représenter les quantités, mais il ne faut pas se tromper sur la nature de cette représentation : c'est la suite

---

Le vocabulaire adopté ici permet de garder au mot « comptage » son sens générique (le dénombrement apparaît comme un comptage particulier), et la locution « comptage-numérotage » donne une bonne intuition de ce qu'est cette forme de comptage.

2. On trouve des exemples dans R. Droz et J. Paschoud, 1981.

« [un], [deux], [trois], [quatre] » dans son ensemble qui représente une quantité de quatre objets et non le dernier de ces mots-nombres, [quatre]. Ce n'est pas encore une représentation numérique.

Le dénombrement

On dit qu'un enfant sait dénombrer une collection quand le dernier mot-nombre qu'il prononce n'est pas un simple numéro, mais représente à lui seul la quantité de tous les objets. Le comptage de l'adulte est bien un dénombrement : quand un adulte a compté [un], [deux], [trois], [quatre], il sait qu'il y a quatre objets. Dans « dénombrement », il y a « nombre », ce qui rappelle que cette procédure aboutit à une représentation numérique de la quantité.

Dans un dénombrement, ce n'est pas seulement le dernier mot-nombre prononcé qui est susceptible de représenter une quantité : s'il s'agit de dénombrer des objets déplaçables et que l'enfant procède comme il est indiqué ci-dessous, il est vraisemblable que chacun des mots-nombres prononcés référera à une quantité.

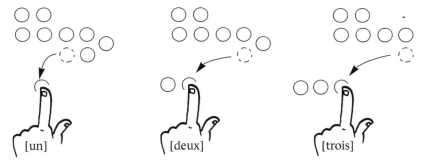

D'ailleurs, les « pédagogues anciens » recommandaient fortement l'emploi de cette procédure : non seulement les mots-nombres ont des chances de ne pas être de simples numéros, mais de plus l'enfant contrôle de manière efficace son comptage en séparant les objets déjà comptés de ceux qui restent à compter.

DU COMPTAGE-NUMÉROTAGE AU DÉNOMBREMENT : UNE TRANSITION DIFFICILE

La plupart des enfants passent par une phase où ils savent compter, mais où ce comptage n'est qu'un comptage-numérotage. En effet, pour les familles, comme pour les jeunes enfants, le comptage est une pratique culturelle dont l'enjeu dépasse la simple représentation des quantités. À travers ce savoir-faire, c'est l'insertion de l'enfant dans sa communauté culturelle qui est évaluée : on dit souvent à un enfant qui sait compter loin qu'il devient « grand ». Aussi l'aspect rituel du comptage prend fréquemment le pas sur les utilisations pratiques qu'il est possible d'en faire, et le comptage-numérotage est souvent enseigné pour lui-même, sans se soucier d'insérer cet apprentissage dans des contextes qui permettent à l'enfant de prendre conscience de son intérêt pratique.

Pourquoi la transition du comptage-numérotage au dénombrement est si difficile

Pour accéder au dénombrement à partir du comptage-numérotage, l'enfant doit accorder une double signification au dernier mot-nombre prononcé : lorsqu'il est prononcé pour la première fois, au cours du comptage, le dernier mot-nombre a le même statut que tous les autres mots-nombres, il s'agit d'un numéro qui distingue un objet (« le sept », par exemple). L'enfant doit alors changer la signification de ce mot-nombre pour qu'il représente la quantité de tous les objets[3] : on passe de « le sept » à « les sept ».

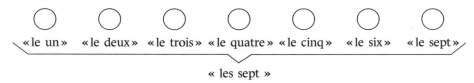

Pour mesurer la difficulté de ce changement de signification, il faut remarquer la très grande spécificité de cette pratique langagière : si on dénomme des objets de façon qualitative en prononçant, comme dans un comptage, des mots tous différents : « gomme, trousse, stylo, cahier », le dernier mot prononcé, « cahier », se réfère à l'objet ainsi dénommé et en aucun cas à l'ensemble des objets. Seul l'usage des mots-nombres conduit à ce maniement des mots. Il s'agit d'un obstacle langagier très important, qu'il ne faut pas sous-estimer.

La règle du dernier mot prononcé

Quel critère retenir pour juger que le comptage d'un enfant n'est plus un comptage-numérotage et que le dernier mot-nombre représente effectivement la quantité ? Les avis des chercheurs diffèrent sur ce point. Certains pensent que c'est le cas dès que l'enfant isole le dernier mot-nombre qu'il

---

3. K. Fuson et J. Hall, 1983.

a prononcé pour répondre à une question commençant par « Combien y a-t-il… ? » (c'est le cas de R. Gelman). Pour d'autres chercheurs ce comportement n'est pas significatif dans la mesure où il se peut que l'enfant répète le dernier mot-nombre parce qu'il a perçu que c'est « ce qu'il faut dire ». Cette forme d'apprentissage n'aurait rien de surprenant ; lorsque le comptage d'un enfant n'est encore qu'un comptage-numérotage, il est très fréquent d'observer que l'adulte prend en charge la fin de la procédure : si l'enfant a terminé et qu'il n'a pas répété le dernier mot-nombre ([quatre], par exemple), l'adulte achève « Oui, c'est bien, il y a [quatre] objets » (en soulignant par l'intonation le statut particulier du mot-nombre [quatre]).

Il vient un moment où l'enfant répète de lui-même le dernier mot-nombre. Mais il est possible que cette réponse ne soit qu'une simple adaptation à l'attente de l'adulte : l'enfant a perçu que, quand on lui pose une question qui commence par « Combien il y a… », il faut distribuer les dossards et que, en plus, il faut répéter le dernier numéro de dossard. Dans ce cas, il n'y a aucune raison de penser que ce mot-nombre lui permet de représenter la quantité. Son comptage a l'apparence d'un dénombrement alors qu'il reste un comptage-numérotage. L'enfant applique ce que K. Fuson appelle la « règle du dernier mot prononcé[4] », et sa bonne réponse ne signifie pas qu'il a la connaissance correspondante. Cette différence de critères explique que, selon R. Gelman, pratiquement tous les enfants savent dénombrer une collection d'objets vers 4 ans 1/2, alors que pour d'autres chercheurs, comme pour de nombreux enseignants, cette compétence semble plus tardive chez de nombreux enfants.

Mais il est clair qu'il vient un moment où le dernier mot-nombre prononcé permet effectivement à l'enfant de représenter la quantité correspondante. Comment l'apprend-il ?

LE RÔLE DE LA PERCEPTION VISUELLE GLOBALE DES PETITES QUANTITÉS DANS L'ACCÈS AU DÉNOMBREMENT

Vers 4 ans 1/2, quand on présente des collections de 1, 2 ou 3 objets à des enfants, ils sont très souvent capables de prononcer le mot-nombre correspondant sans compter les objets. C'est à ce phénomène qu'on pense généralement quand on parle de *perception globale des petites quantités*[5]. Tout se

---

4. K. Fuson, G. Pergament, B. Lyons et J. Hall, 1985.
5. Les Anglo-Saxons parlent de « subitizing ».

passe comme si les enfants « voyaient » la quantité et étaient capables de lui donner son nom directement, indépendamment de tout comptage.

Considérons alors la situation suivante, où on présente trois objets à un enfant :

ENSEIGNANT : Combien il y a d'objets ?

ENFANT : [Trois] *(sans compter, par perception globale de la quantité).*

ENSEIGNANT : Oui, tu peux les compter ?

ENFANT : [Un], [deux], [trois].

L'enfant a ainsi la possibilité de remarquer que le mot-nombre qu'il faut prononcer pour dire combien il y a d'objets (mot-nombre qui a été obtenu par perception globale) est aussi celui sur lequel se termine le comptage. La prise de conscience de cette coïncidence d'emploi du mot-nombre [trois], qui désigne à la fois le numéro d'un objet lors du comptage et la quantité globale, peut donc jouer un rôle important dans l'apprentissage. On remarquera que la question « Tu peux les compter ? » n'est pas aussi stupide qu'il pourrait paraître au premier abord du fait qu'elle est souvent interprétée par l'enfant comme « Tu peux me les montrer ? ». On pourra cependant objecter que ce phénomène de perception globale reste limité à de trop petites quantités (moins de 3) pour pouvoir à lui seul expliquer l'apprentissage.

L'usage de constellations facilite l'accès au dénombrement

Le plus souvent, avant 4 ans, les enfants ont déjà eu l'occasion de jouer aux dominos ou à des jeux de dés. Dans ces jeux, les quantités sont représentées par des configurations de points qui facilitent leur reconnaissance : les quatre points sont en carré, le cinquième au centre de ce carré... Ces configurations sont appelées des constellations. Rapidement, les enfants savent les nommer. Bien entendu, quand un enfant nomme une constellation, ce n'est pas la quantité correspondante qu'il désigne, car une constellation correspond à une configuration spatiale bien déterminée (alors que la quantité est invariante quand on change la configuration spatiale).

Même si l'analogie avec les situations précédentes, où l'enfant reconnaissait globalement de très petites quantités, n'est pas complète, en jouant avec des dominos ou des dés l'enfant a la possibilité de prendre conscience qu'un même mot-nombre peut signifier à la fois un numéro et une constellation. Or, la constellation, comme la quantité, est une caractéristique de l'ensemble : aux dominos, quand on parle d'« un six », le mot-nombre [six] réfère à l'ensemble des points et pas seulement à un des points. Il s'agit bien là d'un emploi des mots-nombres qui est susceptible de déstabiliser la signification issue du comptage-numérotage, où un mot-nombre ne sert que comme numéro attaché à un des éléments de l'ensemble.

LA COMPLÉMENTARITÉ DU COMPTAGE ET DE L'USAGE DES CONSTELLATIONS

Avant 1970, deux conceptions pédagogiques des premiers apprentissages numériques s'affrontaient[6] :

– celle des « pédagogues compteurs », qui préconisaient la pratique intensive du comptage. Ainsi, dans un livre du maître de 1934, Lacour recommandait pour la « leçon sur le nombre 5 » :

« Pour faire apprendre la suite naturelle des nombres, nous faisons compter autant que nécessaire tout en montrant les collections et en insistant beaucoup plus souvent sur la suite "quatre cinq". Faisons saisir que la place des objets ne change rien au nombre ; les 5 objets étant en ligne, puis en désordre, nous comptons en commençant par une extrémité, puis par l'autre, etc. » ;

– celle des « pédagogues visuels », qui préconisaient l'emploi des constellations. Brachet, par exemple, traitait avec beaucoup de dédain les pédagogues compteurs, en 1955, lorsqu'il écrivait :

« Ce n'est pas, nous semble-t-il, en remuant l'un après l'autre les quatre jetons d'une collection que l'enfant forme la notion de quatre et des décompositions. Ce serait plutôt, croyons-nous, en contemplant, à bonne distance, et d'une vue d'ensemble, simultanée, la constellation de 4 objets, que l'enfant sera illuminé par le nombre 4, qui est 2 + 2 et 3 + 1... »

La description qui a été faite de la façon dont l'enfant accède au dénombrement est un élément essentiel à verser au dossier de la querelle qui opposa « pédagogues compteurs » et « pédagogues visuels », un élément susceptible de dépasser les antagonismes d'antan.

En effet, concernant les petites quantités, c'est par la confrontation de deux modes de traitement de l'information que l'enfant progresse :

– la perception visuelle globale, qui est un mode de traitement très rapide, simultané ;

– le comptage, qui est un mode de traitement séquentiel (qui se déroule dans le temps).

Ces deux modes de traitement ont des caractéristiques différentes, l'un étant bien approprié pour rendre compte de la quantité dans son ensemble, et l'autre pour en rendre compte unité par unité. C'est cette complémentarité qui fait que, grâce à leur confrontation, l'enfant peut accéder à la représentation numérique des quantités. Alors que « pédagogues compteurs » et « pédagogues visuels » préconisaient l'usage d'un de ces deux modes de traitement, à l'exclusion de l'autre, on pense aujourd'hui que c'est de leur

---

6. J.-P. Fischer, 1982.

confrontation que dépendent les progrès[7]. Or cette confrontation ne peut provenir que d'une utilisation conjointe du comptage et des constellations.

ENSEIGNER LE COMPTAGE

On n'a pas encore évoqué l'apprentissage du comptage lui-même : comment l'enfant apprend-il à mettre en correspondance terme à terme les objets d'une collection avec les mots-nombres de la comptine numérique ? Faut-il l'aider dans cet apprentissage, et à quel âge ? On comprendra qu'on ait d'abord insisté sur les risques d'un apprentissage précoce parce qu'il conduit à un comptage-numérotage et que la transition vers le dénombrement est difficile. Dans le prochain chapitre, on proposera d'enseigner le comptage vers 4 ans (environ) et on explicitera pourquoi cet âge semble raisonnable. Mais pour le pédagogue qui voudrait engager les enfants plus précocement dans les pratiques de comptage, quelques suggestions sont avancées ici.

Un enfant sait compter quand il sait mettre en correspondance terme à terme les objets d'une collection avec les mots-nombres de la comptine numérique (que cela corresponde à un comptage-numérotage ou à un dénombrement). Pour les petites collections, ce savoir-faire est précoce. L'enfant s'aide, la plupart du temps, d'un pointage avec l'index. C'est ainsi qu'à 4 ans, R. Gelman observe plus de 80 % de réussite avec une collection de 5 objets (encore une fois en considérant les comptages-numérotages comme des réussites !).

En revanche, lorsque la taille de la collection augmente, il devient difficile pour un enfant d'effectuer correctement cette correspondance terme à terme. Au milieu du cours préparatoire, et pour des collections d'une trentaine d'objets, cela reste souvent une tâche mal réussie[8] : soit les enfants oublient un objet, soit ils recomptent deux fois le même objet.

Deux sortes d'erreurs de comptage

En fait, deux types d'erreurs dans la mise en correspondance terme à terme entre les mots-nombres et les objets doivent certainement être distingués :
– celles que nous venons d'évoquer, qu'on trouve encore chez des enfants relativement âgés, et qui résultent plus d'un manque de méthode que d'un défaut de connaissances. Pour compter des objets qui sont disposés en cercle, par exemple, il faut garder la trace de son point de départ, pour ne pas s'ar-

---

7. L.-P. Steffe, E. von Glasersfeld, 1985.
8. C. Comitti, A. Bessot, C. Pariselle, 1980.

rêter trop tôt ou amorcer un deuxième tour. Dès que les objets à compter ne sont pas alignés, la mise en œuvre d'une stratégie de comptage appropriée se révèle nécessaire. L'enseignant peut assez facilement aider l'enfant en ce domaine. Si les objets à compter sont déplaçables, par exemple, on a vu qu'une bonne stratégie consiste à déplacer chaque objet, de façon à séparer les objets déjà comptés de ceux qui restent à compter. Quand il s'agit d'objets dessinés, l'enfant peut adopter une stratégie de marquage en faisant par exemple une croix sous chacun des objets déjà comptés ;

– les erreurs qu'on trouve chez des enfants plus jeunes, chez lesquels le pointage des objets et la récitation de la comptine se déroulent de façon non coordonnée dès qu'il y a plus de 3 ou 4 objets. C'est le cas lorsqu'un enfant prononce un mot-nombre entre deux objets : il dit [quatre] en pointant un objet du doigt, par exemple, puis dirige le doigt vers un autre objet, mais comme il prononce [cinq] pendant le parcours, il se crée un décalage d'une unité.

Ce second type d'erreurs est plus gênant parce qu'en l'absence de correspondance terme à terme, toute représentation des quantités est impossible. Comme ce comportement semble prouver que l'enfant ne comprend guère la signification de ce qu'il fait, on pourra choisir de retarder ces activités de comptage au profit d'activités qui sont décrites dans le prochain chapitre.

Mais le jugement précédent doit être nuancé : chez certains enfants, ces erreurs peuvent n'être que de simples erreurs d'exécution. Certains enfants, par exemple, récitent la comptine numérique trop vite (ils croient sûrement bien faire !) et le geste n'arrive pas à suivre : il suffit parfois de dire à un enfant de prendre son temps pour qu'il réussisse. D'autres, par contre, éprouvent tellement de difficultés à se remémorer la suite des mots-nombres qu'ils se consacrent entièrement à cette tâche et contrôlent insuffisamment le pointage. Dans les deux cas, les difficultés semblent provenir d'une trop grande focalisation de l'attention sur l'aspect rituel de la récitation. Que ce soit parce que l'enfant connaît tellement bien la comptine numérique qu'il tient absolument à le montrer ou, au contraire, parce que cette récitation est laborieuse et qu'une certaine dramatisation de cette difficulté l'a conduit à ne plus penser qu'à ça.

Quand on a affaire à ce type d'erreur, il peut être intéressant de proposer des activités de comptage où c'est l'adulte lui-même qui récite la comptine : on décharge l'enfant de cette récitation pour qu'il consacre toute son attention à la mise en correspondance terme à terme. S'il s'agit de compter les élèves qui mangent à la cantine, par exemple, on désigne « un élève pointeur » qui va devoir adapter son pointage à l'énonciation des mots-nombres par l'adulte. L'enseignant veillera d'ailleurs à varier son rythme d'énonciation (tantôt rapide, tantôt lent) : outre que la tâche est ainsi rendue plus ludique, cela oblige l'enfant à garder une attention soutenue aux paroles de l'adulte, pour réussir à les coordonner avec son pointage.

Les autres enfants, pendant ce temps, doivent contrôler que l'enfant « pointeur » ne se trompe pas. Cette activité privilégie le travail de mise en correspondance terme à terme, plutôt que l'appropriation de l'ordre sur les mots-nombres.

CONCLUSION

Pour aider l'enfant à accéder au dénombrement, les propositions suivantes ont été avancées :

– mettre en place des activités où c'est l'adulte qui récite la comptine numérique, alors que la tâche de l'enfant consiste à pointer les objets correspondants ;

– mettre en place des jeux de dés, ou de dominos, et intervenir dans le jeu de l'enfant pour l'aider à prendre conscience de la double signification des mots-nombres qui désignent les constellations.

Ces propositions doivent être complétées : nous avons vu que certains enfants utilisent de manière efficace leur comptage-numérotage pour comparer des quantités. Plus généralement, le fait d'apprendre à un enfant à utiliser son comptage-numérotage pour résoudre des problèmes est certainement un facteur de progrès. Des exemples d'activités seront présentés dans le chapitre 4, qui est consacré aux premiers usages des chiffres.

Mais la question fondamentale de savoir s'il faut enseigner le comptage de manière précoce reste posée : cela conduit le plus souvent à ce que les mots-nombres acquièrent une signification de numéro, et certains enfants ont le plus grand mal ensuite à les utiliser pour désigner des quantités.

Un second processus d'apprentissage : des collections-témoins de doigts au dénombrement

LA REPRÉSENTATION DES QUANTITÉS
PAR UNE COLLECTION-TÉMOIN DE DOIGTS

Tout comptage n'est pas un dénombrement, donc. Mais il faut aller encore plus loin : il ne suffit pas de savoir dénombrer une collection pour avoir une bonne représentation des quantités. Nous maîtrisons tellement bien l'outil numérique qu'il nous est difficile de percevoir ces insuffisances du dénombrement. Aussi, pour retrouver un « regard neuf », il est intéressant de compter avec la suite des lettres, munies de l'ordre alphabétique, plutôt qu'avec la suite des mots-nombres.

C'est parfaitement possible : quand on compte les croix de la collection ci-dessous en utilisant les lettres de l'alphabet, on s'aperçoit qu'il y a « R » croix.

$$\times \quad \times \quad \times \qquad \times \quad \times$$
$$\times \qquad \times \quad \times \quad \times \qquad \times$$
$$\times \qquad \times \quad \times$$
$$\times \qquad \times \quad \times$$

Il s'agit bien là d'une représentation numérique : chaque croix a été mise en correspondance terme à terme avec une lettre et, les lettres étant munies d'un ordre conventionnel, on a représenté la quantité de croix par la dernière lettre mise en correspondance, « R ». C'est en tout point conforme à la définition des représentations numériques qui a été adoptée, et il est clair qu'inversement nous saurions constituer une quantité correspondant à une lettre donnée. Mais quand on utilise les lettres, plutôt que les symboles qui nous servent habituellement, une grande partie des connaissances acquises au cours de l'enfance ne sont plus accessibles. Cela va nous permettre de mieux comprendre la nature de ces connaissances.

Ainsi considérons la quantité correspondant à la lettre « H », par exemple ; cette quantité est-elle proche de 7, de 10 ou de 14 ? Pour répondre, on n'a guère d'autre choix que de compter une collection de « H » objets pour savoir « combien fait "H" ? ». Et, spontanément, ce sont les doigts qu'on utilise comme objets privilégiés, car dès qu'on a « H » doigts levés, on sait immédiatement à quoi correspond cette quantité. Nous disposons donc de savoir-faire très différents suivant qu'on emploie les mots-nombres ou les lettres : avec les mots-nombres, pour savoir « combien fait 8 », nous sommes capables immédiatement de construire une collection de doigts correspondante, sans compter. Avec les lettres, ce n'est plus possible.

Un enfant qui saurait dénombrer une collection de 8 objets, mais qui ne saurait pas montrer 8 doigts directement, sans compter, n'a pas une bonne conception des quantités : pour lui, quand on parle d'une collection de 8 objets, cela n'évoque rien de plus que quand on nous parle d'une collection de « H » objets. Il est obligé de construire la collection de doigts correspondante pour « sentir » la quantité. Il est donc important de développer la capacité des enfants à « sentir » les quantités sur les doigts de façon quasi immédiate, sans compter[1].

Les doigts ne sont pas des objets comme les autres

Quand on parle de « sentir » les quantités sur les doigts, l'usage ainsi fait du mot « sentir » peut surprendre, mais « voir » serait insuffisant car la sensation correspondante dépasse la simple perception visuelle : on est capable, les yeux fermés, de montrer quatre doigts. Plus généralement, on est capable de montrer une quantité donnée de doigts sans avoir besoin de les voir. Les doigts ne sont pas des objets comme les autres : ils sont le lieu de sensations kinesthésiques (liées à une plus ou moins grande contraction des muscles), et ces sensations permettent d'en contrôler la quantité indépendamment de toute vision.

Mais, bien que n'étant pas indispensable, la vue joue également un grand rôle dans la représentation des quantités avec les doigts : face au dessin d'une configuration de 7 doigts, on est capable immédiatement de dire combien il y en a, sans les compter. Cette possibilité de nommer rapidement une quantité de doigts qui est dessinée résulte du fait que ces configurations fonctionnent comme des constellations : la main est un groupement intermédiaire de 5 qui permet de reconnaître 6 doigts comme 5 doigts et 1 doigt isolé, 7 doigts comme 5 doigts et 2 doigts isolés…

---

1. S. Baruk (1977), « rééducatrice » en mathématiques, a remarqué que les enfants qu'elle a en consultation manquent souvent de ce savoir-faire.

Chez l'adulte, la perception globale des quantités se limite aux collections de moins de cinq éléments, dans les cas où leur configuration spatiale est quelconque. Mais avec les configurations de doigts, nous n'avons pas cette limitation : le groupement naturel que constitue la main a pour effet d'étendre la zone où il nous est possible de dire directement, sans compter, combien il y a de doigts.

Une collection de doigts est donc susceptible de fournir des informations de deux natures différentes : visuelles, mais aussi kinesthésiques et tactiles. La coordination de ces différentes informations joue certainement un rôle fondamental dans ce qu'on peut appeler l'« intériorisation » ou la « conception » des quantités et dans l'accès au calcul mental (voir chapitre 6).

La capacité à représenter les petites quantités par une collection de doigts est précoce

On pourrait penser que la capacité à représenter les quantités par une collection de doigts nécessite d'abord le comptage. Des résultats expérimentaux déjà anciens (Descœudres, 1921) montrent qu'en ce qui concerne les petites quantités, c'est au contraire la représentation sous forme d'une collection-témoin de doigts qui est la plus précoce. Ainsi l'auteur de cette étude a comparé les performances dans les deux tâches suivantes :

– on présente à l'enfant une collection d'objets, et il doit montrer autant de doigts que d'objets : avec une collection de 3 objets, Descœudres obtient 74 % de réussite chez les enfants de 4 ans ;

– une épreuve de comptage : on présente à l'enfant une collection et il doit compter les objets en les pointant avec l'index : avec une collection de 3 objets, elle n'obtient que 52 % de réussite à 4 ans.

Certains enfants savent donc représenter les quantités de 1, 2 et 3 objets par une collection de doigts avant de savoir compter les quantités correspondantes. Et pour peu que cette forme de communication ait été favorisée, cela reste souvent vrai pour les quantités de 4 objets. Ainsi, il est fréquent que face à une collection de 4 objets, l'enfant montre d'abord trois doigts, puis ajuste en sortant un quatrième doigt : on peut penser qu'il a d'abord isolé 3 objets grâce à la perception globale des petites quantités, avant de prendre en compte le quatrième.

L'IDÉE GÉNÉRALE DE LA PROGRESSION

Nous allons décrire ci-dessous un processus d'apprentissage différent de celui qui a été présenté au chapitre précédent. Pour communiquer à propos des quantités, la solution adoptée est d'abord la plus simple : construire une collection-témoin. C'est également la plus pratique : plutôt que d'utiliser des jetons pour former les collections-témoins, l'enfant utilise ses doigts parce qu'ils constituent un matériel toujours disponible et déjà structuré par le groupement naturel qui correspond à la main.

Pour expliciter l'idée générale de la progression, on peut utiliser une analogie avec les méthodes de lecture :

– la progression présentée au chapitre précédent correspondrait à une méthode syllabique, où l'attention de l'enfant est d'abord focalisée sur le code, avant que l'enseignant n'exige une lecture compréhensive : ici, on enseigne le comptage bien avant que l'enfant ne comprenne comment cette pratique permet la représentation numérique dés quantités ;

– la progression présentée ci-dessous correspondrait plutôt à une méthode mixte : on veut que l'enfant construise d'abord la signification de l'activité avant de lui donner des outils techniques sophistiqués (comme la syllabation) qui permettent une accélération du processus d'apprentissage. Il s'agit donc, dans un premier temps, d'installer l'idée que les mots-nombres désignent des quantités. Pour cela on travaille dans un domaine limité : celui des très petites quantités, et on utilise l'outil le plus simple : la représentation des quantités par une collection-témoin de doigts. Durant cette période, qui s'étend jusque vers 4 ans, on évitera le comptage et plus généralement l'emploi des mots-nombres *en tant que numéros*.

Ce n'est que dans un deuxième temps que les pratiques de comptage sont préconisées, de façon à pouvoir représenter de plus grandes quantités. Ici, comme dans la méthode de lecture qu'on appelle « mixte », l'introduction d'un outil technique puissant (la syllabation dans un cas, le comptage dans l'autre) est différée parce que la trop grande focalisation de l'attention de l'enfant sur ces aspects techniques risque de faire obstacle à la compréhension du sens de l'activité elle-même.

Quelles configurations de doigts ?

La production des différentes configurations pose des problèmes moteurs de difficultés inégales. Les configurations les plus aisées à reproduire, et qui sont adoptées spontanément par de nombreux jeunes enfants, sont celles qui appartiennent à la suite suivante : l'index est sorti en premier, puis le majeur, l'annulaire, le petit doigt et le pouce en dernier.

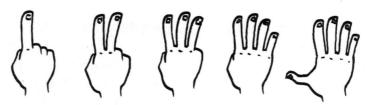

La suite classique, pouce, index, majeur, annulaire, petit doigt, est également accessible à la plupart des enfants, mais quand ils s'aident de la main restée libre : ils arrivent à montrer 3 avec le pouce, l'index et le majeur d'une main s'ils maintiennent l'annulaire et le petit doigt repliés avec l'autre main.

En fait, il est essentiel de travailler avec différentes configurations correspondant à un même nombre. Les « comptines avec jeu de doigts » décrites ci-dessous et en annexe permettent cet apprentissage. Un enfant qui montrait 4 doigts en repliant le pouce, et qu'on interrogeait pour savoir si c'était la seule façon de faire qu'il connaissait, nous a répondu que « comme ça aussi, ça fait 4 » (en repliant le petit doigt), mais « ça fait mal ».

AVANT 4 ANS (ENVIRON)

Le cas des très petites quantités

Donnons quelques exemples :

• La distribution des gâteaux : si chaque enfant d'une petite section reçoit 3 gâteaux le matin, le dialogue suivant est possible :

ENSEIGNANT : Tu me montres combien de gâteaux je dois te donner.

ENFANT *(montrant 3 doigts)* : Comme ça.

ENSEIGNANT : Oui, c'est ça, je dois te donner [trois] gâteaux *(et il n'en donne, intentionnellement, que deux !)*. Ça va comme ça ?

ENFANT : Non, là c'est [deux] *(montrant deux doigts),* il faut ça *(levant un troisième doigt).*

• La gestion des boîtes à taille-crayons, à ciseaux... Dans la classe, on utilise certains ustensiles en petit nombre. Il est possible de représenter les quantités correspondantes sur les boîtes de rangement par le dessin d'une main. Ce dessin permet de garder la mémoire de la quantité correspondante et de savoir si tous les ustensiles sont présents dans la boîte.

• La même activité peut être proposée de façon plus systématique, sous forme de jeu, en utilisant une boîte de classement similaire à celle du docteur Decroly[2] : l'enseignant a constitué un grand nombre de collections diverses (3 perles enfilées, 4 boutons dans un sachet transparent, 3 boutons cousus sur un carton, 4 trombones attachés en guirlande...). Après avoir vidé la boîte et mélangé les collections, l'enfant doit remettre chaque collection dans la bonne case (en fonction du niveau des enfants, on peut supprimer les cases 4 ou 5).

---

2. O. Decroly et Monchamp, 1914.

D'après l'ouvrage de Decroly et Monchamp

• Enfin, le docteur Decroly utilisait également tout un ensemble de jeux de lotos[3]. Dans un de ces jeux, l'enfant doit faire correspondre des collections dessinées avec la configuration de doigts correspondante (là encore, en fonction du niveau des enfants, l'enseignant pourra ne sortir que les 3 ou 4 premières cartes).

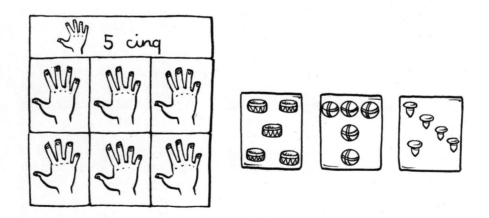

D'après l'ouvrage de Decroly et Monchamp

---

3. Les lotos ont été réédités par les éditions Nathan sous le nom de *Jeu des quantités*.

D'autres situations, avec des quantités de plus grande taille

Dans les situations où la communication s'établit à propos de quantités plus importantes, le fait de pouvoir dénommer les éléments de la collection facilite beaucoup la correspondance terme à terme avec les doigts. Là encore, donnons un exemple : chaque jour, on peut chercher à savoir combien d'enfants sont absents dans la classe. Dans de nombreuses classes, chaque enfant a une étiquette avec sa photographie et son prénom qu'il installe en arrivant sur un tableau de présence.

Lors du regroupement, la maîtresse montre à la classe les étiquettes des absents, et à chaque fois qu'on prononce le nom d'un absent, on lève un nouveau doigt : c'est Marc (on lève le pouce), c'est Marie (on lève l'index), c'est Nicolas (on lève le majeur), c'est Pierre (on lève l'annulaire), c'est Isabelle (on lève le petit doigt), c'est Lucie (on lève le pouce de l'autre main).

« Il y a comme ça d'absents aujourd'hui, les enfants » (montrant six doigts). « Comme ça, c'est six, il y a six absents. »

Remarquons que, là encore, l'enseignant ne suscite pas le comptage, il dit directement le mot-nombre qui correspond à la quantité de doigts, pour permettre une première familiarisation des enfants avec ces mots-nombres, et susciter l'envie de les apprendre.

Il est même possible d'évoquer avec les doigts des quantités qui sont encore mystérieuses pour l'enfant, mais dont il connaît le « caractère quantitatif » : c'est le cas de l'âge par exemple. C'est ainsi que l'enseignant peut demander l'âge des grands frères et sœurs :

ENSEIGNANT : Quel âge il a ton grand frère ?

ISABELLE : 6 ans.

ENSEIGNANT : Tu vois, 6 ans, ça fait ça *(il montre 6 doigts)*. Et toi, ton grand frère, Sophie ?

SOPHIE : 9 ans.

ENSEIGNANT : 9 ans, ça fait ça *(il montre 9 doigts)*, qui est-ce qui est le plus âgé, c'est le grand frère de Sophie ou celui d'Isabelle ? Je vous rappelle, celui de Sophie, c'est ça son âge et celui d'Isabelle ça.

L'utilisation de « comptines avec jeu de doigts »

Les comptines numériques qui sont le plus souvent utilisées (1, 2, 3, J'irai dans les bois, 4, 5, 6 Cueillir des cerises…) ne provoquent guère d'apprentissage. Il s'agit souvent d'un savoir-faire essentiellement verbal qui n'est pas vraiment réinvestissable. Elles ne permettent même pas d'apprendre la suite des mots-nombres (1, 2, 3, 4…), car quand l'enfant a dit « 3 », il a souvent besoin d'intercaler « J'irai dans les bois » pour accéder à « 4 » : la récitation de la comptine est un tout insécable.

Il en va différemment des « comptines avec jeu de doigts » qui sont présentées ici. L'enfant doit y coordonner l'énonciation d'un mot-nombre avec la production d'une configuration de doigts correspondante : la parole doit constamment être contrôlée par le geste. Ce qui est vu peut également devenir un support mnémotechnique, de sorte que ce n'est plus la parole qui guide exclusivement l'enfant.

Les 3 comptines suivantes ont été construites pour amener les enfants à représenter une même quantité par des configurations de doigts différentes.

voici ma main[4]

voici ma main
elle a 5 doigts

en voici 2

en voilà 3

voici ma main
elle a 5 doigts

en voici 4

et un tout
droit

---

4. La première partie de cette comptine est extraite de J. Muller (1973). La seconde est originale.

Les cinq frères
(comptine de tradition orale)

Ils étaient 5
dans un
grand lit

(en s'aidant de
l'autre main)

et le tout petit
pousse ses frères
pousse ses frères

et le pouce
est tombé

Ils étaient 4
dans le
grand lit

et le tout petit
pousse ses frères
pousse ses frères

et l'index
est tombé...

..ils étaient 2
dans le
grand lit

(en s'aidant de
l'autre main)

et le tout petit
pousse son frère
pousse son frère

et l'annulaire
est tombé

et le tout petit se dit
qu'on est bien tout seul
dans le grand lit

Les lapins copains

1 petit lapin
sur le chemin
rencontre...

...un autre petit
lapin

2 petits lapins
sont devenus
copains

2 petits lapins
sur le chemin
rencontrent...

...un autre petit
lapin

3 petits lapins
sont devenus
copains...

4 petits lapins
sur le chemin
rencontrent...

...un autre petit
lapin

J'ai 5 doigts
sur ma main
pour compter
les petits lapins

APRÈS 4 ANS

Pour représenter des quantités plus importantes, l'apprentissage de l'ordre conventionnel des mots-nombres devient une nécessité : quand on demande aux enfants combien il y a de fleurs sur une image qui en contient sept, ils cherchent fréquemment à faire correspondre un doigt de la main à chaque fleur : le pouce sur l'une, l'index sur une autre…, ce qui, selon la configuration spatiale des fleurs, n'est guère pratique. Et même si l'enfant réussissait dans cette tâche, il lui serait impossible de mémoriser le nom des quantités correspondantes.

Le rôle mnémotechnique de la « comptine numérique »

En effet, l'ordre conventionnel sur les mots-nombres joue un rôle mnémotechnique considérable : si les lettres n'étaient pas ordonnées en une « comptine » que l'on sait réciter, on serait probablement incapable de se rappeler toutes les lettres de l'alphabet en un temps réduit. Ou, pour prendre un autre exemple, seules les personnes qui ont mémorisé la comptine « violet-indigo-bleu, vert-jaune-orangé-rouge » savent restituer les couleurs de l'arc-en-ciel en peu de temps. De la même manière, ici, l'enfant aurait beaucoup de mal à se rappeler le nom de chaque quantité s'il ne disposait pas de l'ordre conventionnel des mots-nombres.

On apprendra donc à l'enfant à compter des objets en les pointant avec l'index, de même qu'on lui apprendra à compter ses doigts en les sortant l'un après l'autre : pouce, index, majeur… ou encore index, majeur… et pouce en dernier.

Considérons alors un enfant qui se demande « Combien c'est six ? » de la même manière qu'on se demandait, au début de ce chapitre, « Combien c'est "H" ? ». Il pourra rechercher une configuration de doigts correspondant à six en procédant très exactement comme nous l'avons fait concernant la lettre « H » : il comptera sur ses doigts jusqu'à entendre [six].

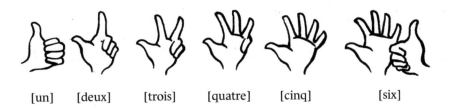

[un]   [deux]   [trois]   [quatre]   [cinq]   [six]

En appariant la suite des mots-nombres avec celle des configurations de doigts ci-dessus, l'enfant peut retrouver une configuration correspondant à un nombre donné. Ainsi, dans la progression présentée ici, le comptage intervient comme une aide à la mémorisation du nom des quantités.

Insistons sur le rôle fondamental du travail qui précède l'introduction du comptage : c'est parce que l'enfant a appris à représenter les petites quantités directement sur ses doigts que chaque mot-nombre représente **globalement** la quantité des doigts sortis (voir figure plus haut). Sans ces activités préalables, chacun des mots-nombres que l'enfant prononce serait probablement un numéro attaché au doigt qui vient d'être levé :

[un]　　[deux]　　[trois]　　[quatre]　　[cinq]　　[six]

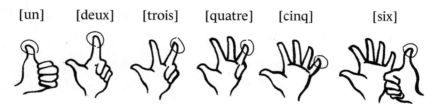

Il s'agirait d'un comptage-numérotage sur les doigts : les apparences extérieures sont les mêmes, mais l'activité mentale correspondante est radicalement différente.

Commentons également l'âge qui a été indiqué pour l'introduction du comptage : ce qui importe, c'est d'avoir développé chez l'enfant la capacité de représenter les petites quantités de 2, 3 ou 4 éléments par une collection de doigts, et d'avoir développé l'envie de connaître le nom des quantités plus importantes. Un enfant qui pose des questions telles que « C'est combien six ? » ou encore « C'est combien ça ? » (en montrant une configuration de doigts) est prêt... L'âge de 4 ans a été donné à titre indicatif mais, selon les enfants, cela peut survenir plus tôt ou plus tard.

CONCLUSION

La principale caractéristique de ce processus d'apprentissage est qu'à aucun moment l'enfant ne procède à un comptage-numérotage. Il apprend à compter plus tard, mais son premier comptage lui permet de représenter la quantité par le dernier mot-nombre prononcé : c'est un dénombrement. Alors que, pour un enfant qui apprend à compter par un comptage-numérotage, un mot-nombre prononcé de manière isolée, [sept] par exemple, n'est d'abord qu'un des numéros qu'il utilise pour compter. Ici ce mot-nombre a directement une signification quantitative par l'entremise d'une collection de doigts.

Quand un enfant vient de compter une collection d'objets en les pointant avec l'index, et que son comptage se termine sur [sept], il est très fréquent qu'il crée quand même une collection de doigts : « C'est comme ça sept ? ». Il a les sept objets sous les yeux et cependant il cherche à « sentir » cette quantité sur les doigts. Ce n'est pas surprenant : la représentation sur les doigts permet un codage « pluri-sensoriel » de la quantité, que la simple vue ne permet pas.

Aussi faut-il remarquer que cette approche aboutit à d'autres savoir-faire que celle qui va du comptage-numérotage au dénombrement : non seulement les enfants savent dénombrer une collection, mais de plus, à terme, ils savent associer sans compter une ou plusieurs configurations de doigts à un mot-nombre donné. Or on verra dans un des prochains chapitres que ce savoir-faire est essentiel pour permettre à l'enfant de progresser vers le calcul.

C'est ainsi que certaines des activités qui ont été présentées dans ce chapitre semblent devoir être mises en place quel que soit le processus d'apprentissage qui a permis à l'enfant d'accéder au dénombrement. Les comptines avec jeux de doigts, par exemple, ont été utilisées en moyenne section, en grande section, mais aussi avec des élèves de cours préparatoire qui n'avaient pas pratiqué auparavant ce type d'activité : la capacité à « sentir » les quantités sur les doigts est trop importante pour que le pédagogue puisse se permettre de ne pas regarder où en sont les enfants dans ce domaine.

Les premiers usages des chiffres

Comment les enfants apprennent-ils que les chiffres, comme les mots-nombres, ne sont pas seulement des numéros, mais qu'ils représentent aussi des quantités ? Le premier processus d'apprentissage qu'il est possible d'évoquer est un processus de « traduction » des mots-nombres en chiffres : en effet, si « 3 » apparaît à l'enfant comme le signe écrit qui correspond à [trois], il est très probable que « 3 » héritera en partie du sens de [trois]. Dans ce chapitre, on commencera par expliciter comment les enfants peuvent s'aider d'une file numérique écrite pour procéder à cette traduction.

Mais ce processus de traduction ne permet pas à lui seul de comprendre comment les enfants apprennent l'usage des chiffres. Pour le montrer, on décrira plus précisément deux activités :

– la première consiste à passer une commande écrite d'une quantité donnée d'objets et à décoder une telle commande. Cette activité est représentative d'un usage des chiffres pour communiquer des quantités ;

– la seconde à gérer le temps à l'aide d'un calendrier et d'un éphéméride. Cette activité est représentative d'un contexte où la numérotation est première : chaque date est caractéristique d'un jour, les écritures chiffrées correspondantes ont le statut de numéro.

UNE FILE NUMÉRIQUE ÉCRITE
POUR AIDER À LA TRADUCTION DES MOTS-NOMBRES
EN CHIFFRES (ET INVERSEMENT)

Nous avons remarqué, au cours du chapitre précédent, que l'ordre conventionnel des mots-nombres favorise leur mémorisation. La suite des chiffres, quand elle est organisée en une file numérique, joue un rôle identique. Dans la comptine orale, l'ordre conventionnel est lié à la récitation successive des mots-nombres, c'est un ordre temporel. Dans une file numérique écrite, l'ordre est inscrit dans l'espace de la page blanche 1, 2, 3, 4, 5..., c'est un ordre spatial. En mettant en relation l'ordre oral et l'ordre écrit, les enfants peuvent s'aider de leur connaissance plus précoce de la suite des mots-nombres pour mieux connaître les chiffres. C'est ainsi qu'ils arrivent à retrouver la lecture et l'écriture d'un nombre bien avant de savoir effectivement « lire et écrire les nombres ».

Le lecteur comprendra mieux comment les enfants procèdent en constatant que la file numérique chinoise ci-dessous lui permet de retrouver l'écriture chinoise de six :

Il suffit, en effet, de compter les six premières cases pour constater que le chiffre correspondant ressemble à une sorte de pagode.

Comme, chez les enfants, la connaissance des mots-nombres précède généralement celle des chiffres, la mise en relation de l'ordre oral et de l'ordre écrit, grâce à l'utilisation d'une file numérique de référence, leur permet donc de retrouver l'écriture ou la lecture d'un nombre. C'est ainsi qu'on peut penser que, dans toutes les grandes sections d'école maternelle et dans tous les cours préparatoires, l'enseignant devrait afficher une file numérique de référence au mur. Cet emploi de la file numérique n'interdit pas, bien entendu, de travailler parallèlement la production-reconnaissance directe du graphisme des chiffres. Son intérêt pédagogique est cependant essentiel car, grâce à cet outil, beaucoup d'enfants peuvent s'engager dans la résolution de problèmes qui sinon leur seraient interdits pour une raison « technique » : parce qu'ils ne savent pas lire ou écrire les nombres. Donnons des exemples.

Retrouver l'écriture chiffrée d'un mot-nombre

Si un enfant a compté oralement que [huit] de ses camarades désirent boire du lait chocolaté (alors que d'autres préfèrent le lait ordinaire...), et qu'il veut écrire ce nombre sur une feuille pour passer commande de berlingots, il peut procéder ainsi : il se dirige vers la file numérique de la classe et il compte les premières cases jusqu'à entendre [huit]. Il regarde le graphisme du chiffre qui figure dans cette case : c'est ce dessin qu'il doit reproduire sur la commande.

Les enfants peuvent procéder ainsi à chaque fois qu'ils ont besoin de retrouver l'écriture d'un nombre.

C'est ainsi que ce savoir-faire autorise les enseignants de cours préparatoire à proposer des « dictées de nombres » dès le début de l'année, avant toute étude approfondie de ces nombres : il suffit là encore de mettre une file numérique à la disposition des enfants (sous la forme d'un polycopié, par exemple). Quand l'enseignant prononce [six], certains écrivent directement « 6 », d'autres comptent les premières cases de la file numérique jusqu'à entendre [six] (il suffit donc qu'ils sachent compter).

On remarquera que lorsqu'un enfant dessine un chiffre qu'il a déterminé grâce à la file numérique, il recopie le modèle qui figure dans une case, et cela ne lui permet pas de retrouver la trajectoire de ce graphisme. À partir de 5 ans environ, l'apprentissage des trajectoires devra donc faire l'objet d'exercices spécifiques tels que celui-ci :

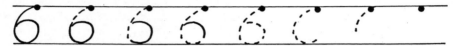

Retrouver la lecture d'une écriture chiffrée

Inversement, la même file numérique permet aux enfants de retrouver la lecture d'une écriture chiffrée. Considérons, par exemple, l'activité où les enfants jouent au « jeu du marchand » et reçoivent une commande écrite sous la forme d'un chiffre juxtaposé avec un dessin qui indique la nature des objets commandés : « 8 marrons », par exemple.

L'enfant qui doit former cette collection de marrons, mais qui ne sait pas encore lire directement le chiffre « 8 », est donc incapable, pour raison « technique », de connaître la quantité demandée. Grâce à la file numérique, il peut rechercher « comment se dit "8" ? ». Au départ, il dispose donc d'un dessin, celui du chiffre « 8 » : il repère la case où figure ce dessin et il compte les premières cases jusqu'à celle qui a été repérée.

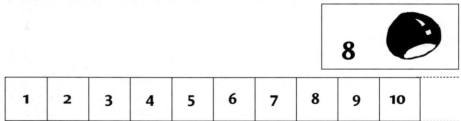

1	2	3	4	5	6	7	8	9	10

[un] [deux] [trois] [quatre] [cinq] [six] [sept] [huit]

Son comptage s'achève sur le mot-nombre [huit] qu'il recherchait. Alors qu'il était incapable de lire directement le chiffre « 8 », l'enfant en a retrouvé la lecture en lisant tous ceux qui précèdent, grâce à la file numérique. Désormais, il connaît la quantité par sa désignation orale et il est capable de former une collection de marrons correspondante.

On remarquera que pour retrouver l'écriture d'un nombre, un enfant n'utilise pas de la même manière la file collective qui est affichée au mur de la classe et une file individuelle qui est dessinée sur un polycopié : quand il dispose d'un outil individuel, il repère comme précédemment la case « 8 », mais au lieu de chercher « comment ça se dit », il pose fréquemment un marron sur chacune des 8 premières cases (ce qui est impossible avec une file numérique affichée au mur).

Dans tous les exemples précédents, l'enfant cherchait à retrouver la lecture ou l'écriture d'un nombre qui s'écrivait avec un seul chiffre. Il est évident que le même procédé permet également de retrouver la lecture ou l'écriture d'un nombre qui s'écrit avec plusieurs chiffres : « 10 », « 11 », « 12 »... Il faut simplement que le « 1 » et le « 0 » de « 10 » soient clairement appariés, pour ne pas être lus séparément, ce qui ne pose aucun problème quand l'écriture chiffrée de chaque nombre se trouve dans une case séparée.

COMMUNIQUER DES QUANTITÉS PAR ÉCRIT : PASSER UNE COMMANDE, DÉCODER CETTE COMMANDE[1]

Cette activité a déjà été abordée ci-dessus, tant en ce qui concerne la rédaction d'une commande écrite (passer commande de berlingots de lait) que le décodage d'une commande (constituer une quantité donnée de marrons). Mais on a supposé qu'un enfant qui désire passer une commande écrite le fera nécessairement sous forme numérique, par une écriture chiffrée, plutôt que par une collection-témoin. En fait, cela ne va pas de soi. Ainsi, considérons le problème où les enfants doivent passer une commande écrite pour obtenir autant de gommettes rondes qu'il y a de chiens dessinés sur une feuille : il faut que chaque chien ait une balle.

Il s'agit donc de passer commande d'une quantité donnée d'objets (plus précisément, d'une quantité qui a été donnée... à l'aide d'une collection).

Dans un premier temps, le destinataire de la commande peut être l'enseignant qui fournira les gommettes commandées. Dans une classe de grande section, au mois de novembre, on a obtenu les différentes commandes ci-dessous, qui ont été classées en trois groupes :

---

1. Cette situation a été très étudiée à l'Institut de recherche sur l'enseignement des mathématiques de Bordeaux. Voir, par exemple, El Bouazzaoui, 1982, et J. Briand, 1985.

Type A   ○ ○ ○ ○ ○ ○ ○ ○

Type B
- B_1: 1 2 3 4 5 6 7 8
- B_2: 1 2 3 4 5 6 7 8 9 10 11 12 13
- B_3: 1 2 3 4 5 6 7

Type C C_1: 7 C_2: 1 2 3 4 5 6 7 8   7

Dans la commande de type A, l'enfant a dessiné une collection de ballons, alors que, dans les commandes C, la quantité de ballons est représentée sous forme numérique. Les commandes B_1, B_2 et B_3 sont intermédiaires au sens où, comme dans les commandes de type A, l'enfant a dessiné une collection, mais il s'agit dans ce cas d'une collection de numéros. La quantité n'est pas représentée par un seul chiffre comme en C_1 ou C_2, tout au moins pas de manière explicite.

Deux types de procédures aboutissent à des commandes de type B :

– soit les enfants recopient « largement » le début de la suite des chiffres (cas des commandes B_1 et B_2), puis ils comptent les chiens, les chiffres, et ils ne conservent que la même quantité de chiffres en barrant ceux qui sont en trop ou encore en séparant ceux qui doivent être conservés des premiers ;

– soit cette commande est le résultat d'un « double pointage » (cas de la commande B_3) :

1	2	3	4	5	6	7	8	9	10	11

Au fur et à mesure que l'enfant pointe un nouveau chien, il écrit le chiffre suivant en prenant modèle sur la file numérique. Cette procédure est tout à fait analogue à celle qui est utilisée par les enfants qui dessinent des commandes de type A : il n'y a pas eu de comptage, comme pourrait le laisser croire la présence des chiffres.

On voit donc que la propension des enfants à représenter une quantité par la « collection des numéros » est grande. Des chercheurs[2] ont obtenu des résultats surprenants à ce sujet. Ils ont interrogé des enfants de cours moyen pour savoir laquelle des deux écritures suivantes, « 1, 2, 3, 4, 5 » et « 5 », représente le mieux une quantité de cinq objets dessinés. Ils ont observé que près de la moitié des enfants choisissaient la collection de numéros. Cette prégnance dure donc longtemps !

Comment les enfants progressent-ils dans les activités de commandes écrites ?

Le passage d'un message de type A à un message de type B ne pose guère de problèmes : il suffit en général de dire aux enfants que « les grands, pour passer une commande, utilisent des chiffres ». Concernant l'accès à une commande de type C, différents facteurs semblent favoriser l'apprentissage :

• la comparaison des différents messages permet aux enfants de découvrir que certains élèves se sont contentés d'écrire « le dernier numéro ». C'est là un aspect particulièrement intéressant des activités écrites, qui explique qu'elles jouent un rôle spécifique dans un travail pédagogique : elles produisent des traces durables et il est souvent plus facile de faire réfléchir des enfants sur les traces écrites de leur travail que sur leurs productions orales ;

• l'activité de décodage d'une commande, quand l'enfant doit construire une collection de gommettes correspondant à la commande d'un camarade, joue aussi un grand rôle dans l'apprentissage : pour accepter de réduire son message au dernier chiffre utilisé, un enfant doit pouvoir expérimenter l'efficacité de ce « message réduit ». C'est possible du fait que la situation qui est décrite ici permet aux enfants de juger par eux-mêmes de l'efficacité d'un message :

---

2. G. Sastre et M. Moreno, 1977.

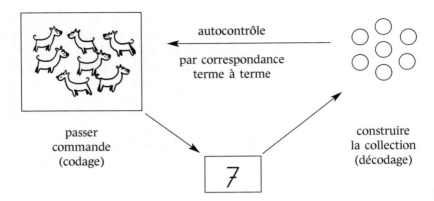

Il suffira donc d'apparier les enfants par deux, un qui passe la commande (en n'écrivant que le dernier numéro!) et l'autre qui, à partir du seul message, réalise la commande de gommettes (et qui aura peut-être besoin d'une file numérique: voir plus haut la réalisation d'une commande de marrons). Les deux enfants se retrouvent devant la feuille de départ pour vérifier qu'il y a bien la quantité souhaitée de gommettes. Il faut réguler les conflits éventuels, car une erreur peut se situer aussi bien au niveau du codage qu'à celui du décodage. On recommencera l'activité en alternant les rôles.

• Il ne faut pas négliger, cependant, l'influence d'un entraînement régulier au travers d'activités quotidiennes telles que la commande des berlingots de lait, celle des repas à la cantine... ou au travers d'exercices plus systématiques qui sont très fréquemment utilisés par les enseignants:

– de la collection vers l'écriture chiffrée (codage): une quantité étant représentée par une collection dessinée (des points sur un dé, des doigts sur une main ou des fleurs dans un vase), l'enfant doit écrire le chiffre correspondant. Dans une variante qui ne nécessite pas d'acte graphique complexe, plusieurs chiffres sont déjà dessinés et l'enfant doit apparier la collection avec « le bon chiffre »;

– de l'écriture chiffrée vers la collection (décodage): un chiffre étant donné ainsi qu'un cadre « vide » (un vase vide, une face de dé restée blanche...), l'enfant doit remplir le cadre vide en dessinant une collection correspondant au chiffre.

UN CONTEXTE OÙ LA NUMÉROTATION EST PREMIÈRE: L'UTILISATION D'UN CALENDRIER

Cette seconde activité est très différente de la précédente parce que l'emploi des chiffres en tant que numéros est premier dans ce contexte: la date

est une écriture chiffrée qui sert principalement à désigner l'élément numé-
roté (le jour) et qui réfère peu à une quantité. Elle est pour ainsi dire un
nom propre du jour, et l'emploi des écritures chiffrées se rapproche de celui
des mots de la suite « lundi, mardi, mercredi, jeudi, vendredi, samedi,
dimanche », dont elles partagent le contexte. La numérotation des jours est
la pratique sociale sur laquelle le pédagogue va s'appuyer pour permettre
aux enfants de mieux gérer le temps qui passe, tout en développant leurs
compétences numériques.

Est-ce à dire que l'usage des chiffres en tant que représentation des quantités ne joue aucun rôle dans ce contexte ? Au contraire, l'objectif essentiel
sera d'amener les enfants à mettre en relation ces différentes significations
des chiffres, en favorisant une « lecture cumulée » de la suite des dates :
quand on est « le 9 » du mois, c'est qu'une quantité correspondant à 9 levers
de jours s'est écoulée depuis le début du mois.

Pour favoriser une lecture cumulée de la suite des dates, on constituera
une file numérique en collant jour après jour une feuille d'éphéméride sur
un fond cartonné. Le but de cette organisation est essentiellement de permettre à l'enfant d'anticiper sur le temps à venir.

Le premier jour de chaque mois, l'enseignant affiche un fond cartonné organisé en 7 colonnes correspondant à chaque jour de la semaine et, avec les
enfants, il repère différents événements sur ce calendrier :

			Jeudi 1er FÉVRIER			
					10 Éric	
				16		
			vacances			
		28				

– le mois comporte 28 jours ? Le dernier jour du mois surviendra quand
on aura collé 28 feuilles. On compte 28 cases, on numérote ce dernier jour

135

du mois et on découpe les cases en trop (ainsi, quand des fonds correspondent à des mois successifs, ils s'« emboîtent » en juxtaposant le dernier jour d'un mois avec le premier du mois suivant);

– l'anniversaire d'Éric est le 10 février? Ce sera quand on aura collé 10 feuilles sur le calendrier. On compte 10 cases sur le calendrier et on fait un dessin pour ne pas oublier cet anniversaire;

– le dernier jour d'école avant les vacances de février est le 16 février? Ce sera quand on aura collé 16 feuilles sur le calendrier. Là encore, on l'inscrit sur le calendrier en comptant 16 cases.

Grâce à ce type d'anticipations, l'enfant apprend progressivement que le numéro d'un jour correspond également au nombre de jours écoulés depuis le début du mois: il développe une « lecture quantifiante » de la suite des dates.

Chaque jour, au début de la journée de classe, la ou les feuilles d'éphéméride nécessaires sont collées (le jeudi, par exemple, il faut coller celles du mercredi et du jeudi). Quand on est le 6 février, le fait que 6 jours se soient levés depuis le début du mois est matérialisé dans les 6 feuilles d'éphéméride qui ont été collées.

Le lecteur aura remarqué que durant toute la journée, c'est la dernière feuille collée sur le fond qui donne la date du jour, et non celle qui reste sur l'éphéméride (dans cette activité, on ne fait donc pas un usage « normal » de l'éphéméride qui, d'ailleurs, ne doit pas être affiché).

Tout au long du mois, on peut s'interroger sur le temps qui sépare de tel ou tel événement. Si on est le 6 février, par exemple, c'est dans combien de jours l'anniversaire d'Éric?

Quand les enfants ne disposent d'aucun outil, ce problème est extrêmement complexe et il reste mal réussi de façon tardive: ici, les enfants trouvent « 4 jours » en comptant sur le calendrier combien de feuilles il faudra coller pour qu'on soit le 10 février. Avec l'approche de la date-événement, l'enfant construit les notions de « demain » et d'« après-demain ». Le « 10 » apparaît comme « 2 jours après le 8 », « 1 jour après le 9 », c'est-à-dire le lendemain.

Les événements qui se répètent chaque semaine peuvent être consignés: tous les mardis, on fait du patin à roulettes, les mercredis il n'y a pas d'école, les samedis il n'y a qu'« un bout d'école »... L'aspect cyclique de cette organisation du temps se traduisant dans l'organisation en colonnes du calendrier.

Au cours préparatoire, on peut penser à un prolongement individuel pour cette activité : au début du mois, chaque enfant reçoit une feuille polycopiée reproduisant le calendrier collectif, et chaque jour d'école l'enfant remplit par écrit la ou les cases de son calendrier. Les feuilles de l'éphéméride collectif peuvent ensuite être collées collectivement pour permettre aux enfants de contrôler leur travail.

Cet outil est tellement précieux qu'on ne saurait trop recommander aux parents d'afficher ce type de calendrier dans la chambre de leurs jeunes enfants (dès 4 ans 1/2). L'expérience montre qu'une de leurs premières préoccupations, quand ils se lèvent le matin, est de coller « la feuille du jour » et de décoder les dessins qui les renseignent sur le programme de la journée. Un adulte possède toutes ces informations sur son avenir proche. En se levant le dimanche matin, il sait qu'il ne travaille pas, il n'a nul besoin que cela soit consigné par écrit. Aussi il nous est difficile d'imaginer combien la maîtrise de ces repères est susceptible de transformer la vie d'un jeune enfant. Grâce à cet outil, l'enfant n'est plus dépendant de l'adulte pour savoir ce qui va lui arriver dans les heures et les jours qui viennent, et cela lui confère une grande autonomie.

DEUX SORTES DE CONTEXTES, SUIVANT QUE LA NUMÉROTATION EST PREMIÈRE OU NON

La notion de quantité n'est donc pas la seule construction conceptuelle qui soit concernée par l'usage des mots-nombres ou des écritures chiffrées. Ainsi dans beaucoup de contextes, la pratique sociale a entériné l'emploi des écritures chiffrées en tant que numéros. Quand c'est le cas, le numérotage rend souvent compte d'un ordre : ordre chronologique pour le calendrier (dans beaucoup de langues, on dit « le treizième jour de mars » plutôt que « le 13 mars »), ordre de lecture pour les pages d'un livre, ordre de parcours pour la numérotation des maisons... Les activités correspondant à cette sorte de contexte apparaissent très différentes de celles où la représentation des quantités est première : quand l'enfant passe commande d'une quantité donnée, le comptage ou le numérotage écrit sont des pratiques qui ne s'imposent pas d'emblée, alors que dans un calendrier, au contraire, la désignation des éléments par des numéros est première. Dans un cas, l'enfant doit mettre en œuvre un outil, dans l'autre il doit comprendre l'utilisation que la société fait de cet outil.

Mais l'opposition entre ces deux types de contexte s'arrête là : dans les contextes où la numérotation est première qui viennent d'être évoqués, l'interprétation des numéros en terme de quantités est un facteur essentiel de progrès : c'est en favorisant une « lecture cumulée » de la suite des dates, par exemple, que les enfants arrivent à comprendre que le dernier numéro d'un mois correspond au nombre de jours de ce mois ; c'est en apprenant que le numéro d'une page donnée de dictionnaire correspond à la quantité des pages qui précèdent qu'on a quelque chance d'ouvrir le dictionnaire pas trop loin de cette page...

Contexte cardinal et contexte ordinal

Avant 1970, il était fréquent de qualifier un contexte, où les mots-nombres (ou les chiffres) sont employés pour désigner des quantités, de « contexte cardinal », de même qu'on parlait de « contexte ordinal » quand ces mêmes mots-nombres désignent des rangs (calendrier, ordre d'arrivée d'une course...). Cet emploi des mots « cardinal » et « ordinal » était donc clair. Mais depuis 1970, ces mêmes mots sont fréquemment employés pour qualifier des procédures et non plus des contextes : c'est ainsi que de nombreux auteurs affirment que la procédure de comptage serait de nature ordinale, et qu'elle le serait « par essence », sans qu'on ait à se soucier des conditions d'emploi de cette procédure pour pouvoir éventuellement lui attribuer ce qualificatif. Du point de vue qui est adopté ici, lorsqu'un adulte numérote des coureurs à l'arrivée d'une course pour mémoriser les rangs d'arrivée, son comptage est effectivement un comptage ordinal. En revanche, lorsqu'il compte les objets qu'il a dans sa poche, c'est un comptage cardinal. Ces différences d'emplois des mots « cardinal » et « ordinal » risquent donc de conduire à une grande confusion. C'est pourquoi, d'une manière générale, on a évité dans cet ouvrage d'utiliser ces mots, leur préférant les mots « quantité » et « rang ».

On remarquera, par ailleurs, que lorsqu'on adopte le point de vue de l'enfant, c'est le statut de la numérotation, suivant qu'elle est première ou non, qui, dans un premier temps, semble la distinction essentielle. En effet, les contextes ordinaux où la numérotation n'est pas première, c'est-à-dire où l'enfant doit lui-même numéroter des objets pour rendre compte d'un ordre, ne nécessitent généralement pas d'utiliser des nombres : s'il s'agit d'ordonner des images séquentielles, par exemple, pourquoi ne pas le faire avec les lettres de l'alphabet ? Très souvent, pour ordonner, on n'a pas besoin du nombre, l'ordre alphabétique convient tout aussi bien. Dans le cas du calendrier, l'usage du nombre ne s'impose réellement que parce qu'il permet de mettre en relation les dates avec des durées, c'est-à-dire des rangs avec des quantités de jours : « Étant le 13 octobre, quelle date serons-nous dans 5 jours ? », par exemple. Les contextes ordinaux les plus intéressants sont ceux qui exigent réellement l'usage du nombre, c'est-à-dire ceux qui permettent la mise en relation de l'ordre avec les quantités qu'il définit.

Comme cette mise en relation est en général difficile, il suffit largement d'aider l'enfant à comprendre les contextes qu'il ne peut éviter, c'est-à-dire ceux où la numérotation est première.

Faut-il favoriser le numérotage écrit pour résoudre des problèmes concernant les quantités ?

Le numérotage écrit des objets d'une collection, dans des conditions où aucun ordre n'est à privilégier, où il s'agit seulement d'exprimer la quantité de ces objets, n'est pas une pratique fréquente chez l'adulte. Cette pratique peut cependant aider de jeunes enfants à résoudre des problèmes. Donnons un exemple.

Supposons que des enfants doivent comparer une quantité de lapins dessinés sur une feuille avec une quantité de carottes qui sont dessinées sur une autre feuille. Dans ces conditions, il est difficile d'utiliser une correspondance terme à terme. Considérons le cas d'un enfant qui emploie un comptage-numérotage pour comparer ces deux quantités, mais qui ne sait pas conclure :

ENFANT : Là c'est [un], [deux], [trois], [quatre], [cinq], et là [un], [deux], [trois], [quatre], [cinq], [six].

ADULTE : Oui, alors…

ENFANT : …

ADULTE : Mais tu viens de compter…

ENFANT : …

Très souvent, lorsque ce même enfant numérote par écrit chaque lapin et chaque carotte, « 1, 2, 3, 4, 5 » et « 1, 2, 3, 4, 5, 6 », il parvient immédiatement à conclure, sans aucune hésitation. Quand un enfant procède à un numérotage écrit, l'écriture n'est pas un simple enregistrement de la parole : l'échec lors du comptage oral résulte probablement du caractère éphémère de l'appariement entre les mots-nombres et les objets. En fixant cet appariement, le numérotage écrit crée les conditions de la réussite.

Faut-il pour autant favoriser ce genre de pratique ? Il convient certainement d'être prudent : on a vu combien l'emploi des écritures chiffrées en tant que numéros est prégnante. Or c'est cette signification des écritures chiffrées que les enfants utilisent quand ils procèdent ainsi. Lorsqu'un enfant ne sait pas encore représenter une quantité par une écriture chiffrée, ce genre de résolution peut faire obstacle à l'accès à cette connaissance.

CONCLUSION

Les chiffres, comme les mots-nombres, ont donc une double signification : ils peuvent désigner des quantités, comme ils peuvent n'être que des numéros. Pour partie, l'enfant comprend les écritures chiffrées parce qu'elles héritent du sens qui est attribué aux mots-nombres, mais pour partie seulement. L'usage des écritures chiffrées doit aussi être considéré en tant que tel, avec sa propre logique. Or cette logique est souvent celle du numérotage car, dans de nombreux contextes, les enfants rencontrent les écritures chiffrées quand leur statut de numéro est premier : c'est le cas sur les touches du téléviseur, le dossard des coureurs, les boules de loto, les plaques des maisons, les calendriers ou les pages d'un livre. Il convient donc d'être particulièrement attentif à favoriser la lecture des écritures chiffrées en tant que représentations de quantités, de peur que ces écritures ne restent longtemps des numéros.

C'est ainsi que l'emploi d'une file numérique écrite peut aider les enfants à apprendre l'usage des chiffres, mais le pédagogue doit favoriser au maximum une « lecture cumulée » de cette file numérique. Il doit le plus souvent possible faire expliciter que si une case contient le chiffre « 8 », c'est parce que « huit, c'est tout ça » :

Pour fournir des repères de nature quantitative aux enfants, la séparation entre les tranches successives de 5 cases pourra être renforcée en rouge (entre 5 et 6, entre 10 et 11...). On remarquera qu'en procédant ainsi, on reste fidèle à l'idée qui vient d'être développée : on n'accorde pas un statut spécifique à certaines cases (on n'écrit pas « 5 », « 10 »... en rouge), c'est à la quantité de 5 cases successives qu'on attribue un statut particulier.

De plus, il convient certainement que les enfants soient fréquemment confrontés à des consignes écrites où les chiffres désignent des quantités : « Dessine 6 fleurs », « Dessine 4 billes »... par exemple. On verra par ailleurs, dans la suite de cet ouvrage, que le calcul écrit favorise cette lecture des chiffres : une égalité telle que « 4 + 3 = 7 » n'a aucun sens si on y voit une relation entre numéros !

Une aide à l'apprentissage des nombres : les collections-témoins organisées

On a distingué deux moyens de communiquer à propos des quantités : les représentations analogiques à l'aide d'une collection-témoin et les représentations numériques. La représentation numérique d'une pluralité de cinq moutons (par ex.) conduit à un signe unique, qu'il s'agisse d'un chiffre (« 5 »), d'un mot oral ([cinq]) ou même d'un signe d'une autre nature (un doigt baissé). Et ce signe unique a une forme arbitraire qui dépend de conventions culturelles (contrairement à la collection-témoin).

Deux processus d'apprentissage du nombre

Deux processus d'apprentissage de la représentation numérique des quantités ont été décrits :

– dans le premier, l'enfant commence par s'approprier les aspects conventionnels de la représentation numérique : il apprend la « comptine numérique » et il apprend à compter, c'est-à-dire à mettre en correspondance terme à terme les mots-nombres de cette comptine avec les objets d'une collection. Mais ce comptage, dans un premier temps, n'est qu'un comptage-numérotage car le dernier mot-nombre prononcé reste un numéro qui ne dénomme pas la quantité correspondante. C'est dans un deuxième temps seulement, en jouant par exemple aux dés ou aux dominos, que l'enfant comprend le rôle spécifique joué par ce dernier mot-nombre et accède ainsi réellement à la représentation numérique des quantités : son comptage est devenu un dénombrement ;

– dans le second processus d'apprentissage, l'enfant commence par représenter les petites quantités par des collections-témoins de doigts et par nommer ces quantités directement sans compter. C'est dans un deuxième temps seulement qu'il apprend à compter pour pouvoir dénommer les collections-témoins de plus grande taille. L'enfant compte plus tard, mais dès son premier comptage, il sait que le dernier mot-nombre prononcé permet de représenter la quantité correspondante : il accède directement au dénombrement.

L'usage de collections-témoins organisées aide les enfants à accéder au nombre

Chacun de ces deux processus d'apprentissage nécessite non seulement que l'enfant apprenne à compter, mais aussi qu'il fasse usage de collections-témoins **organisées** : les constellations dans un cas, les configurations de doigts dans l'autre. Les constellations et les configurations de doigts ne sont pas des collections-témoins ordinaires, comme les collections de cailloux que les bergers de Mésopotamie utilisaient pour garder la mémoire de la quantité de bêtes de leur troupeau.

En effet, les constellations et les configurations de doigts permettent une représentation rapide de la quantité correspondante, grâce à la configuration spatiale qui leur est associée. Dans le cas des configurations de doigts, le mot « organisé » est même faible : au-delà de la vue, la sensation kinesthésique permet à elle seule une représentation quasi instantanée des quantités, elle permet de « sentir » les quantités sur les doigts. Peut-être, dans ce cas, faudrait-il les appeler des collections-témoins « organiques ». C'est parce que ces modes de représentation ont la caractéristique d'être rapides qu'ils aident les enfants à représenter les pluralités sous une forme unifiée (par un signe unique).

La complémentarité du comptage et de l'usage des collections-témoins organisées

Pourtant, l'usage des constellations a été critiqué, vers 1970, et ceci de la façon suivante : alors que les enfants doivent apprendre que la quantité représentée par une collection-témoin est indépendante de la configuration spatiale des objets, l'usage des constellations associe chaque quantité à une configuration spatiale privilégiée. C'est ainsi qu'il y aurait risque de confusion entre quantité et forme. En fait, ce risque a sûrement été surestimé : il serait réel pour des enfants qui n'auraient jamais l'occasion de compter des objets dont la configuration spatiale est fluctuante (un groupe de 4 personnes...), ou encore des quantités dont les unités correspondent à une succession temporelle de coups de tambourin plutôt qu'à une collection d'objets, et qui, bien entendu, n'utiliseraient qu'un seul type de constellations (alors que 3, par exemple, peut être représenté comme sur les dés, mais aussi par la collection des sommets d'un triangle équilatéral). C'est parce que les mots-nombres sont également utilisés dans des pratiques de comptage que leur association avec des configurations spatiales privilégiées ne risque guère de figer un nombre donné dans une forme.

De même, les pédagogues sont depuis longtemps réticents à l'égard de l'usage des doigts, mais c'est essentiellement la pratique qui consiste à « compter sur ses doigts » qui provoque cette réticence et non le fait que l'enfant sache « sentir » les quantités sur ses doigts. On analysera, dans la seconde partie de l'ouvrage, les origines de cette réticence, et on verra qu'il ne serait effectivement guère prudent d'enseigner l'usage des doigts pour résoudre des problèmes arithmétiques. En revanche, il est tout à fait souhaitable que les enfants apprennent à représenter les quantités sur leurs doigts directement, sans compter.

Les mots-nombres, les chiffres et la pensée

Lorsqu'on passe une commande, les mots-nombres et les chiffres représentent des quantités. Lors de l'utilisation d'un calendrier, ils représentent des rangs pour l'ordre chronologique. Les réformateurs de 1970 pensaient que l'enfant devait « avoir construit » cet ordre chronologique avant de songer à le représenter à l'aide des écritures chiffrées. Ou encore que l'enfant devait « avoir construit » la notion de quantité avant qu'il n'utilise les mots-nombres et les chiffres.

C'était certainement une erreur de croire que l'enfant élabore les notions indépendamment des systèmes symboliques que notre culture met à sa disposition. Dans l'utilisation d'un calendrier qui a été décrite au chapitre 4, lorsque l'enfant met en relation l'alternance jour-nuit avec la construction d'une file numérique, il développe conjointement de meilleures compétences numériques et une meilleure connaissance de l'ordre chronologique. De la même façon, quand un enfant compte sur ses doigts pour savoir « combien ça fait six », il développe conjointement de meilleures compétences numériques et une meilleure connaissance des quantités.

Le rapport qui existe entre les mots-nombres ou les chiffres et les notions de quantité ou d'ordre chronologique ne saurait être mieux décrit que dans cette citation de Vygotski[1] : « La relation de la pensée au mot n'est pas une chose statique, mais un processus, un mouvement perpétuel allant et venant de la pensée au mot et du mot à la pensée. Dans ce processus, la relation de la pensée au mot subit des transformations qui, elles-mêmes, peuvent être considérées comme un développement au sens fonctionnel du terme. Les mots ne se contentent pas d'exprimer la pensée ; ils lui donnent naissance. »

---

1. Cité dans Schneuwly et Bronckart, 1985.

DEUXIÈME
PARTIE

Calculer

Le plan de cette seconde partie s'appréhende facilement en faisant un parallèle avec celui de la première partie.

De même qu'on a défini deux moyens de représenter les quantités, les représentations analogiques à l'aide de collections-témoins et les représentations numériques, on distinguera deux modes de mise en relation des quantités, le **comptage** et le **calcul** (chapitre 5), qui se différencient de la façon suivante :

– pour déterminer une somme par une procédure de comptage, les enfants représentent chaque quantité par une collection-témoin d'objets avant de recompter l'ensemble des objets ;

– en revanche, l'enfant qui calcule dira directement « Neuf et quatre, ça fait treize », ou il dira, moins directement, « Neuf et un, dix et trois, ça fait treize » : cette dernière forme de calcul sera appelée **calcul pensé.**

De même que l'accès au nombre requiert à la fois que l'enfant apprenne à compter et qu'il utilise des collections-témoins organisées (configurations de doigts ou constellations), on montrera que l'accès au calcul requiert à la fois l'amélioration des procédures de comptage et l'usage de collection-témoin organisées (chapitre 6).

On examinera ensuite comment les enseignants peuvent aider les enfants à progresser :

– en leur faisant utiliser des collections-témoins organisées (chapitre 7) ;

– en leur faisant résoudre des problèmes par des procédures de comptage (chapitre 8).

Puis on abordera l'étude du symbolisme arithmétique (les signes +, – et =) et on montrera comment son usage rend possible l'enseignement du calcul pensé (chapitre 9). Enfin on terminera par l'étude de la numération et de l'addition avec les nombres de 2 chiffres (chapitre 10).

Les chapitres 5 et 6 n'ont donc pas le même statut que les autres : ils visent à décrire le progrès dans ses grandes lignes, alors que, dans les autres, on détaille chacune des composantes de ce progrès. Les activités de classe sont d'ailleurs décrites dans les chapitres 7 à 10. L'organisation d'ensemble de ces activités, c'est-à-dire la « progression pédagogique » correspondante, est exposée à la fin des deux chapitres généraux 5 et 6.

Deux modes de mise en relation des quantités: comptage et calcul

LA DISTINCTION ENTRE COMPTAGE ET CALCUL

Les problèmes arithmétiques les plus simples sont ceux où on ajoute (respectivement on retire) un nombre donné d'éléments à une quantité initialement connue: il s'agit donc de déterminer le résultat d'un ajout (respectivement d'un retrait). Ce sont ces deux types de problèmes qui nous serviront d'exemples pour distinguer le comptage et le calcul.

Un premier exemple: déterminer le résultat d'un ajout

Considérons la situation suivante: l'enseignant tient 4 jetons dans sa main ouverte, il les montre aux enfants, qui ont tout loisir de les dénombrer. Après avoir fermé la main, l'enseignant montre 2 nouveaux jetons qu'il glisse avec les précédents, sans ouvrir la main. Les enfants doivent prévoir le nombre de jetons cachés (recherche du résultat d'un ajout).

Ce problème est souvent réussi de manière précoce (R. Gelman[1] observe 81 % de réussite avec des enfants de 5 ans). Les procédures employées dépendent des aides dont l'enfant dispose (papier-crayon, cubes ou bien encore les doigts), et elles sont de deux types: les procédures de comptage et le calcul.

Les procédures de comptage sont variées, mais la plus précoce est celle qui consiste à « recompter le tout »:

1. P. Starkey et R. Gelman, 1982.

– l'enfant dénombre 4 cubes (ou crée une collection de 4 doigts ou dessine 4 jetons...):

   ◯   ◯   ◯   ◯
  [un]   [deux]   [trois] [quatre]

– il ajoute 2 cubes aux précédents (ou sort 2 autres doigts, ou dessine 2 autres jetons):

  ◯   ◯   ◯   ◯   ◯   ◯
                                    [un]   [deux]

– il « recompte le tout »:

  ◯   ◯   ◯   ◯   ◯   ◯
 [un]   [deux] [trois] [quatre] [cinq] [six]

Mais, dès 5-6 ans, certains enfants résolvent ce problème en ne constituant aucune collection: leurs doigts ne bougent pas, leurs lèvres non plus. Ils ne procèdent à aucun comptage apparent. Ils obtiennent la solution, directement « dans leur tête », à l'aide des seules représentations numériques 4 et 2.

Un second exemple: déterminer le résultat d'un retrait

Considérons maintenant la situation où l'enseignant tient 6 jetons dans sa main ouverte, et les montre aux enfants qui ont encore tout loisir de les dénombrer. Après avoir fermé la main, l'enseignant extrait 2 jetons de sa main fermée. Les enfants doivent prévoir le contenu caché de la main (recherche du résultat d'un retrait ou encore recherche d'un reste).

Là encore, ce problème est réussi de manière relativement précoce (R. Gelman obtient 56 % de réussite avec des enfants de 5 ans), et les procédures employées sont de deux types: les procédures de comptage et le calcul. Dans ce cas, la procédure de comptage la plus précoce est celle qui consiste à « compter ce qui reste »:

– l'enfant dénombre 6 cubes (ou crée une collection de 6 doigts ou dessine 6 jetons...):

  ◯   ◯   ◯   ◯   ◯   ◯
  un]   [deux] [trois] [quatre] [cinq] [six]

– il enlève 2 cubes (ou baisse 2 doigts, ou barre 2 jetons dessinés):

  ◯   ◯   ◯   ◯   ◯   ◯
                                 [un]   [deux]

– il « compte ce qui reste » :

○　　　　　○　　　　　○　　　　　○
[un]　　　　[deux]　　　[trois]　　　[quatre]

Mais là encore, dès 5-6 ans, certains enfants résolvent ce problème en ne constituant aucune collection : leurs doigts ne bougent pas, leurs lèvres non plus. Ils ne procèdent à aucun comptage apparent. Ils obtiennent la solution, directement « dans leur tête », à l'aide des seules représentations numériques 6 et 2.

Deux procédures de résolution : comptage et calcul

Les enfants savent donc résoudre certains problèmes d'addition et de soustraction avant tout apprentissage du symbolisme arithmétique (des signes « + », « – » ou « = »), et ils utilisent deux sortes de procédures :

– des procédures de comptage qui nécessitent l'emploi d'objets avec lesquels les enfants miment les transformations écrites dans l'énoncé : dans les problèmes qui ont servi d'exemples, ils réalisent la situation de départ avec les objets avant d'exécuter l'ajout ou le retrait décrit dans l'énoncé ;

– des procédures de calcul : le calcul se définit donc par opposition au comptage.

Calculer c'est mettre en relation des quantités, directement à partir de leurs représentations numériques, sans passer par la réalisation physique d'une ou plusieurs collections dont les éléments seraient dénombrés.

Cette définition est bien conforme à l'emploi habituel du mot « calcul » : un enfant de cours élémentaire qui pose une addition « en colonnes » fait un calcul parce qu'il travaille exclusivement sur des écritures chiffrées, sans représenter les quantités correspondantes par des collections-témoins[2].

---

2. Note de l'auteur pour la deuxième édition : Rappelons (cf. l'essai introductif) que nous ne définissons plus aujourd'hui le calcul de la même façon. La signification du mot « calcul » qu'il convient de privilégier doit souligner une propriété essentielle de ce qui est appelé « calcul pensé » dans la suite de cet ouvrage : il s'agit d'une stratégie de décomposition-recomposition (9 + 4 = 9 + 1 + 3 = 10 + 3, par exemple). C'est pourquoi aujourd'hui nous appellerions « calcul » toute stratégie de décomposition-recomposition que celle-ci s'exprime ou non sous forme verbale. Dans le cas rapporté pages 159-160 d'un enfant qui utilise ses doigts pour mettre en œuvre une telle procédure, on parlerait-donc de « calcul sur les doigts ». Conformément à la thèse développée dans les pages qui suivent, l'idée importante qu'il convient de souligner est la suivante : l'usage de *collection-témoin organisées*, favorise l'accès à des stratégies de décomposition-recomposition (i.e. au *Calcul à l'aide de ces collections-témoins*) et, à terme, l'accès au calcul pensé.

DEUX DOMAINES NUMÉRIQUES :
CELUI DU CALCUL ET CELUI DU COMPTAGE

Chez le jeune enfant, les nombres ne constituent pas un domaine de connaissance homogène, et, schématiquement, on peut distinguer deux domaines numériques : le domaine où l'enfant sait calculer et celui, plus large, où il utilise des procédures de comptage.

La quasi-totalité des enfants, en fin de grande section, savent résoudre par un calcul mental des problèmes numériques qui ne mettent en jeu que de très petites quantités : déterminer le résultat de l'ajout d'une unité à une quantité initiale de 2, ou encore le résultat du retrait d'une unité à une quantité initiale de 3. Dans le domaine numérique des 3 premiers nombres, presque tous les enfants sont capables de calcul mental en fin de maternelle. Pour de nombreux enfants, le domaine numérique où ils savent calculer est évidemment beaucoup plus large.

Avec de plus grandes quantités, les enfants sont encore capables de résoudre des problèmes, mais en utilisant des collections-témoins, par des procédures de comptage comme celles que nous avons appelées « recompter le tout » ou « compter ce qui reste ». Ces procédures constituent une *espèce de mime* des relations qui sont décrites dans l'énoncé. Ce savoir-faire s'étend souvent à un domaine numérique assez vaste : c'est ainsi que l'utilisation d'un calendrier ou encore la gestion des présents-absents peut conduire les élèves de grande section à une grande aisance dans la résolution de certains problèmes attachés à ces situations (connaissant l'effectif global de la classe, et celui des élèves présents, déterminer le nombre d'absents…). Mais pour réussir, les enfants doivent nécessairement disposer d'outils qui leur permettent de compter : ce peut être le calendrier de la classe pour résoudre des problèmes liés aux durées, comme nous l'avons vu au chapitre précédent, ou encore une collection d'étiquettes portant le nom des enfants de la classe pour gérer les présents-absents.

Un premier choix pédagogique consiste donc à distinguer d'abord deux domaines pour les activités numériques :

– un domaine assez vaste (dès la grande section, il peut contenir les 30 premiers nombres) dans lequel les enfants résolvent les problèmes par des procédures de comptage, en utilisant des collections d'objets (compter le tout, compter ce qui reste…) ;

– un domaine plus restreint dans lequel les procédures de calcul sont systématiquement privilégiées.

Le rôle de l'enseignant est de permettre à l'enfant d'élargir son domaine de calcul pour que, finalement, ce domaine recouvre entièrement le domaine du comptage.

Ce choix ne va pas de soi : fréquemment, les enseignants (notamment ceux du cours préparatoire) introduisent les nombres lentement, l'un après l'autre.

Ils attendent fréquemment que les enfants aient développé de bonnes compétences en calcul sur les *n* premiers nombres avant d'introduire le nombre *n* + 1. Les élèves ne sont alors confrontés au dénombrement de grandes collections que fort tard au cours de l'année.

La solution adoptée ici semble préférable dans la mesure où l'usage du comptage sur un domaine numérique assez large prépare un accès ultérieur au calcul dans ce même domaine. Ceci apparaît évident en ce qui concerne les nombres compris entre 20 et 30 ; dans les classes où on gère les durées grâce au calendrier, ou encore les présents-absents, de nombreux enfants de grande section sont rapidement capables d'énoncer des relations numériques telles que « 22 et 1 ça fait 23 », et ceci alors qu'ils n'ont pas encore les connaissances correspondantes avec les nombres qui ne contiennent qu'une seule dizaine : ils ne savent pas que « 12 et 1, ça fait 13 » ! Cela s'explique aisément du fait que la numération orale est plus régulière après 20 : alors qu'on n'utilise pas la suite « dix-un » (onze), « dix-deux » (douze), « dix-trois » (treize)…, avec « vingt et un », « vingt-deux », « vingt-trois », « vingt-quatre »… l'enfant retrouve la séquence de mots-nombres « un, deux, trois, quatre… », celle qu'il maîtrise le mieux.

L'enfant de grande section qui commence à employer des relations numériques telles que « 22 et 2, ça fait 24 » n'a pas une connaissance explicite de la décomposition additive de ces nombres en vingtaine et unités, et on ne peut pas dire qu'il fait du calcul (on peut penser qu'il se laisse plutôt guider par des régularités langagières), mais il fait un usage implicite de cette décomposition en vingtaine et unités, et c'est certainement une excellente stratégie pédagogique que de permettre d'abord à l'enfant de découvrir des régularités par l'usage, pour l'amener ensuite à réfléchir sur ces régularités.

En fait, la simple récitation des nombres compris entre 20 et 30 est déjà bénéfique aux enfants. En effet, quand un enfant récite la comptine [un], [deux]… [cinq], [six], [sept], [huit], le mot-nombre [huit] est facilement remémoré parce qu'il est comme « aspiré » par le [sept] : [sept-huit]. En revanche, quand l'enfant doit intercaler [vingt] entre ces mots-nombres, l'automatisme est rompu : l'enfant doit chercher le mot-nombre qui vient après [sept]. Il est donc amené *à réfléchir* sur la suite des premiers nombres.

LA RÉSOLUTION DE PROBLÈMES NE NÉCESSITE PAS L'UTILISATION DES ÉGALITÉS NUMÉRIQUES

Tant que la taille des quantités autorise la formation de collections-témoins, la détermination du résultat d'un ajout ou d'un retrait ne nécessite pas de savoir employer les signes « + », « – » ou « = » : les enfants utilisent des procédures de comptage. Si ces quantités sont suffisamment petites, ils font même du calcul. Quand c'est le cas et qu'on demande aux jeunes enfants qui ont trouvé la solution mentalement d'expliquer comment ils ont fait, ils sont le plus souvent incapables d'expliciter leur démarche. Ils se contentent de formulations telles que « J'ai trouvé dans ma tête », « Parce que je sais », etc. Il arrive cependant qu'on obtienne des formulations telles que « Parce que 4 et 2, ça fait 6 », ou encore « Parce que 6 je retire 2, ça fait 4 ». Là encore, les enfants connaissent certaines relations entre les nombres avant tout apprentissage du symbolisme arithmétique et avant tout apprentissage « par cœur » des résultats d'une table d'opération (addition ou soustraction). Ils expriment ces relations avec le seul langage ordinaire : ils disent « 4 et 2, ça fait 6 ». Nul besoin de signes « + » ou « = ».

Poser des problèmes arithmétiques dès l'école maternelle

On remarquera qu'on a évité de qualifier les problèmes qui ont servi d'exemples de « problème d'addition » ou « problème de soustraction » car ces locutions sont ambiguës : elles peuvent laisser penser qu'il s'agit de problèmes qu'on ne peut proposer aux enfants qu'après l'étude des signes « + » et « − ». L'introduction du symbolisme de la division ne figure pas au programme avant le cours élémentaire et, pourtant, il semble important que les enfants soient confrontés à des problèmes de partage dès la grande section. Mais, bien entendu, dans des conditions où ils peuvent représenter les quantités correspondantes par des collections-témoins.

C'est là un des principaux dérapages de la pratique pédagogique postérieure à la réforme de 1970 : auparavant, les « 4 opérations » figuraient au programme officiel dès la grande section et les enfants étaient confrontés aux différents problèmes dès ce jeune âge. On a, avec raison, retardé l'emploi d'un symbolisme arithmétique dont la maîtrise est délicate : les signes « × » et même « − » ne sont pas introduits avant le cours élémentaire. Mais trop souvent, aujourd'hui, les enfants ne rencontrent leurs premiers problèmes dits « de soustraction » et « de multiplication » qu'au cours élémentaire 1re année, et leurs premiers problèmes dits « de division » qu'au cours élémentaire 2e année. C'est ignorer que ces problèmes peuvent être résolus par d'autres procédures que celles qui consistent à « poser les opérations ». Qu'ils peuvent notamment être résolus par des procédures de comptage dès que la taille des quantités en jeu autorise leur représentation par des collections-témoins.

CONCLUSION

Nous avons d'abord montré que, dès l'école maternelle, les enseignants peuvent proposer deux types d'activités en parallèle, des activités qui ne concernent pas le même domaine numérique : l'apprentissage du calcul sur les premiers nombres et la résolution de problèmes par des procédures de comptage sur un domaine numérique plus vaste.

En outre, l'emploi des signes « + » ou « = » n'est un préalable ni au calcul, ni à la résolution de problèmes par des procédures de comptage. Aussi l'enseignant de cours préparatoire pourrait penser à retarder l'introduction des égalités arithmétiques. On montrera au chapitre 9 que ce choix ne serait guère judicieux et qu'en conséquence, dès le début du cours préparatoire, ce ne sont plus 2, mais 3 types d'activité qui pourront être mis en œuvre parallèlement : l'apprentissage du calcul sur les premiers nombres, la résolution de problèmes par des procédures de comptage et l'apprentissage du symbolisme arithmétique. Dans cet ouvrage, on consacrera un chapitre à chaque sorte d'activité.

L'APPRENTISSAGE DU CALCUL SUR LES PREMIERS NOMBRES	LA RÉSOLUTION DE PROBLÈMES PAR DES PROCÉDURES DE COMPTAGE	L'UTILISATION DES ÉCRITURES MATHÉMATIQUES
(chapitre 7)	(chapitre 8)	(chapitre 9)

Mais l'indépendance de ces activités ne peut être que relative : pour comprendre comment elles peuvent concourir à un savoir unifié chez l'enfant, il nous faut maintenant étudier de manière plus précise par quels processus l'enfant accède au calcul, c'est-à-dire devient capable de mettre en relation des quantités directement à partir de leurs représentations numériques, sans avoir besoin de compter des objets.

Deux composantes du progrès vers le calcul: l'amélioration des pratiques de comptage et l'usage de collections-témoins organisées

L'apprentissage du calcul est un phénomène complexe. Deux processus semblent jouer un rôle essentiel:

– par le premier, les enfants ont de moins en moins besoin d'utiliser des objets parce qu'ils substituent des mots-nombres aux objets dans leurs procédures de comptage;

– dans le second, les enfants accèdent au calcul en pensant à des collections-témoins organisées qui peuvent être des configurations de doigts ou des constellations.

Ces deux processus sont nécessaires pour permettre aux enfants d'accéder à la forme de calcul qui peut sembler la plus achevée, et que les Anglo-Saxons nomment le **« calcul pensé »**. C'est l'usage de cette forme de calcul qui sera privilégié.

UNE PREMIÈRE COMPOSANTE DU PROGRÈS: L'AMÉLIORATION DES PROCÉDURES DE COMPTAGE

Les principales caractéristiques de ce processus seront dégagées en prenant pour exemple le calcul du résultat d'un ajout. Une évolution similaire à celle qui est décrite ici peut être observée lors de la résolution d'autres problèmes d'addition ou de soustraction. Supposons donc qu'une quantité initiale de 4 objets est transformée par l'ajout de 3 autres objets.

• Quand l'enfant **recompte le tout,** il représente chacune des deux quantités par des collections-témoins.

S'il utilise ses doigts, par exemple, il crée une collection de 4 doigts sur une main et de 3 doigts sur l'autre, puis il dénombre l'ensemble des doigts levés. Pour contrôler ce comptage, il est fréquent que l'enfant dise chaque mot-nombre en même temps qu'il exerce une pression du doigt correspondant sur un support quelconque (sur la table, sur la joue...). Le résultat de cette procédure est le mot-nombre [sept].

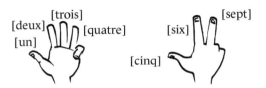

• Dans un second temps, l'enfant n'a plus besoin de former une collection de 4 doigts mais, en revanche, il continue à se réciter la suite des mots-nombres jusqu'à quatre :

• Quand l'enfant n'a plus du tout besoin de réciter le début de la comptine numérique, la procédure employée s'appelle un **surcomptage :**

Schématiquement, un enfant qui surcompte de cette manière prend le comptage du tout « en cours de route ». On peut penser que cet enfant est capable d'anticiper le résultat du comptage de la quantité initiale : comme il sait que ce comptage se terminerait par quatre, il n'amorce le comptage de la totalité qu'après ce numéro[1].

---

1. W.-G. Secada, K. Fuson et J. Hall, « The transition from counting-all to counting-on in addition », 1983.

• Enfin, une seconde forme de surcomptage est également observée : plutôt que de former directement une collections-témoins de 3 doigts, l'enfant lève ces doigts successivement ; il dit « quatre » sans rien faire, puis « cinq » en levant un doigt, « six » alors qu'il en lève un autre, etc.

Ce qui est dit	Ce qui est vu
[quatre]	rien
[cinq]	
[six]	
[sept]	ARRÊT

On voit que, dans ce cas, l'enfant procède à un double comptage : ce qui est vu constitue un « compteur » permettant de contrôler combien de mots-nombres ont été égrenés après [quatre] ; c'est quand l'enfant lit « trois » sur ce compteur qu'il arrête la procédure. Il a alors compté 3 mots-nombres après [quatre] (il les a comptés « sur les doigts »). Dans ce mode de surcomptage, on peut penser que les doigts ne représentent plus des objets, mais des mots-nombres[2].

Initialement, lorsque l'enfant « recompte le tout », les seules entités qu'il est susceptible de compter sont des objets. Progressivement, il remplace ces objets par des mots-nombres. Cette substitution d'objets par des mots-nombres concerne d'abord la quantité initiale (accès à la première forme de surcomptage), puis la quantité ajoutée (accès à la seconde forme de surcomptage).

---

2. Steffe *et al.*, 1983.

La taille des quantités en jeu dans le problème joue évidemment un grand rôle : quand l'une des deux quantités est supérieure à cinq, il n'est plus possible de représenter chaque quantité de façon séparée sur une main, et cela peut conduire l'enfant à ne plus « recompter le tout ». Si, par exemple, l'enfant doit ajouter 9 à partir d'une quantité initiale de 3 et qu'il a sorti 3 doigts, il doit nécessairement « effacer » 3 pour pouvoir représenter l'ajout de 9 sur ses doigts. Mais il est également possible que l'enfant inverse l'ordre temporel et se mette à surcompter au-dessus de 9, s'éloignant ainsi un peu plus d'un simple mime de la situation-problème (dans ce cas, on dit qu'il « surcompte à partir du plus grand nombre »).

Ce processus de substitution de mots-nombres aux objets dans les procédures de comptage s'accompagne au plan verbal de la découverte de règles : l'enfant découvre que la relation de succession sur les mots-nombres ([cinq] est le « suivant » de [quatre]) correspond à l'ajout d'une unité (cinq c'est « un de plus » que quatre)[3], et que, par extension, pour ajouter 2 unités, il faut prendre le suivant du suivant, que pour ajouter 3 unités, il faut prendre le suivant du suivant du suivant...

IL FAUT SE MÉFIER D'UN ENSEIGNEMENT SYSTÉMATIQUE DU SURCOMPTAGE

Cet enseignement se pratique couramment dans certains pays comme les États-Unis, et c'est encore aujourd'hui une technique professionnelle fréquemment utilisée en France au cours préparatoire : pour déterminer 4 plus 3, l'enseignant demande à l'enfant de « mettre 4 dans la tête » et de « mettre 3 sur les doigts » ; l'enfant doit alors dire 4 (en évoquant les éléments qui sont dans la tête)... puis 5, 6, 7 en exerçant successivement une pression sur chaque doigt.

Cet enseignement ne saurait suffire pour développer de bonnes compétences numériques. Pour le mettre en évidence, nous allons à nouveau utiliser le comptage avec les lettres. Ainsi supposons qu'on ait appris à surcompter par la méthode précédente, et mettons en œuvre ce savoir-faire pour calculer, par exemple, I + C : on est conduit à « mettre I dans la tête », puis « C sur les doigts », et à égrener :

---

3. Cette propriété est connue sous le nom d'« itération de l'unité ».

« I »

I + C est donc égal à L, mais quand on a obtenu ce résultat, on ne conçoit guère mieux les quantités correspondant à « I » et « L ». Plus généralement, grâce à cette procédure nous sommes parfaitement capable de faire n'importe quelle petite addition avec des lettres : « M » + « C » = « P », etc. Mais nous n'avons pas pour autant l'impression que ces lettres nous permettent une bonne conception des quantités : en l'absence de repères privilégiés analogues au 5 et au 10, les lettres ne nous renvoient directement à aucune quantité qu'on pourrait « sentir » sur les doigts, se représenter sous forme imagée ou décrire verbalement à partir d'autres quantités, mieux connues (comme lorsqu'on dit que « treize, c'est dix et trois »).

Pour favoriser le développement de bonnes compétences numériques, il ne suffit pas d'enseigner aux enfants une procédure systématique qui leur permette d'obtenir le résultat de n'importe quelle addition, il faut surtout les aider à construire tout un réseau de relations entre quantités, et cette construction nécessite l'utilisation de repères privilégiés.

UNE SECONDE COMPOSANTE DU PROGRÈS : L'EMPLOI DE COLLECTIONS-TÉMOINS ORGANISÉES

La précocité du calcul concernant les très petites quantités s'explique par la possibilité de « voir » ces quantités. Il est donc raisonnable de penser que, lorsque la taille des collections augmente, les performances dépendent également des possibilités qu'ont les enfants de se représenter de façon rapide ces quantités de plus grande taille, que ce soit sous forme visuelle ou kinesthésique. Nos observations concernant les enfants qui savent représenter directement les quantités par des configurations de doigts confortent cette hypothèse.

Considérons ainsi le cas de Julien, qui n'a pas encore 5 ans quand il sait représenter toutes les quantités jusqu'à 6 sur les doigts, et ceci directement, sans compter. Il sait le faire de différentes manières en ce qui concerne 2, 3 ou 4 (voir chapitre 4). Or cet enfant sait également déterminer mentalement le résultat d'un ajout ou d'un retrait, sans aucun comptage apparent.

Il n'est pas évident *a priori* que ces deux savoir-faire (sa capacité à représenter les quantités sur les doigts et celle à calculer) soient reliés car, lorsqu'il calcule, Julien n'utilise pas ses doigts, sauf, éventuellement, pour « montrer » le résultat : si un adulte a 3 jetons enfermés dans sa main, et qu'il en ajoute 3 autres, l'enfant, après quelques secondes, montre 6 doigts tout en disant « six ». Mais ce résultat n'a pas été obtenu par la procédure que nous avons appelée « recompter le tout » car Julien ne construit à aucun moment une collection de 3 doigts, et on n'observe aucun mime de l'ajout. Il n'utilise ses doigts que pour montrer la solution. Il n'est donc pas évident qu'il s'en serve auparavant pour trouver cette solution.

Pourtant, un jour qu'il recherche 6 anomalies dans un dessin (un homme qui fume sa pipe à l'envers, etc.), et qu'il en a déjà entouré 4, l'adulte intervient dans son jeu :

ADULTE : Tu te rappelles combien il y a d'erreurs ?

ENFANT : 6 *(en montrant six doigts).*

ADULTE : Combien tu en as trouvé déjà ?

ENFANT : *(il les compte sur le dessin avec l'index)* Quatre.

ADULTE : Combien tu dois encore en trouver ?

Julien lève alors les deux pouces en disant « deux ».

C'est la preuve que les doigts ne lui servent pas seulement à montrer la solution : sinon, pour montrer 2, l'enfant aurait simplement levé deux doigts d'une même main (le pouce et l'index, vraisemblablement), il n'aurait pas utilisé les deux mains. Bien qu'à aucun moment cet enfant n'ait bougé les doigts pour réaliser la configuration de 4, sa résolution du problème peut certainement être schématisée ainsi :

Six   c'est...   quatre et   deux

Julien ne réalise pas physiquement ces configurations, mais il est certainement capable de les évoquer, que ce soit sous forme d'images mentales, de façon proprioceptive, ou encore sur les deux modes à la fois. Cette procédure est sensiblement différente d'une procédure de comptage : les mots-nombres n'y sont pas égrenés l'un après l'autre.

Les configurations de doigts constituent des collections-témoins privilégiées parce qu'une configuration de doigts correspondant à une quantité donnée peut être construite ou « lue » de manière simultanée, sans passer par un comptage un à un. De ce fait les configurations de doigts permettent une mise en relation plus directe des quantités que lorsqu'on compte des objets quelconques. Quand un enfant sait associer directement, sans compter, plusieurs configurations de doigts à un mot-nombre donné, cela ne lui permet pas seulement d'avoir une meilleure conception des quantités : ce savoir-faire est également essentiel pour permettre à l'enfant de progresser vers le calcul.

Les configurations de doigts ne sont pas les seules collections-témoins qui sont susceptibles de favoriser l'accès au calcul : c'est également le cas des constellations qui, parce qu'elles correspondent à des configurations spatiales spécifiques, peuvent être conçues de manière rapide. Les constellations, elles aussi, permettent une mise en relation des quantités plus directe que lorsqu'on compte des objets quelconques. Concernant l'accès au calcul, les constellations et les configurations de doigts ne sont donc pas des collections-témoins ordinaires : nous les qualifierons d'« organisées », bien que ce qualificatif paraisse trop faible pour caractériser les configurations de doigts qui permettent aussi de « sentir » les quantités.

L'EMPLOI DE COLLECTIONS-TÉMOINS ORGANISÉES PRÉPARE AU CALCUL PENSÉ

Donnons quelques exemples de procédures dont nous dirons qu'elles relèvent du « calcul pensé » d'une somme (d'autres exemples sont donnés dans le chapitre 9, consacré à l'enseignement du calcul pensé) :
• l'usage des doubles : pour calculer 6 plus 7, par exemple, l'enfant calcule 6 plus 6 et 1, car cela le ramène à une relation numérique connue, « 6 plus 6 égale 12 » ;
• le « passage de la dizaine » : pour calculer 9 plus 3, l'enfant calcule 9 plus 1 et 2 parce que, là encore, il se ramène à une relation numérique connue, « 10 plus 2 égale 12 » ;
• le « retour aux cinq » : pour calculer 8 plus 6, l'enfant décompose 8 en 5 plus 3, il décompose 6 en 5 plus 1 et il procède ainsi « 5 et 5, 10 et 4, 14 » car cela le ramène à des relations numériques connues qui utilisent 5 et 10.

Bien que cette forme de calcul ne soit pas la plus fréquente, de nombreux auteurs[4] l'ont observée dès l'école maternelle (l'usage des doubles, notamment).

Lors de cet emploi « spontané », qui précède tout enseignement, le calcul pensé est un mode de calcul sans écriture, exclusivement oral. En revanche, l'enseignant de cours préparatoire qui veut favoriser l'emploi de ce type de procédures a tout intérêt, vers février-mars, à s'aider de traductions écrites telles que celles-ci (la démarche pédagogique correspondante est exposée dans le chapitre 9) :

« passage de la dizaine » :
$9 + 3 = 9 + 1 + 2$
$9 + 3 = 12$

« utilisation des doubles » :
$6 + 7 = 6 + 6 + 1$
$6 + 7 = 13$

Un « calcul pensé » n'est donc pas nécessairement un « calcul mental » : rien n'interdit d'utiliser l'écriture pour mener à bien un calcul pensé.

On voit sur les traductions écrites ci-dessus que le calcul pensé d'une somme nécessite deux phases, l'une de décomposition et l'autre de recomposition. La décomposition est un détour qui facilite la recomposition, parce qu'elle privilégie l'emploi de relations numériques dont la mémorisation est plus facile (calcul de $5 + x$, de $10 + x$, d'un double). D'une procédure à l'autre, la forme du calcul est la même ; ce qui change, c'est la nature des relations qui sont privilégiées.

Comment l'emploi de collections-témoins organisées facilite l'accès au calcul pensé

Le calcul pensé n'est possible que dans la mesure où l'appropriation de certaines relations numériques a été amorcée : les relations du type $5 + x$ ou $10 + x$, ou encore les doubles. Or, quand un enfant n'utilise pas de collections-témoins organisées, les premières relations numériques qu'il est susceptible de connaître verbalement sont celles qui correspondent à l'ajout d'une unité : ce sont les relations « 3 plus 1 est égal à 4 », « 6 plus 1 est égal à 7 », « 11 plus 1 est égal à 12 »… c'est-à-dire les relations où le résultat s'obtient en disant le mot-nombre suivant. Puis l'enfant connaît les relations qui correspondent à l'ajout de 2 unités (le résultat s'obtient en prenant le suivant du suivant) : « 4 plus 2 est égal à 6 », etc. Des recherches[5] ont montré que le résultat de l'ajout de 2 unités est plus long à déterminer que

---

4. Voir R. Steinberg, 1985.
5. G. Groen et J. Parkman.

celui de 1 unité, celui de 3 unités plus long à déterminer que l'ajout de 2 unités, etc.

Chez l'élève qui sait représenter directement les quantités sur ses doigts, le progrès n'a pas que cette seule logique parce que cet enfant accède très rapidement aux relations qui sont privilégiées par ce mode de représentation : 5 plus 2 est égal à 7, 5 plus 3 à 8, 10 plus 3 à 13... C'est ainsi qu'une relation telle que « 5 plus 4 est égal à 9 » devient plus facile que « 6 plus 2 est égal à 8 » : on ajoute plus, et c'est plus facile ! L'usage de collections-témoins organisées telles que les doigts favorise une appropriation précoce des relations de la forme $5 + x$ ou $10 + x$, même quand x est supérieur à 1 ou 2.

La connaissance des doubles est également précoce. Peut-être parce que certaines constellations privilégient cette partition : sur les dés à jouer, comme sur les dominos, 4 apparaît comme 2 et 2, et 6 comme 3 et 3. Mais un facteur linguistique semble également faciliter cette mémorisation : le fait que la récitation « 1 et 1, 2 », « 2 et 2, 4 »... fonctionne comme une véritable comptine. L'emploi de collections-témoins organisées telles que les doigts ou les constellations facilitent donc le calcul pensé parce qu'il favorise la mémorisation des relations numériques utilisées par le calcul pensé. Mais ce n'est pas le seul rôle qu'on puisse attribuer à l'emploi des collections-témoins organisées. Ainsi considérons l'exemple de Leila (6 ans au cours préparatoire) qui, ayant à calculer 9 plus 3, sort 9 doigts puis regarde attentivement à droite de ses 9 doigts avant de donner la réponse 12. Quand l'adulte lui demande comment elle a fait, elle répond « Parce que j'ai dix et il faut encore deux ». Il ne s'agit pas encore de calcul puisqu'elle utilise toujours des collections-témoins, mais on ne peut s'empêcher de penser que ce type de procédure prépare l'emploi du « passage de la dizaine » : c'est ainsi que l'emploi de collections-témoins organisées explique que certains enfants fassent un usage « spontané » de procédures de calcul pensé qui ne leur ont jamais été enseignées.

ENSEIGNER LE CALCUL PENSÉ
POUR ÉTENDRE LE RÉSEAU
DES RELATIONS NUMÉRIQUES CONNUES

Quand on parle de « calcul pensé » (les Américains disent *thinking strategy*), le mot « pensé » s'oppose à « systématique ». En effet, la procédure de surcomptage peut être d'un emploi systématique : qu'il s'agisse de calculer 4 + 3, 9 + 3 ou 6 + 7, il est toujours possible de surcompter. Le calcul pensé, en revanche, est essentiellement particularisant : tel exemple numérique sera bien adapté pour faire usage des doubles (6 + 7, par exemple) et tel autre pour procéder à un « passage de la dizaine » (9 + 3, par exemple).

Mais on tromperait le lecteur si on laissait croire qu'à ce niveau de la scolarité le surcomptage est un mode de calcul « systématique », voire « mécanique » ou « bête », alors que le calcul pensé serait « particularisant », voire « intelligent ». En effet, le plus souvent, en fin de cours préparatoire, les enfants n'ont pas encore une maîtrise suffisante des différentes procédures de calcul pensé pour pouvoir choisir celle qui est la plus appropriée à une configuration numérique donnée. Faire le bon choix peut être considéré comme un objectif pédagogique qui relève plutôt du cours élémentaire. Au cours préparatoire, pour ces calculateurs débutants, il s'agit essentiellement de prendre conscience que ces différentes formes de calcul existent, et de commencer à s'y entraîner dans des circonstances favorables : pour provoquer l'usage des doubles, par exemple, l'enseignant proposera aux enfants de calculer une liste de sommes qui favorisent l'emploi de cette procédure, c'est-à-dire telles que les 2 nombres à additionner diffèrent de 1 ou 2 : 6 + 7, 6 + 8, 7 + 8...

En fait, l'objectif essentiel que vise le pédagogue, en enseignant le calcul pensé dès le cours préparatoire, est l'extension du réseau des relations numériques que connaît l'enfant : grâce à l'utilisation de collections-témoins organisées, l'enfant a la possibilité, dès l'école maternelle et le début du cours préparatoire, de s'approprier d'autres relations numériques que les seules relations de voisinage ; il a même la possibilité de mettre en œuvre des procédures de calcul pensé « spontanées ». À partir du mois de février de l'année de cours préparatoire, s'il bénéficie d'un enseignement explicite du calcul pensé, l'enfant a la possibilité de construire d'autres relations numériques que celles qui ont été privilégiées. Il étend le réseau des relations numériques connues.

On peut même aller plus loin : si une certaine connaissance des doubles ou des relations du type $5 + x$, $10 + x$ est nécessaire pour accéder au calcul pensé, une connaissance parfaite de ces relations n'est nullement indispensable. Cette connaissance parfaite ne doit pas être considérée comme un préalable au calcul pensé car il n'y a pas de meilleur stimulant à l'apprentissage des relations du type $5 + x$, $10 + x$ que la prise de conscience qu'elles constituent un formidable outil de calcul.

Les enfants continuent à apprendre les doubles et les relations du type $5 + x$, ou $10 + x$... en faisant usage de ces relations lors du calcul pensé. Il faut se garder d'une vision trop mécaniste de l'apprentissage : le calcul pensé ne fait pas qu'utiliser la connaissance de certaines relations numériques, il participe également au processus de construction de cette connaissance.

CONCLUSION ET PRÉSENTATION
DE LA PROGRESSION PÉDAGOGIQUE

Deux processus permettent aux enfants de progresser vers le calcul: l'un repose sur un perfectionnement du comptage et l'autre sur l'utilisation de collections-témoins organisées. Il est clair que l'accès au calcul pensé nécessite des apports de chacun de ces deux processus:

– le calcul pensé nécessite l'emploi d'une classe de relations numériques dont l'apprentissage aura été amorcé par l'emploi de collections-témoins organisées: les doubles, les relations qui comportent un 5 ou un 10, et, plus généralement, la décomposition en dizaines et unités;

– le calcul pensé retient du surcomptage son aspect séquentiel: pour déterminer le résultat de « 9 plus 4 » sous la forme « 9 plus 1 et 3 », l'ajout de 4 est décomposé en ajouts successifs, comme dans le surcomptage.

Aussi le développement de bonnes compétences numériques nécessite à la fois la pratique du comptage et l'usage d'un ou de plusieurs modes de représentation des quantités tels que les doigts ou les constellations. La complémentarité du comptage et de l'usage de collections-témoins organisées a déjà été soulignée à propos de la représentation des quantités (voir la conclusion de la première partie). On observe la même complémentarité concernant l'accès au calcul: en fait, les deux fonctions du nombre (la communication concernant les quantités et le calcul), qui correspondent au découpage en deux parties de cet ouvrage, sont plus dépendantes l'une de l'autre que ne le laisse penser le plan qui a été adopté pour la clarté de l'exposé.

Alors que les enfants ont, dans leur grande majorité, toujours appris à compter (même durant la période où l'école se préoccupait peu de cet apprentissage), il est moins évident qu'ils sachent en aussi grand nombre utiliser des collections-témoins organisées pour représenter les quantités. C'est peut-être ce qui explique que si le calcul pensé n'est pas enseigné, peu d'enfants en font un usage spontané.

À l'école, en tout cas, il semble préférable d'enseigner le calcul pensé plutôt que le surcomptage, car le surcomptage est une procédure de calcul puissante, mais qui ne permet guère d'aller vers une meilleure conception des quantités. Pour que l'enfant puisse énoncer d'autres relations numériques que les relations de voisinage (qui sont les seules que nous soyons capables d'énoncer avec les lettres!), il faut favoriser une forme de calcul qui utilise ces autres relations: le calcul pensé.

Quelle progression pédagogique à l'école maternelle et au cours préparatoire?

Dans le précédent chapitre, nous avons vu que 3 sortes d'activités pouvaient être mises en œuvre parallèlement dès le début du cours préparatoire: le calcul sur les premiers nombres, la résolution de problèmes par des procédures de comptage et l'apprentissage du symbolisme arithmétique. Seules les 2 premières sortes d'activités concernent l'école maternelle.

Ces différentes activités concourent à un savoir unifié chez l'enfant parce que chacune d'elles est conçue pour favoriser l'accès au calcul pensé qui sera enseigné de façon explicite vers février-mars de l'année de cours préparatoire. C'est également à cette époque qu'on amorcera un enseignement explicite de la numération et celui d'une procédure d'addition des nombres de 2 chiffres.

Le tableau ci-dessous indique tout à la fois la structure de la suite de l'ouvrage et la répartition pédagogique des activités qui sont décrites dans cette fin d'ouvrage:

Plan de l'ouvrage   *Chronologie des activités*

L'APPRENTISSAGE DU CALCUL À L'AIDE DE COLLECTIONS-TÉMOINS ORGANISÉES (chapitre 7)	LA RÉSOLUTION DE PROBLÈMES PAR DES PROCÉDURES DE COMPTAGE (chapitre 8)	L'UTILISATION DES ÉCRITURES ARITHMÉTIQUES ET... (chapitre 9)	maternelle (sauf chapitre 9) et début de CP

◄— février CP

... L'ENSEIGNEMENT DU CALCUL PENSÉ (chapitre 9)	LA NUMÉRATION ET L'ADDITION DES NOMBRES DE 2 CHIFFRES (chapitre 10)

◄— fin CP

La logique de cette progression est double:
– d'une part, les activités proposées aux enfants avant le mois de février du cours préparatoire sont conçues pour faciliter l'accès au calcul pensé: on utilisera notamment des collections-témoins organisées pour que les enfants apprennent à calculer avec les premiers nombres, et on enseignera l'usage des écritures arithmétiques parce que ces écritures seront utilisées après février pour enseigner de façon explicite le calcul pensé;
– d'autre part, alors qu'en maternelle et jusque vers la moitié de l'année de cours préparatoire l'enseignant acceptait que les enfants emploient des procédures de comptage avec les grandes quantités et se contentait de favoriser le calcul sur un domaine numérique plus restreint, vers le mois de février du cours préparatoire il s'efforcera que les enfants traitent les grandes quantités comme les plus petites, tout au moins en ce qui concerne l'addi-

tion. À cet effet, il enseignera la numération décimale et une technique d'addition qui ressemble beaucoup au calcul pensé.

Bien que cela n'apparaisse pas dans le tableau précédent, la résolution de problèmes par des procédures de comptage est encore proposée après le mois de février mais seulement pour résoudre des problèmes complexes (notamment des problèmes de soustraction, de multiplication et de division).

Rappelons enfin que si les activités décrites aux chapitres 9 et 10 sont spécifiques au cours préparatoire, la grande majorité de celles qui le sont dans les chapitres 7 et 8 peuvent être mises en place dès l'école maternelle.

L'apprentissage du calcul à l'aide de collections-témoins organisées

Il ne fait guère de doute que le développement de bonnes compétences numériques nécessite l'usage de collections-témoins organisées, et que cet usage prépare au calcul pensé. Cependant, des questions subsistent : Quelles collections-témoins organisées doit-on utiliser en classe ? Les doigts ? Les constellations ?

Quels sont les problèmes qui permettent d'apprendre à calculer ? On essaie dans ce chapitre de répondre à ces questions. L'apprentissage du calcul est envisagé ici indépendamment de l'usage des signes « + » ou « = », qui ne sera abordé qu'au chapitre 9. On évitera d'utiliser ces signes pour qu'il n'y ait aucune ambiguïté : les activités décrites ici ne les requièrent nullement. Pour l'essentiel, d'ailleurs, ces activités peuvent être proposées en maternelle.

Pour établir leur progression, les enseignants seront attentifs au fait que des activités comme les comptines avec jeux de doigts, les jeux avec des dés, les lotos avec les petites quantités, déjà décrites dans la première partie, auraient pu prendre place dans ce chapitre.

FAUT-IL ENSEIGNER L'USAGE DES DOIGTS POUR RÉSOUDRE DES PROBLÈMES ARITHMÉTIQUES ?

Nous avons eu l'occasion de montrer que les doigts sont susceptibles d'aider les enfants à accéder au calcul parce qu'ils permettent de « sentir » les quantités directement, sans compter, et que cette façon rapide de représenter les quantités facilite leur mise en relation. Malheureusement, les enfants ne font pas tous cet usage des doigts : certains ne savent les utiliser que pour mimer les situations-problèmes en utilisant les procédures que nous avons appelées « recompter le tout » ou « compter ce qui reste ». Ces

« tâcherons du comptage » utilisent leurs doigts comme une collection de jetons qu'on porte toujours sur soi. Pour savoir « combien fait 8 », ils comptent 8 doigts un à un, et ils ne prêtent aucune attention à la configuration correspondante. S'ils doivent à nouveau construire une collection de 8 doigts, ils sont obligés de tout recommencer de la même manière : ils ne savent généralement pas montrer 8 doigts directement, sans compter. La main ne joue aucun rôle spécifique, et par conséquent les nombres 5 et 10 non plus. On ne peut pas dire que les collections-témoins qu'ils forment avec leurs doigts soient des collections-témoins « organisées » car elles ne sont pas perçues différemment d'une collection de jetons.

C'est parce que les doigts ne constituent pas le même outil pour tous les enfants qu'ils mettent les enseignants dans l'embarras et que, de tout temps, les pédagogues ont été très réticents devant leur usage. C'est ainsi qu'on pouvait lire dans les Instructions officielles de 1945 : « On ne donnera pas aux enfants l'habitude, dont ils se déferaient difficilement par la suite, de compter sur leurs doigts. » En effet les doigts constituent un matériel toujours disponible, et le pédagogue a le plus grand mal à contrôler l'utilisation qu'en font les enfants. Quand il emploie d'autres outils de calcul, tels que les réglettes Cuisenaire, il peut décider des moments opportuns pour l'utilisation de ce matériel, tandis que l'enseignant ne peut pas décréter l'absence des doigts ! Il peut tout juste exiger que les enfants ne les voient plus, en leur demandant de les cacher sous la table ou dans leur dos ! Mais c'est souvent insuffisant pour certains « tâcherons » du comptage : ils utilisent la sensation kinesthésique pour continuer à compter un à un.

Les doigts constituent donc un outil susceptible de favoriser le calcul pour certains enfants, et d'y faire obstacle pour d'autres. De façon prioritaire, le pédagogue doit donc essayer de mettre un bon outil à la disposition des enfants : qu'ils sachent « sentir » les quantités sur les doigts directement, sans compter. Un certain nombre d'activités, notamment des comptines avec jeux de doigts, ont déjà été présentées au chapitre 3, d'autres, qui concernent des quantités de plus grande taille, le seront dans la suite de l'ouvrage.

En revanche, lors de la résolution de problèmes arithmétiques, l'enseignant doit être extrêmement prudent quant à l'utilisation des doigts : les enfants en font des usages si divers qu'on voit mal, en ce domaine, comment l'enseignement pourrait être adapté à l'ensemble des élèves. Pour éviter un enseignement néfaste pour certains élèves, qui fossilise des procédures de comptage archaïques, il faut peut-être s'abstenir d'enseigner l'usage des doigts pour résoudre des problèmes arithmétiques. La position raisonnable serait alors de considérer les configurations de doigts comme un outil qu'il faut seulement mettre à la disposition des enfants, en espérant qu'ils apprendront par eux-mêmes à en faire un usage qui les conduise au calcul pensé.

C'est en tout cas la position qui sera adoptée ici : on apprendra aux enfants à représenter les quantités sur les doigts, mais on ne fera aucune utilisation dynamique des doigts pour résoudre des problèmes. Quand des enfants auront besoin de représenter des quantités par une collection-témoin, on les incitera à utiliser un matériel qui a la même structure que les doigts, mais dont les effets pédagogiques sont plus faciles à contrôler par l'enseignant : les « réglettes avec caches ». Mais avant de présenter ce matériel, nous allons examiner les principales aides à l'apprentissage qui existaient jusqu'à présent, et qui avaient des objectifs similaires : les constellations et les réglettes Cuisenaire.

DEUX SORTES D'AIDE À L'APPRENTISSAGE DU CALCUL : LES CONSTELLATIONS ET LES RÉGLETTES CUISENAIRE

Depuis longtemps déjà, les pédagogues sont soucieux de favoriser l'accès au calcul, et deux solutions ont été principalement avancées pour éviter que les enfants comptent unité par unité : l'usage des constellations et celui des réglettes Cuisenaire.

L'usage des constellations

Le matériel pédagogique le plus célèbre est constitué par les plaquettes de Mme Herbinière Lebert. Ce matériel a été très utilisé jusque vers 1970.

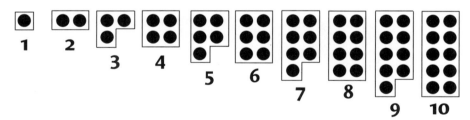

La reconnaissance rapide du nombre représenté provient donc du groupement par 2, et les relations numériques sont schématisées par la juxtaposition des plaquettes :

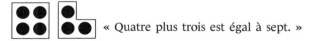 « Quatre plus trois est égal à sept. »

L'enfant n'a pas besoin de « recompter le tout » parce qu'il reconnaît la plaquette-somme. Ces plaquettes servent donc à « illustrer » les relations numériques : l'enfant a toujours la possibilité de recompter le tout, mais il est invité à aller plus vite en reconnaissant les plaquettes utilisées.

L'inconvénient majeur de ces plaquettes est la pauvreté de l'environnement pédagogique qu'elles créent. Le passage suivant, qui décrit la leçon d'introduction du nombre 5, donne une idée du contenu des livres qui expliquaient l'emploi de ce matériel :

« Faire placer sur l'ardoise la plaquette 4 ; faire écrire 4 en dessous ; faire placer à côté la plaquette 1 et faire remarquer qu'on la met en plus ; faire écrire symboliquement la manipulation ainsi faite[1]. »

Dans les leçons décrites, les élèves sont très dépendants de l'adulte, tant dans la gestion de l'activité que dans son évaluation. Il s'ensuit que, si certains enfants profitent bien du matériel en lisant les relations numériques qu'il permet d'illustrer, d'autres en revanche sont surtout attentifs à décoder la suite des injonctions venant de l'enseignant.

Mais l'usage des constellations ne se limite pas à celui de ce matériel. C'est ainsi qu'on peut recommander d'utiliser les constellations comme outil de communication dans la relation maître-élèves :

– le maître montre brièvement diverses configurations de points (en constellation, alignés…). Au-dessus de 4, les enfants savent reconnaître celles qui forment des constellations et non les autres. On analyse les raisons de ce phénomène avec les enfants : on reconnaît 5 parce qu'il y a 4 points comme sur un dé et un point encore à côté, 6 parce que c'est 3 et 3 comme sur un dé, 7 parce que c'est 6 et encore 1… ;

– inversement, dans l'exercice classique où les enfants doivent dessiner 5 triangles ou 8 ronds, par exemple, on leur demande de disposer les éléments de telle sorte que l'enseignant n'ait pas à compter pour connaître les élèves qui ont réussi (il faut aider le maître à corriger !).

Remarque

Il y a deux grandes classes de constellations suivant qu'on utilise le groupement par 2 ou par 5 :

Elles correspondent aussi aux deux grandes classes de procédures de calcul pensé : utilisation de 5 et 10, et utilisation des doubles. Pour les constellations dessinées, nous avons privilégié le groupement par 2, dans la mesure où l'autre type de groupement est utilisé dans le matériel pédagogique qui est présenté plus loin, les réglettes avec caches.

---

1. R. Fareng et M. Fareng, 1966.

L'usage des réglettes Cuisenaire ou « nombres en couleurs »

La reconnaissance rapide du nombre représenté est liée à la connaissance d'un code de couleurs :

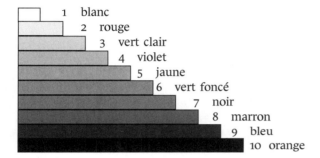

Là encore, les relations numériques sont schématisées par la juxtaposition des réglettes :

« Quatre plus trois est égal à sept. »

Ici, l'enfant n'a plus aucune possibilité de « recompter le tout » puisqu'il n'y a plus de divisions unitaires. Pour éviter que les enfants ne comptent unité par unité, la solution pédagogique proposée est radicale : on supprime tout support pour le comptage ! Les réglettes Cuisenaire ont donc un statut spécifique parmi les aides à l'apprentissage du calcul : n'étant pas constituées de collections, ce ne sont pas des « collections-témoins organisées » comme les configurations de doigts ou les constellations.

Alors que les constellations « illustrent » les relations numériques, les réglettes Cuisenaire se présentent plutôt comme un moyen de « vérifier » ces relations numériques : l'enfant qui pense que « 4 + 3 = 8 » et qui connaît bien le code de couleurs : 4 c'est violet, 3 vert et 8 marron, peut procéder à la schématisation. Comme la réglette marron dépasse, il prend conscience de son erreur et comme elle dépasse de peu, il peut émettre l'hypothèse que « 4 + 3 = 7 » et vérifier cette nouvelle hypothèse : ce matériel favorise donc l'anticipation et il est autocorrectif. Ces qualités expliquent qu'il ait été utilisé un peu partout à travers le monde et qu'il continue à l'être aujourd'hui dans beaucoup de pays.

Mais s'il est clair que les réglettes Cuisenaire permettent de vérifier les relations numériques, la façon dont ces relations sont apprises est très dépendante de la pédagogie de l'enseignant : le risque est grand que cet apprentissage résulte d'une simple mémorisation liée à l'apprentissage du code de couleurs, à force de répétition, plutôt qu'il ne résulte de mises en relation telles que celle que nous venons de décrire.

C'est ainsi que Piaget[2] distinguait deux usages du matériel Cuisenaire, disant qu'il est « ... excellent lorsqu'il est utilisé dans une perspective à la fois active et opératoire, beaucoup moins efficace lorsqu'on laisse les données perceptives et figuratives l'emporter sur les combinaisons opératives ».

Avec les enfants de maternelle, le risque d'un apprentissage essentiellement perceptif est encore plus grand à cause de l'absence complète de divisions unitaires sur les réglettes : la réglette noire s'appelle sept parce qu'elle se juxtapose avec sept cubes unités, mais à aucun moment cette réglette n'est elle-même divisée en 7 cubes unités. Or un jeune enfant associe plus facilement le mot-nombre sept à une collection de 7 unités qu'à une réglette qui ne fait que se juxtaposer avec 7 unités, sans être elle-même constituée de 7 unités.

Essayons de mieux cerner le problème pédagogique qui se pose : en juxtaposant 7 cubes unités avec la réglette noire, on montre très exactement que la réglette noire a une longueur de 7 cubes unités. Or c'est là qu'est le problème : dans l'ordre pédagogique d'introduction des notions, la longueur est abordée *après* l'étude des premiers nombres, et le pédagogue doit donc éviter de parler aux enfants d'une notion qui n'a pas encore été introduite (la longueur). La « solution » proposée par Cuisenaire consiste à dénommer chaque réglette par sa longueur : au lieu de dire que la réglette noire a une longueur de 7 cubes unités, il dit aux enfants qu'elle est la réglette 7. Ce « glissement de sens » a de quoi laisser perplexes les plus jeunes : une réglette pourrait donc « être 7 » sans jamais laisser apparaître la moindre de ses 7 unités ? C'est certainement ce qui explique que l'usage de ce matériel avec des enfants de grande section de maternelle s'est, le plus souvent, révélé très décevant[3] : il suppose l'accès à des conventions difficiles à construire avec de jeunes enfants.

UN NOUVEAU MATÉRIEL : LES RÉGLETTES AVEC CACHES

Ce matériel comprend des petits carrés en carton (2 cm × 2 cm) avec un point dessiné en leur centre. Ces carrés représentent l'unité. Il comporte également des réglettes constituées par la juxtaposition de ces carrés (ces

2. J. Piaget, 1964.

3. Je remercie ma collègue N. Zoberman, inspecteur-professeur à l'école normale de Cergy, qui m'a communiqué son cahier-journal de l'année où, jeune institutrice, elle expérimentait ce matériel en maternelle.

réglettes représentent les nombres de deux à dix), ainsi que des « caches » en carton adaptés à masquer cinq points d'une réglette. Les « caches de cinq » sont les seuls qui seront utilisés parce qu'on a voulu que le matériel ait la même structure que les doigts[4].

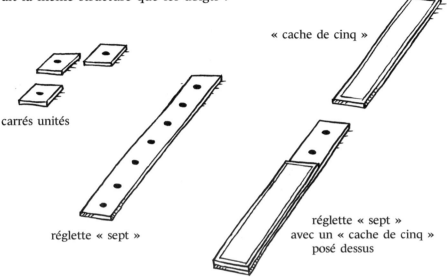

« cache de cinq »

carrés unités

réglette « sept »

réglette « sept »
avec un « cache de cinq »
posé dessus

Un jeu de réglettes comporte donc 10 réglettes qui contiennent 1, 2, 3… jusqu'à 10 points. Dans une autre série de réglettes, les suites de cinq points ont été remplacées par le dessin d'un cache, et ces réglettes sont appelées des « réglettes avec caches ». À chaque jeu de réglettes correspond donc un jeu de réglettes avec caches :

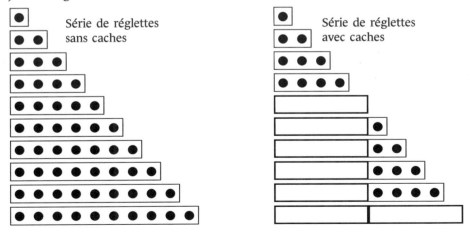

Série de réglettes sans caches

Série de réglettes avec caches

---

4. Ce matériel est diffusé par les éditions Retz.

Lorsque les enfants se sont approprié la façon dont les quantités sont représentées (la progression correspondante est exposée plus loin), le matériel possède les fonctionnalités suivantes:

– il permet de reconnaître rapidement les quantités représentées en utilisant le même groupement de cinq que la main:

Réglettes sans caches   Les mêmes réglettes avec caches

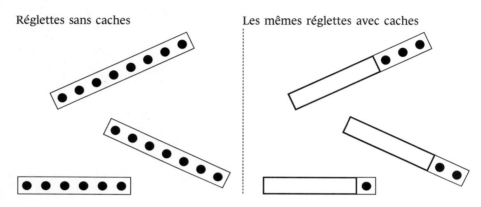

– il permet donc, comme les mains et les constellations, d'« illustrer » certaines relations numériques:

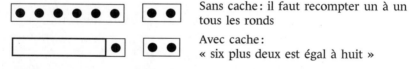

Sans cache: il faut recompter un à un tous les ronds

Avec cache:
« six plus deux est égal à huit »

– comme les réglettes Cuisenaire, il permet une schématisation des relations numériques, et il favorise l'anticipation et la vérification. Ainsi, supposons qu'un enfant cherche ce qu'il faut ajouter à 3 pour avoir 7; il peut utiliser l'une des deux schématisations suivantes:

Grâce à la présence du cache, la solution ne s'obtient pas immédiatement, par simple comptage. Quand l'enfant a anticipé le résultat, il a la possibilité de vérifier en sortant la réglette correspondante. De plus, le cache suggère deux modes de calcul possibles:

1. la schématisation de gauche incite à chercher le complément à cinq et à ajouter deux (préparation au « passage du cinq »);

2. celle de droite incite à chercher ce qui reste quand on retire un à cinq.

Ce matériel ne prépare pas seulement au calcul: il prépare de façon explicite à la forme de calcul que nous avons appelée « calcul pensé ».

Réglettes avec caches et réglettes Cuisenaire : le masquage n'a pas le même statut psychologique que la juxtaposition

Les réglettes avec caches présentent la plupart des avantages des nombres en couleurs de Cuisenaire, elles présentent même d'autres avantages, et elles n'en ont pas les inconvénients :

– comme nous venons de le voir, les réglettes avec caches favorisent également l'anticipation et la vérification ;

– comme les réglettes Cuisenaire, elles privilégient dix, qui est la taille de la plus grande réglette, mais elles privilégient également cinq, grâce au cache.

Contrairement aux nombres en couleurs, les réglettes avec caches ont la même structure que les doigts.

Par ailleurs, elles ne nécessitent aucun apprentissage d'un code de couleurs, et surtout les enfants considèrent les réglettes avec caches comme des collections de points, même si certains de ces points sont masqués. Quand on parle de la « réglette sept », ce mot-nombre désigne une collection-témoin et non une longueur, comme c'est le cas avec les réglettes Cuisenaire.

La façon dont les jeunes enfants déterminent le nombre qui est codé par une réglette est tout à fait significative à cet égard : dans un premier temps, ils comptent les points masqués « à travers le cache ».

L'enfant compte les points masqués « à travers le cache ».

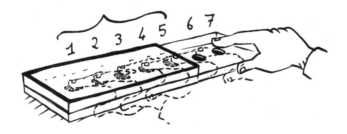

S'ils comptent les points masqués, c'est qu'ils leur accordent une existence, même s'ils ne les voient pas.

Il est clair qu'on n'observe jamais un tel comportement avec les réglettes Cuisenaire : le masquage n'a pas le même statut psychologique que la juxtaposition. Les réglettes avec caches sont des collections-témoins organisées dont tous les points ne sont pas visibles.

UN EXEMPLE DE PROGRESSION PÉDAGOGIQUE UTILISANT LES RÉGLETTES AVEC CACHES

L'introduction du cache :
« Cachez ces cinq que je ne saurais voir. »

Le jeu se joue à deux joueurs au moins, qui lancent alternativement un dé reconfiguré 0, 1, 2 (deux faces avec 1 point, deux faces avec 2 points et deux faces blanches). Le premier joueur qui a exactement 10 points a gagné. Quand on a déjà 9 points et qu'on fait 2, on passe son tour.

Pour totaliser leurs points, les enfants disposent d'une pioche centrale composée de carrés unités et de « caches de cinq ». À chaque jet de dé, l'enfant prend dans la pioche centrale le nombre de carrés correspondant à son gain ; dès qu'un joueur a 5 carrés, il doit prendre un cache pour les masquer, car l'enseignant qui « rôde » remet tous les groupes de 5 non masqués dans la pioche !

Un joueur qui possède 7 points, par exemple, a son score représenté ainsi devant lui :

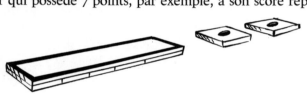

Remarques

• L'enseignant demandera le plus souvent possible aux enfants de verbaliser combien ils ont de points : certains enfants comptent les carrés masqués sur le côté, d'autres les comptent « à travers le cache » (voir ci-dessus), d'autres surcomptent au-dessus de 5, d'autres enfin reconnaissent la configuration et disent le score directement.

• Ce jeu est à reprendre fréquemment car c'est l'activité de base qui établit qu'un cache est adapté à masquer 5 carrés unités.

• Les enfants les plus jeunes éprouvent des difficultés à « compter à travers le cache » : bien que sachant qu'il y a 5 carrés masqués, ils en comptent 4 ou 6, car ils ont du mal à prononcer [cinq] au bon endroit. Ils surmontent généralement cette difficulté lorsqu'on fait prendre conscience que « le carré cinq » est juste au bord du cache, avant le premier carré visible. Les progrès sont facilités par le caractère autocorrectif de la situation : il suffit de lever le cache pour que l'enfant voie les carrés masqués.

• On peut proposer le type d'exercice suivant (ne pas oublier de fournir éventuellement une file numérique aux enfants) :

Écris le score de ces enfants en chiffres.

Éric : ◻◻◻◻◻◻◻   ▣ ▣ ▣   -----------------------

Luc : ◻◻◻◻◻◻◻   ▣   -----------------------

• La comptine des petits lapins (voir première partie) peut s'adapter pour aider à l'apprentissage du surcomptage au-dessus de cinq :

« 5 petits lapins (on sort une main), sur le chemin, rencontrent... 1 autre petit lapin (on sort un pouce),

5, 6 (en touchant la cuisse avec le pouce sorti)... 6 petits lapins sont devenus copains. »

On referme les mains.

« 5 petits lapins (on sort une main), sur le chemin, rencontrent... 2 autres petits lapins (on sort un pouce et l'index),

5, 6 (le pouce sur la cuisse), 7 (l'index sur la cuisse)... 7 petits lapins sont devenus copains. »

On referme les mains. Et on pourra choisir comme « chute » :

« 5, 6, 7, 8, 9, 10, j'ai 10 doigts sur mes mains, pour compter les petits lapins. »

On pourra faire remarquer aux enfants que pour « compter avec le cache de cinq, c'est comme avec les mains »[5].

Déterminer le résultat d'un ajout ou d'un retrait : le jeu de l'escalier

Quand on juxtapose les réglettes d'une série, de la plus petite à la plus grande, le contour de la figure qu'on obtient est un « escalier ». Le jeu décrit ci-dessous nécessite l'emploi de feuilles contenant le dessin de cet « escalier » (c'est l'usage de cet escalier qui rend les situations pédagogiques décrites ci-dessous autocorrectives).

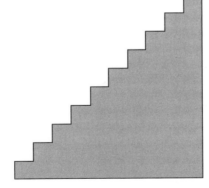

Là encore, il s'agit d'avoir 10 points avec un dé reconfiguré, 0, 1, 2, mais plutôt que de prendre des carrés dans une pioche on fait monter un bon-

---

5. Cette activité, comme le comptage « à travers le cache », conduit à un apprentissage du surcomptage au-dessus de 5 : c'est le seul surcomptage qui est enseigné de façon systématique dans la progression présentée ici.

homme en carton (ou un pion) sur l'escalier. Plus précisément le jeu se passe ainsi.

Il y a 4 enfants par table de jeu: 2 joueurs et 2 « banquiers ».

– Chaque joueur dispose d'un escalier et d'un bonhomme.

– Chaque banquier dispose au départ d'une série de réglettes: soit une série avec caches, soit une série sans caches (dans ce cas le banquier a des caches mobiles qui lui permettent de reconnaître rapidement les différentes réglettes).

Au début du jeu, les enfants mettent leur bonhomme en bas de l'escalier; le premier joueur lance le dé et fait monter son bonhomme d'un nombre de marches égal à son tirage (0, 1 ou 2); quand son bonhomme est monté, il doit réclamer à son banquier la réglette qui convient en la dénommant par le nombre correspondant: « Je veux la réglette 1 » (ou la réglette 2 selon les cas), puis il doit poser cette réglette sous les pieds du bonhomme. Les 2 joueurs d'une même table de jeu jouent alternativement: ils lancent le dé, ils font monter leur bonhomme et ils demandent à leur banquier la réglette que le bonhomme a sous les pieds (seules les réglettes où le bonhomme a fait étape sont donc utilisées: voir la figure suivante).

La situation est autocorrective car lorsque l'enfant a posé la réglette verticalement sous les pieds du bonhomme, il peut voir si elle couvre exactement l'espace correspondant à cette marche de l'escalier. On peut convenir qu'un enfant qui s'est trompé dans le choix de la réglette doit la rendre au banquier et faire redescendre son bonhomme à l'étape précédente.

Le premier qui a fait monter son bonhomme exactement en haut de l'escalier a gagné.

Remarques

• Considérons un enfant dont le bonhomme s'est arrêté sur les marches 1, 3, 5 et 6; toutes ces réglettes sont donc posées sur son escalier. Si, alors que le bonhomme est sur la sixième marche, l'enfant tire 2 avec le dé, il fait monter son bonhomme, et il cherche le nom de la réglette correspondant à la marche atteinte:

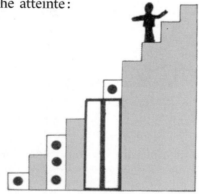

S'il n'y avait pas de « banquier », de nombreux enfants utiliseraient une procédure entièrement perceptive (ils chercheraient la réglette correspondant à la juxtaposition d'un cache et de 3 carrés, sans connaître le nombre correspondant), ce qu'il convient d'éviter. Cette forme de jeu, sans banquiers, peut cependant être utilisée lors des premières parties pour que les enfants s'approprient les règles du jeu.

• Pour trouver le nombre correspondant à la réglette souhaitée, les enfants utilisent une des trois procédures suivantes :

– recompter une à une toutes les marches jusqu'à celle atteinte par le bonhomme ;

– surcompter à partir de la marche correspondant à l'étape précédente : dans notre exemple, l'enfant prononce « six », puis « sept, huit » en pointant les marches que le bonhomme vient de gravir ;

– calculer « six et deux, huit » et aller directement chercher la réglette 8.

La structure du matériel incite à l'emploi des deux dernières procédures. L'enseignant devra également les privilégier, au besoin en cachant les premières marches de l'escalier avec la main.

Des variantes de ce jeu

Il est important de jouer aussi à descendre l'escalier : au début du jeu, chaque enfant met son bonhomme en haut de l'escalier, et le descend du nombre de points qu'il a tiré.

On peut aussi jouer à « L'ai-je bien monté ou descendu ? » : il ne s'agit plus d'arriver en haut ou en bas de l'escalier, car le jeu se poursuit (en montant et descendant alternativement) jusqu'à ce que l'escalier d'un joueur soit entièrement rempli.

Au cours préparatoire, il est recommandé de prolonger l'activité précédente en jouant avec un escalier de 15 marches : celui-ci sera dessiné sur une double feuille 21 x 29 (format A3) et chaque banquier dispose maintenant de deux séries de réglettes et de cinq réglettes 10 supplémentaires[6]. Quand le joueur demande « Je veux la réglette 12 », le banquier lui tend une réglette 10 et une réglette 2.

Ce jeu est une excellente occasion d'apprendre les relations numériques : « Onze, c'est dix et un », « Douze, c'est dix et deux »... « Quinze, c'est dix et cinq ». Par des méthodes plus traditionnelles, cet enseignement est extrêmement pénible parce que la langue française n'aide pas à connaître ces relations (ce qui ne sera plus le cas avec « dix-sept »).

Dès qu'on utilise un escalier de 15 marches, il est possible d'augmenter la taille de l'ajout ou du retrait ; on peut par exemple jouer avec un dé recon-

---

6. Cette activité nécessite donc de disposer de réglettes 10 en supplément de celles qui font partie des séries de réglettes.

figuré 1, 2, 3, 4 (sur les deux autres faces il y a un « R » qui signifie « rejouez »).

Pour augmenter encore la taille de l'ajout possible et celle du nombre à atteindre (on joue alors avec un dé normal à la « course à *n* » avec *n* = 25, 30, 35…), on peut abandonner l'escalier et adopter une nouvelle règle: on échange son ancien score contre son nouveau:

— si on a un score de 4 et qu'on fait 3, on échange avec le banquier sa réglette 4 contre la réglette 7;

— si on a un score de 7 et qu'on fait 6, on échange sa réglette 7 contre une réglette 10 et une réglette 3…

Avec cette nouvelle règle, la situation n'est malheureusement plus auto-corrective! On voit, à partir de l'exemple de cette activité, que les réglettes avec caches peuvent fonctionner comme matériel de numération (voir chapitre 10).

QUELS PROBLÈMES POUR INCITER AU CALCUL? ET COMMENT LES ÉNONCER?

L'emploi du qualificatif « témoin », qui figure dans « collections-témoins », est déjà justifié en ce qui concerne les réglettes avec caches, dans la mesure où les enfants les utilisent pour conserver la mémoire de scores successifs lors d'un jeu de dés. On peut souhaiter de plus que les enfants les évoquent, voire les utilisent effectivement, pour résoudre des problèmes qui, au départ, n'ont rien à voir avec ce matériel. Les réglettes avec caches peuvent être une aide au calcul dans d'autres contextes que ceux des jeux qui viennent d'être décrits. Ce sont ces autres problèmes, et l'utilisation éventuelle des réglettes avec caches pour les résoudre, auxquels on s'intéressera dans la suite de ce chapitre.

Quels problèmes pour inciter au calcul?

De façon très schématique, un enfant qui est confronté à l'énoncé d'un problème doit à la fois se re-présenter (« recréer mentalement ») la situation décrite par l'énoncé et déterminer le résultat numérique. Si la situation décrite dans l'énoncé est complexe, l'emploi du comptage n'est pas nécessairement significatif du fait que l'enfant est incapable de procéder au calcul correspondant: il est possible que l'enfant emploie des collections-témoins pour se re-présenter la situation plus que pour déterminer le résultat numérique.

Puisqu'il s'agit ici de favoriser au maximum le calcul, il convient de ne retenir que les problèmes les plus simples et de les énoncer sous la forme la plus simple possible, pour que le mode d'obtention du résultat numérique soit l'enjeu essentiel de la situation : le calcul, plutôt que le comptage.

Pour rendre compte de la difficulté des différents problèmes arithmétiques, on utilise ci-dessous l'exemple très classique des problèmes de billes. Il est clair que l'emploi de ces énoncés ne sera guère préconisé dans la suite de l'ouvrage, mais ils sont commodes pour évoquer de façon imagée les diffé-rents types de problèmes arithmétiques.

Les problèmes arithmétiques les plus simples sont ceux où il faut déter-miner le résultat d'un ajout (« J'ai 5 billes, je gagne 3 autres billes ») ou le résultat d'un retrait (J'ai 8 billes, je perds 3 de ces billes).

Considérons ces autres types de problèmes :
– la recherche du résultat d'une partition : « J'ai 8 billes ; 5 billes sont bleues et les autres sont rouges ; combien de billes sont rouges ? », c'est-à-dire : connaissant un tout et l'une de ses parties, quelle est l'autre partie ?
– l'égalisation : « Paul a 5 billes et Pierre a 8 billes ; combien Paul doit-il gagner de billes pour avoir la même quantité que Pierre ? », c'est-à-dire : étant donné 2 quantités, que faire pour qu'elles soient égales ?

Ces problèmes de partition et d'égalisation sont plus difficiles, mais cette difficulté dépend beaucoup de la manière dont ils sont énoncés (un exemple est donné plus loin).

En revanche, considérons cet autre énoncé : « Paul avait des billes. Il a gagné 3 autres billes et maintenant il a 8 billes. Combien avait-il de billes au début ? ». Ce type de problème, où l'état initial est inconnu, est toujours très difficile. En effet, si l'enfant essaie de simuler mentalement la situation décrite par l'énoncé et qu'il suit l'ordre de la formulation, il ne peut rien faire avec la proposition « Paul avait des billes » et cette simulation échoue. C'est seulement au cours élémentaire que la plupart des enfants appren-dront à résoudre ce type de problèmes.

En résumé donc, on ne s'intéressera ici qu'à certains des problèmes « dits d'addition ou de soustraction » : la recherche du résultat d'un ajout, d'un retrait ou d'une partition, et l'égalisation, en étant attentif, pour ces deux derniers types de problèmes, à la façon dont ils sont énoncés[7].

Bien entendu, lors de la résolution de ces problèmes, l'enseignant gérera la taille du domaine numérique sur lequel il privilégie le calcul au comptage : ainsi les premières activités qui sont décrites dans la suite du chapitre, qu'on a appe-lées les « jeux avec des gobelets », peuvent être pratiquées avec les 4 ou 5 pre-miers nombres en moyenne section, au début de l'année en grande section et au cours préparatoire, avec les 10 premiers nombres par la suite pour se situer aux environs de 15 vers le milieu du cours préparatoire. Lorsque les enfants

---

7. La classification des problèmes adoptée ici est une version simplifiée de celle de Riley *et al.*, 1983.

peuvent employer des procédures de comptage pour résoudre des problèmes, il n'y a guère d'inconvénient à ce qu'ils travaillent rapidement dans un domaine numérique large. En revanche, lorsqu'il s'agit de les inciter au calcul, le domaine numérique correspondant ne doit s'élargir que progressivement.

Comment énoncer les problèmes : la présence de collections peut faire obstacle au calcul

Considérons le problème suivant, qui s'énonce à partir d'un dessin :

Dans une étude menée aux USA[8], des problèmes similaires ont été proposés à des enfants qui ont l'âge de la grande section de maternelle. Le taux de réussite est important puisqu'il dépasse 80 % (mais si la question est formulée en termes de comparaison : Combien y a-t-il d'oiseaux de plus que de vers ? », la réussite n'est plus que de 20 % !).

Certains enfants utilisent une correspondance terme à terme, mais plus de la moitié d'entre eux utilisent la stratégie suivante :

– ils commencent par compter le nombre d'éléments de chacune des deux collections : il y a 6 oiseaux et 4 vers. Cependant ce résultat ne leur permet pas de conclure directement, il leur permet seulement de connaître la collection qui a la plus grande taille ;

– ils sont obligés de recompter 4 oiseaux pour enfin « voir » qu'il reste 2 oiseaux qui n'auront pas de ver.

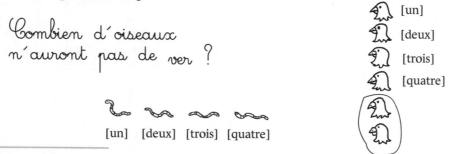

8. T. Hudson, 1983.

Comme la réussite est importante, il est raisonnable que le pédagogue veuille aller plus loin en incitant les enfants au calcul, pour qu'ils apprennent que, lorsqu'il y a 6 oiseaux et 4 vers, il y a « 2 oiseaux de plus », directement, sans être obligés de recompter 4 oiseaux. La forme de l'énoncé ci-dessus devient alors inadaptée à ce nouvel objectif et le pédagogue doit la changer. On voit mal en effet pourquoi les enfants renonceraient spontanément à leurs procédures de comptage. Il est même vraisemblable que certains enfants, qui auraient été capables de conclure directement après avoir compté les 6 oiseaux et les 4 vers, ont recompté 4 oiseaux parce qu'ils les avaient sous les yeux. Non seulement la présence de collections n'incite pas au calcul, mais elle y fait obstacle, parce qu'elle induit le comptage dans des circonstances où le calcul aurait été possible.

Masquer des collections pour inciter au calcul : le jeu des gobelets

Considérons cet autre habillage du même problème : l'enseignant met 6 jetons rouges sous un gobelet et 4 jetons bleus sous un autre et demande aux enfants ce qu'il faut faire pour avoir la même quantité sous chaque gobelet.

Dans cette situation, les enfants ne voient plus les collections, plus question de faire une correspondance terme à terme, ni même d'apparier les objets par comptage. Ils disposent des nombres 6 et 4 comme seuls points de départ, et sont ainsi incités à résoudre ce problème par une procédure de calcul.

Bien entendu ils ne sont qu'« incités », car lorsqu'on a masqué des collections, il n'est pas certain que les enfants procéderont effectivement à un calcul : ils ont toujours la possibilité de représenter les quantités par une collections-témoins de doigts ou encore de dessiner des collections de croix ou de ronds pour les compter. Mais quand les enfants travaillent sur des fiches où toutes les collections sont dessinées, on est à peu près sûr qu'ils compteront. Dans un cas, on n'est pas certain que les enfants fassent des progrès, dans l'autre on est sûr qu'ils n'en feront pas.

Par ailleurs, avant que l'enfant ne représente les quantités par des collections-témoins quelconques, le pédagogue a la possibilité de l'inciter à utiliser les collections-témoins privilégiées que sont les réglettes avec caches :

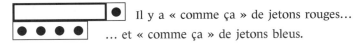

Il y a « comme ça » de jetons rouges…

… et « comme ça » de jetons bleus.

On a déjà analysé cette situation : grâce à la présence du cache, la solution ne s'obtient pas immédiatement, par simple comptage, et le matériel prépare au calcul pensé, au « passage du cinq » dans l'exemple précédent. D'une manière générale, dans toutes les situations-problèmes qui sont décrites à la fin de ce chapitre, la procédure d'aide qu'il convient de privilégier, lorsqu'un enfant a des difficultés, consiste à lui proposer de schématiser la situation avec une ou plusieurs réglettes avec caches : s'il s'agit de déterminer le résultat d'un retrait de 4 à une quantité initiale de 6, par exemple, le seul fait de regarder une réglette de 6 et d'imaginer ce retrait aide à résoudre le problème sans pour autant supprimer ce problème.

On remarquera par ailleurs que les situations comme celle des gobelets, où des collections sont masquées, présentent l'avantage supplémentaire d'être autocorrectives : il suffit de réaliser la prévision proposée pour savoir si elle était correcte. Concernant le problème d'égalisation ci-dessus, par exemple, on réalise l'ajout ou le retrait demandé par les enfants, puis on procède à une correspondance terme à terme entre les contenus des gobelets. Ce n'est pas à l'enseignant qu'il incombe de dire si la réponse fournie est bonne.

Enfin, le fait de devoir décrire une réalité masquée donne à ces situations un aspect ludique auquel les jeunes enfants sont très sensibles.

Quelle organisation de classe pour le jeu des gobelets ?

L'activité qui vient d'être décrite, où l'enseignant utilise des gobelets pour poser un problème d'égalisation, nécessite la présence de l'adulte pour animer l'atelier correspondant (ou animer le groupe-classe dans son ensemble). Or les enseignants sont à la recherche de formes d'organisation où les enfants peuvent travailler de façon autonome. Cela peut se faire de deux façons différentes :

1. L'animation est assez simple pour pouvoir être prise en charge par les enfants eux-mêmes. C'est le cas, par exemple, pour la recherche du résultat d'une partition : deux enfants A et B disposent d'un gobelet et de 5 jetons (le jour où l'on a décidé de travailler sur les partitions d'une collection de 5 objets). L'enfant A ferme les yeux. Pendant ce temps, l'enfant B cache une partie des 5 jetons et laisse l'autre partie visible à côté du gobelet. L'enfant A doit alors déterminer combien il y a de jetons sous le gobelet. Les enfants alternent les rôles. Dès que le jeu est bien compris, ils peuvent comptabiliser leurs réponses justes (faire une « feuille de score » sur leur ardoise, par exemple).

Le même jeu peut se faire avec une collection de 4, 6, 7… objets.

2. Une autre forme d'organisation pédagogique possible consiste à faire suivre la phase collective d'un relais écrit individuel. S'il s'agit de déterminer le résultat d'un ajout ou d'un retrait, par exemple, dans un premier temps l'enseignant anime des séances collectives : il montre, par exemple, 3 jetons aux enfants qui ont tout loisir de les compter. Après les avoir déposés dans un gobelet, il montre 4 autres jetons, les enfants les comptent également avant que les jetons ne soient ajoutés aux précédents. Il faut alors

déterminer le contenu du gobelet. Dans un second temps, le relais écrit suivant est possible :

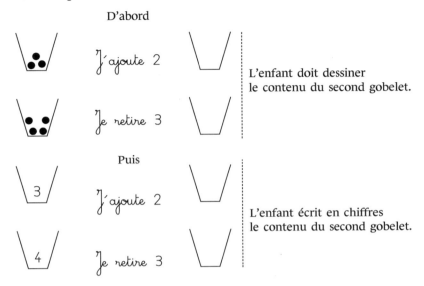

D'abord

J'ajoute 2 — L'enfant doit dessiner le contenu du second gobelet.

Je retire 3

Puis

J'ajoute 2 — L'enfant écrit en chiffres le contenu du second gobelet.

Je retire 3

On remarquera que cette schématisation se présente comme une suite de deux images séquentielles représentant l'état du gobelet avant et après la transformation, et qu'on utilise l'écriture pour désigner la transformation qui a affecté le contenu du gobelet. Bien qu'il semble que cette schématisation soit la plus accessible aux jeunes enfants (elle évite notamment la suite de 3 images séquentielles), elle devra cependant être bien explicitée en classe.

Les deux formes d'organisation qui viennent d'être décrites (animation par les enfants eux-mêmes et relais écrit) ne sont évidemment pas exclusives. Une même activité peut avoir les deux types de prolongement. C'est ainsi que la recherche du résultat d'une partition peut avoir le relais écrit suivant :

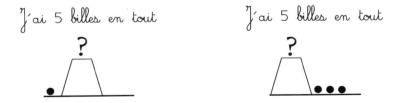

J'ai 5 billes en tout   J'ai 5 billes en tout

L'enfant doit écrire à l'emplacement du gobelet le nombre de billes cachées.

CONCLUSION

Dans le cadre d'un enseignement familial qui, par nature, est très individualisé, beaucoup d'enfants utilisent leurs doigts comme collections-témoins privilégiées lors de la résolution des problèmes arithmétiques. Dans le cadre scolaire, les enseignants auraient beaucoup de mal à contrôler les effets pédagogiques d'un tel enseignement. Aussi ils ont cherché d'autres formes d'aide à l'apprentissage du calcul : les constellations et les nombres en couleurs en particulier. On a présenté ici un nouveau matériel, les réglettes avec caches, qui offre beaucoup d'avantages par rapport à ses prédécesseurs, tant par ses fonctionnalités que parce qu'il crée un environnement pédagogique très riche. Ce matériel a la même structure que les doigts, et les enseignants peuvent inciter les enfants à l'utiliser à leur place lors de la résolution de certains problèmes arithmétiques.

Qu'il s'agisse du matériel ou de la façon d'énoncer ces problèmes, un trait commun se dégage : *on a masqué des collections pour inciter les enfants au calcul.*

Dans le prochain chapitre, lorsqu'il s'agira de résoudre des problèmes par des procédures de comptage, on utilisera le plus souvent des situations où les collections sont absentes pour faire représenter les quantités correspondantes (représenter la quantité des élèves d'une autre classe, par exemple).

De fait, l'absence et le masquage ne doivent pas être confondus, car le masquage d'une collection ne crée pas son absence : le cache ou le masque est à la fois la cause de la disparition, mais aussi le signe de la *présence en arrière.* Il en résulte que le masquage constitue une meilleure aide à la représentation de la situation (à sa « re-création » mentale) que lorsqu'on crée l'absence.

Lorsqu'il s'agit d'inciter au calcul, le choix du masquage plutôt que de l'absence s'explique donc : pour favoriser le calcul, il faut faciliter au maximum la re-présentation de la situation, pour que ce soit la procédure d'obtention du résultat numérique qui soit l'enjeu principal ; et, comme nous venons de le voir, c'est précisément une caractéristique du masquage que de faciliter cette re-présentation.

La résolution de problèmes par des procédures de comptage

Deux types de situations doivent être distingués :

– s'il s'agit de déterminer le résultat d'un ajout, ou d'un retrait, l'utilisation de procédures de comptage permet de travailler sur des quantités de grande taille avec lesquelles les enfants ne savent pas encore calculer. Le domaine numérique correspondant se définit par opposition au domaine du calcul : il n'y a jamais intérêt à faire compter un enfant qui pourrait résoudre le même problème par une procédure de calcul ;

– s'il s'agit de résoudre un problème plus complexe, un problème dit « de division » ou « de multiplication » par exemple, les collections-témoins et le comptage qui leur est lié ne servent pas seulement à déterminer le résultat numérique, car ils servent aussi à re-présenter la situation décrite dans l'énoncé : avec les collections-témoins qu'il compte, l'enfant procède à une sorte de simulation, de mime, de la situation qui est décrite dans l'énoncé. Les deux types de situations seront abordés. Pour résoudre les problèmes correspondants, les enfants seront non seulement amenés à compter des collections-témoins de jetons ou de dessins, mais ils pourront également compter les cases d'une file numérique, c'est-à-dire raisonner avec des collections-témoins de numéros.

Pour établir leur progression, les enseignants seront attentifs au fait que des activités comme l'utilisation d'un calendrier, ou la commande d'une quantité donnée d'objets, déjà décrites dans la première partie (chapitre 4), auraient pu prendre place ici.

COMMENT ÉNONCER LES PROBLÈMES ?

Là encore, on exposera, à partir d'un exemple, celui d'un problème dit « de division ». Supposons que des enfants sachent que pour jouer au mini-tennis il faut une balle pour deux enfants, et qu'ils s'interrogent pour savoir si l'école possède suffisamment de balles pour que tous les élèves de leur classe jouent simultanément. Le moyen le plus simple pour répondre à cette question consiste à former les groupes de deux, à distribuer les balles disponibles et à constater le résultat. C'est incontestablement très efficace, mais cette résolution pratique ne demande que très peu de compétences numériques : pour réussir de cette façon, il n'est même pas nécessaire de connaître les quantités d'élèves et de balles correspondantes. La résolution pratique n'exige pas de savoir combien de balles sont dans l'armoire, ni de savoir combien d'enfants sont dans la classe.

Nous allons transformer cette situation pour en améliorer l'intérêt pédagogique. Ainsi, si l'enseignant choisit de ne pas sortir les balles et s'il demande d'anticiper le nombre de balles nécessaires, la résolution pratique précédente ne suffit plus : une fois les groupes de 2 enfants formés, il faut compter ces groupes pour savoir combien il faut de balles. Nous avons progressé : avec cette forme d'énoncé, la quantité des balles nécessaires est déterminée de façon explicite. Mais ce n'est toujours pas le cas pour les enfants : il reste inutile de savoir combien il y a d'enfants dans la classe.

Cependant l'enseignant peut commencer par faire retrouver le nombre d'élèves de la classe (28 par exemple) avant de demander de chercher la solution à partir de cette seule donnée, sans former les groupes d'élèves. Il faut alors re-présenter cette quantité d'élèves (c'est combien 28 ?), et c'est en raisonnant sur cette représentation, plutôt que sur les enfants eux-mêmes, qu'on peut anticiper le nombre de balles nécessaires : un élève qui cherche la solution pourra, par exemple, construire une collection-témoin de 28 jetons, former les groupes avec les jetons et dénombrer ces groupes, c'est-à-dire procéder à une simulation de la situation initiale à l'aide des jetons.

Au départ, on était donc en présence d'un problème pratique tel qu'il s'en pose couramment en dehors de l'école. Après des transformations successives de son énoncé, on obtient un problème plus scolaire. On remarquera que moins les objets ou les personnes du problème initial sont présents ou disponibles, et plus le problème scolaire est intéressant : c'est cette absence des référents matériels du problème qui oblige l'enfant à travailler sur des représentations. Le problème pratique initial a été transformé en un problème mathématique.

L'école doit favoriser le travail sur des représentations

Pour montrer que les procédures de résolution pratique (celles qu'on met le plus souvent en œuvre en « milieu naturel ») offrent un intérêt pédagogique moindre que celles où l'enfant travaille sur des représentations,

M. Fayol[1] les compare de la manière suivante : « Les premières répondent à des adaptations "locales", limitées et faiblement transférables. Elles sont en effet activées et déclenchées quasi automatiquement lorsque certaines conditions sont remplies, et seulement dans ce cas... Les secondes, en revanche, visent une certaine généralité, même si elles ne l'obtiennent pas d'emblée. Elles s'appuient pour cela sur une attitude réflexive... »

C'est ainsi qu'un travail avec les jetons, comme celui qui vient d'être décrit, permet de résoudre tous les problèmes qui ont la même structure que celui des balles de tennis : si on met 2 oiseaux par cage, par exemple, on détermine de la même manière le nombre de cages nécessaires pour une population donnée d'oiseaux. Le travail sur les représentations est en lui-même une schématisation du réel : les jetons représentent aussi bien des enfants lors de la distribution des balles de tennis que des oiseaux qu'il faut mettre en cage. De ce fait, il favorise la prise de conscience de ce qui dépend du contexte et de ce qui n'en dépend pas, conduisant ainsi à des connaissances et à des savoir-faire plus généraux. L'école doit donc favoriser ce travail sur des représentations.

Imaginer une résolution pratique de référence

Il est clair qu'il ne suffit pas d'avoir fréquemment rencontré un problème pratique pour savoir résoudre le problème mathématique correspondant : ce dernier demande des capacités de représentation (des quantités notamment !) que la résolution du problème pratique n'exige pas, et donc n'enseigne pas non plus.

Mais il est clair, également, que si un enfant est confronté au problème scolaire sous la forme d'un énoncé verbal (« Dans une classe, il y a 28 élèves ; on distribue une balle pour deux élèves ; combien faut-il de balles ? »), et qu'il éprouve des difficultés à résoudre le problème sous cette forme, c'est en faisant référence à la résolution pratique que l'enseignant peut faire progresser cet enfant.

C'est ainsi que les caractéristiques d'une forme d'énoncé particulièrement intéressante émergent peu à peu : une forme d'énoncé où l'absence des données matérielles du problème impose la construction de représentations, mais où la résolution pratique du problème reste en « arrière-plan » pour permettre un contrôle du travail sur les représentations (on parlera de « résolution pratique de référence »). Cette forme d'énoncé est celle qui correspond à la dernière version du problème des balles de tennis, et elle peut être schématisée ainsi :

---

1. M. Fayol, 1987.

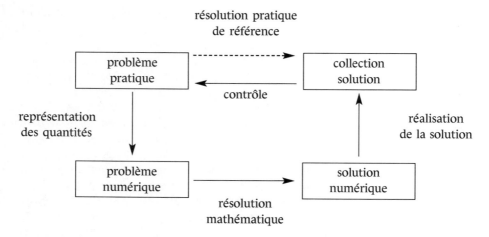

Face à un problème pratique, plutôt que de mettre en œuvre directement une résolution pratique (le parcours en pointillés dans le schéma ci-dessus), le pédagogue crée les conditions pour que les enfants passent par le détour suivant :

– la représentation des quantités (dans notre exemple, compter les enfants de la classe) ;

– la résolution du problème numérique obtenu (dans notre exemple, construire une collection-témoin de 28 jetons, former les groupes avec les jetons, et dénombrer ces groupes) ;

– et la réalisation de cette solution (dans notre exemple, construire une collection de 14 balles).

La référence à la résolution pratique permet un autocontrôle de la solution proposée par les enfants (voir schéma précédent) : dans notre exemple, il suffit de distribuer le nombre de balles proposé comme solution pour voir si ce nombre convient.

Mais cette référence à la résolution pratique ne permet pas seulement la vérification car elle permet également d'aider des enfants qui seraient en difficulté dans leur travail sur les représentations. Ainsi, dans notre exemple, plusieurs procédures d'aide sont possibles :

– l'enseignant peut inviter l'enfant à raconter comment il ferait pour mettre en œuvre la résolution pratique ;

– il peut inviter l'enfant à travailler avec les étiquettes portant le nom de chaque élève de la classe, plutôt qu'avec des jetons. Ces étiquettes existent souvent dans les classes parce qu'elles servent à gérer la présence ou l'absence des enfants (voir plus loin). Comme chacune d'elles est appariée à un enfant bien précis, le mime de la réalité obtenu en groupant ces étiquettes par deux est plus proche de la résolution pratique que lors de la manipulation de jetons (« Ça c'est le groupe de Marc et Sophie... »). On voit que, dans les deux procédures précédentes, l'aide est obtenue en facilitant l'évocation de la résolution pratique.

Un dessin permet souvent de créer le problème pratique de référence

Il n'est pas nécessaire, pour énoncer les problèmes de cette façon, que le point de départ soit une situation vécue. Ainsi considérons cette forme d'énoncé : l'enseignant distribue une feuille sur laquelle 18 enfants sont dessinés avec une raquette de tennis à la main, et raconte l'histoire suivante : « Sur cette feuille j'ai dessiné les enfants d'un centre aéré, est-ce que vous pouvez me dire combien il y a d'enfants ? » Quand tous les élèves se sont assurés de ce nombre, l'enseignant ramasse les feuilles et poursuit ainsi : « Vous avez remarqué que chaque enfant avait une raquette à la main ? Eh bien ces 18 enfants veulent jouer au tennis, et il leur faut une balle pour 2 ; vous voyez ces gommettes rondes, ce sont les balles ; vous allez me passer commande du nombre de gommettes nécessaires pour qu'il y ait une balle pour 2 enfants. »

La résolution pratique qui servira de contrôle consiste à former les paires d'enfants (en les entourant sur la feuille, par exemple) et à apparier une gommette ronde à chaque paire d'enfants (en la collant sur la feuille, par exemple).

Une aide importante consiste à laisser les élèves amorcer cette résolution pratique en commençant à grouper les dessins d'enfants par 2... et en ayant soin d'interrompre cette procédure avant qu'elle ne soit achevée.

On voit donc qu'il n'est pas essentiel que le problème de départ corresponde au « vécu de la classe ». Ce dernier type de situation est évidemment excellent, mais si l'enseignant « théâtralise » suffisamment une situation fictive, les enfants sont souvent tout autant motivés. Il n'est pas essentiel non plus que le problème se pose à partir d'objets physiques : précocement les enfants travaillent sur des représentations imagées presque aussi facilement qu'avec des objets réels. En revanche, les deux points suivants sont, eux, essentiels :

– il faut imaginer une résolution pratique de référence ;
– il faut empêcher dans la mesure du possible cette résolution pratique en créant l'absence des données.

Selon le moment où cette absence est créée, le problème est plus ou moins difficile.

Et les énoncés classiques ?

Pour les enseignants, les énoncés de problèmes classiques uniquement verbaux (« Dans une classe, il y a 28 élèves ; on distribue une balle pour 2 élèves ; combien faut-il de balles ? ») sont beaucoup plus faciles à manier : pas de « situations vécues », ni même de situations dessinées, l'économie de moyens est remarquable. C'est pour cette raison qu'on utilise cette forme d'énoncé dès que possible, notamment dans les classes de cours élémentaire et moyen.

Mais avec ces énoncés classiques, les enfants sont conduits à élaborer des représentations hors contexte, à partir des seules indications linguistiques contenues dans l'énoncé (qu'il soit écrit ou oral). La tâche est beaucoup plus difficile que lorsque le pédagogue part d'un problème pratique. Or, quand la difficulté est trop grande, certains enfants ont tôt fait de se construire des règles de fonctionnement scolaire du genre : « Face à un énoncé, j'additionne tous les nombres », ou « Je recompte tout ensemble »[2]. Et comme les problèmes « d'addition » sont assez fréquents à ce niveau de la scolarité, les enfants qui additionnent systématiquement tous les nombres de l'énoncé obtiennent assez souvent la bonne solution. Ils l'obtiennent par hasard. C'est ainsi qu'ils ont tantôt bon, tantôt faux de façon incompréhensible. À la longue, l'activité mathématique risque de leur apparaître comme une manipulation de symboles selon des règles mystérieuses, au lieu d'être un moyen d'anticiper le résultat d'opérations sur la réalité.

Pendant les premières années de la scolarité, les pédagogues doivent donc se méfier des énoncés de problème uniquement verbaux. Même dans les cas où l'enseignant favorise l'emploi de matériel, mais seulement après avoir fourni un énoncé classique exclusivement verbal, la situation pédagogique créée est différente de celle où le problème pratique est premier. L'existence première d'un problème pratique de référence facilite la construction de représentations et permet l'autocontrôle de la solution.

COMPTER LES CASES D'UNE FILE NUMÉRIQUE : LES PROBLÈMES DITS D'ADDITION OU DE SOUSTRACTION

Pour déterminer le résultat d'un ajout ou d'un retrait, il est bien sûr possible de mimer l'action correspondante avec des jetons. Mais à la place des jetons, les enfants peuvent aussi utiliser les cases d'une file numérique. C'est cet emploi de la file numérique qui est exposé ici.

Tous les curseurs de file numérique ne se valent pas !

Nous avons vu, dans la première partie de l'ouvrage, que les enfants représentent volontiers les quantités par la collection-témoin des premiers numé-

---

2. M.-N. Audigier *et al.*, 1979.

ros. C'est ainsi que pour commander une quantité de sept objets, un enfant avait rédigé le message suivant, où il séparait les numéros à prendre en compte des autres numéros :

$$1\ 2\ 3\ 4\ 5\ 6\ 7\ \{\ 8\ 9\ 10\ 11\ 12\ 13$$

Cette forme de représentation des quantités peut également servir pour déterminer le résultat d'un ajout de 3, par exemple : il suffit de compter 3 cases après les 7 cases qui représentent la quantité initiale. Pour faciliter cet emploi de la file numérique, le pédagogue peut mettre à la disposition des enfants un curseur construit sur le modèle du trait de la commande ci-dessus, un curseur qui permet de séparer des collections de numéros :

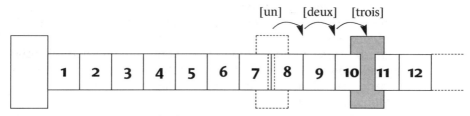

Ce type de curseur est préférable au « curseur fenêtre », qui provoque fréquemment l'erreur suivante :

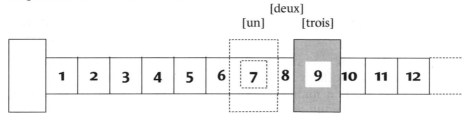

Avec un curseur-fenêtre, beaucoup d'enfants ne savent pas quel est le statut de la case de départ : est-ce la dernière case déjà dénombrée ou la première case à dénombrer ? Cette erreur, très classique, est la même que celle qu'on rencontre lors du déplacement d'un pion au jeu de l'oie : les jeunes enfants ont tendance à recompter la case de départ. Bien entendu, à force de répétition, les enfants apprendraient à déplacer un curseur-fenêtre, comme ils apprennent à jouer au jeu de l'oie, mais la forme de curseur préconisée ici est une solution pédagogique intéressante : alors que le curseur-fenêtre focalise l'attention de l'enfant sur une position de la file numérique, autrement dit sur un numéro, le curseur-séparateur se contente de séparer les cases déjà prises en compte des autres cases. Il est susceptible de favoriser une lecture « cumulée » de la file numérique :

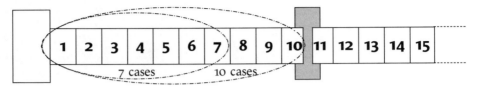

Quand l'enfant fait cette lecture de la file numérique, la réussite dans le déplacement du curseur ne provient pas seulement de la connaissance d'une règle de déplacement : elle est significative d'une bonne mise en relation des quantités représentées à l'aide de la file numérique.

Dans l'utilisation du calendrier décrite au chapitre 4, l'éphéméride est un outil qui a la même structure que la file numérique avec curseur présentée ci-dessus : de même que les feuilles de l'éphéméride déjà collées permettent de séparer les jours du mois qui se sont déjà levés de ceux qui sont à venir, un curseur de file numérique, situé juste après la date du jour, joue exactement le même rôle. Une utilisation conjointe de ces deux outils est bien entendu possible.

Remarques

Les files numériques peuvent être découpées dans du papier fort et le curseur fabriqué dans un carton souple. Les cases peuvent être des carrés de 2 cm de côté, comme ceux qui sont utilisés avec les « réglettes avec caches ». Une file numérique de 35 cases numérotées permet de travailler sur un domaine numérique satisfaisant pour la maternelle et le début du cours préparatoire : elle permet de résoudre les problèmes liés à des effectifs d'enfants (gérer les présents-absents) et les problèmes liés à l'utilisation d'un calendrier. De plus, lorsque la file va jusqu'à 35, la séquence où l'enfant est susceptible de découvrir des régularités langagières (« vingt et un, vingt-deux… ») se trouve amorcée une seconde fois (« trente et un, trente-deux… »). Il est intéressant de renforcer les séparations entre les tranches successives de 5 cases en rouge, de façon à faciliter les rapprochements avec les réglettes avec caches (voir la conclusion du chapitre 4). Donnons des exemples d'utilisation de cet outil.

Déterminer le résultat d'un ajout : la course à *n*

Le jeu se joue à deux ou plus et consiste à lancer alternativement un dé (éventuellement reconfiguré pour adapter la valeur de l'ajout maximum à la taille du nombre visé *n*), à coder son score avec une file numérique avec curseur, et le premier qui a exactement *n* points a gagné (si un jet de dé fait dépasser *n* points, on passe son tour). Il s'agit là d'une excellente activité pour introduire la file numérique avec curseur.

Mais comment faire pour que les enfants s'aperçoivent d'éventuelles erreurs de déplacement du curseur? Il suffit d'adopter un double codage du score. Si un enfant vient de faire 3 avec son dé, par exemple, il doit mettre 3 jetons dans une tirelire et déplacer le curseur de sa file numérique:

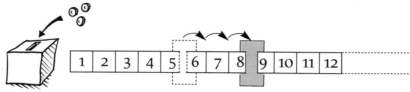

Le score est donc représenté à la fois par le nombre de jetons présents dans la tirelire et par la position du curseur. Si on joue à la course à 15 et que le curseur de la file numérique d'un enfant lui indique qu'il a gagné, il sort les jetons de sa tirelire et les dispose sur les 15 premières cases de la file: s'il y a correspondance terme à terme, il a effectivement gagné, sinon il recommence à 0.

Le codage du score par les jetons qui sont dissimulés dans la tirelire n'a pas seulement une fonction de contrôle, car il aide également les enfants à construire une lecture cumulée de la file numérique: les ajouts successifs dans la tirelire sont beaucoup plus explicites que ceux qui correspondent au déplacement du curseur, et ils aident l'enfant à prendre conscience qu'à chaque moment de la partie, le numéro de la case précédant le curseur indique le nombre total des cases qui précèdent.

Le codage du score avec des jetons constitue cette résolution pratique du problème qui a été préconisée au début de ce chapitre. Le pédagogue empêche que cette résolution pratique soit menée à son terme en masquant la collection de jetons dans une tirelire. Comme toujours cette résolution pratique de référence ne permet pas seulement l'autocontrôle: elle aide également les enfants à comprendre que, dans cette activité, chaque case de la file numérique représente un jeton.

Déterminer le résultat d'une partition: la gestion des présents-absents

Là encore, il s'agit d'une situation que les enfants peuvent gérer en comptant les cases d'une file numérique, c'est-à-dire en raisonnant sur des collections-témoins de numéros.

Si une classe a un effectif de 24 enfants et qu'un matin on a compté 21 présents, la file numérique collective permet assez facilement de déterminer le nombre d'enfants absents: il suffit de compter combien il y a de cases entre les 2 curseurs suivants:

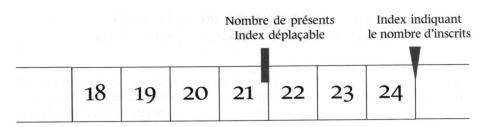

Au début de l'année, pour que les enfants apprennent que dans cette activité les cases numérotées représentent des élèves, on mettra ces cases en correspondance terme à terme avec des étiquettes qui sont marquées au nom des enfants[3] : on peut ainsi repérer l'effectif global de la classe par un index fixe (le triangle dans la figure ci-dessus). Pour placer l'autre index, qui indique l'effectif du jour, les enfants qui ne savent pas encore lire les écritures chiffrées (moyenne section, début de grande section, mais souvent aussi début du cours préparatoire) recomptent une à une toutes les cases de la file numérique (voir chapitre 4).

L'activité peut donc se dérouler ainsi :

– on compte d'abord les enfants de la classe : supposons que ce comptage se termine en prononçant [vingt] et [un] ;

– on compte les cases de la file numérique jusqu'à entendre [vingt] et [un] ;

– on installe l'index déplaçable, et on compte les absents.

Mais comment faire pour que la situation soit autocorrective ? Il n'est pas possible de compter les élèves absents puisqu'ils ne sont pas là ! La résolution pratique de référence utilisera donc la collection de fiches ou d'étiquettes au nom des élèves. Chaque matin, les enfants doivent prendre leur fiche dans une boîte et la mettre sur un tableau appelé « tableau des présents » : le nombre d'absents correspond donc au nombre de fiches restées dans la boîte.

Pour contrôler le résultat obtenu avec la file numérique, on peut faire correspondre chaque fiche d'élève absent avec une case de cette file.

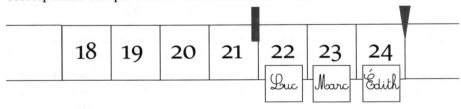

---

3. D'une manière générale, il est pratique de disposer la file numérique collective au-dessus d'une glissière qui permet de faire correspondre une case quelconque avec un objet en posant cet objet sous la case correspondante.

Cette correspondance terme à terme est plus qu'une simple vérification : pour certains enfants elle est l'occasion de comprendre que, dans cet usage de la file numérique, chaque case représente un enfant.

Remarques

– Si les enfants travaillent avec leur file numérique individuelle, l'emploi de 2 curseurs facilite la résolution.

– Cette activité « routinière », qui se déroule tous les jours, est une excellente occasion de s'exercer à compter de 2 en 2, ou encore de 5 en 5.

– Le tableau des présents peut être constitué d'un tableau-planning et des fiches-planning correspondantes. Une planche de bois, des clous et des cartons bristol perforés permettent de se construire facilement un tableau et ses fiches. Dans ce cas, on pourra planter 5 clous par ligne, pour faciliter le comptage par 5.

– Pour que les enfants trouvent plus facilement leur fiche le matin, on peut utiliser des couleurs différentes pour les filles et les garçons et répartir ces fiches dans plusieurs boîtes selon des critères alphabétiques (les prénoms qui commencent par a, b, c...) ou géographiques : les enfants de telle rangée dans cette boîte...

– On n'oubliera pas de s'interroger sur le sort des élèves absents : sont-ils malades ? Quelqu'un peut-il essayer d'avoir des nouvelles ? etc.

Dans un second temps, on pourra raisonner à partir des fiches des absents : s'il y en a 4, par exemple, on détermine le nombre des présents en enlevant 4 cases à la file numérique, et on vérifie ce résultat en comptant les élèves de la classe.

Le même type d'activité peut être mené avec d'autres partitions des enfants de la classe : ceux qui ont déjà cinq ou six ans et ceux qui ne les ont pas encore, ceux qui ont les yeux marron et les autres, ceux qui sont partis à la bibliothèque et les autres...

COMPTER QUAND L'UNITÉ EST UN GROUPE DE *N* OBJETS : LES PROBLÈMES DITS DE MULTIPLICATION OU DE DIVISION

Les problèmes dits de multiplication ou de division ne peuvent pas être considérés comme des problèmes simples : leur résolution nécessite donc l'usage de collections-témoins pour re-présenter la situation décrite dans l'énoncé.

Considérons à nouveau le problème qui a servi d'exemple d'introduction à ce chapitre : « Dans une classe, il y a 28 élèves ; on distribue une balle pour deux élèves; combien faut-il de balles ? » Dans les plus grandes classes, ce problème sera appelé un *problème de division*: il s'agit de savoir combien il y a de groupes de 2 élèves dans une classe de 28, ou encore: en 28 combien de fois 2? Qu'il s'agisse de personnes qui montent à 2 par moto, à 4 par voiture, ou de bouteilles qu'on met à 8 par casier, le nombre de motos, voitures ou casiers nécessaires pour un effectif donné s'obtient en cherchant combien de fois l'effectif d'un groupe est contenu dans l'effectif total. C'est l'une des deux grandes classes de problèmes de division, l'autre étant la recherche de la valeur d'une part lors d'un partage équitable.

Donnons un exemple de *problème dit de multiplication*, en l'énonçant sous la forme qui a été préconisée au début de ce chapitre: l'enseignant distribue une feuille où 12 enfants sont dessinés, il demande combien il y a d'enfants sur la feuille avant de ramasser les feuilles; puis il dit aux élèves: « Vous voyez ces gommettes rondes, ce sont des galettes, vous devez donner 2 galettes à chacun des 12 enfants de la feuille; vous allez me passer commande du nombre de galettes qu'il vous faut pour que chaque enfant ait 2 galettes. »

Dans les plus grandes classes, ce problème sera appelé un problème de multiplication: il s'agit de déterminer la quantité de galettes correspondant à 12 fois 2 galettes.

Comme on l'a vu, à l'école maternelle et au cours préparatoire les enfants peuvent résoudre ces problèmes dans des cas simples, en mimant l'énoncé avec des jetons ou par le dessin:
– dans les problèmes dits de division, ils forment une collection de jetons correspondant à l'effectif total, ils groupent les jetons par n (2 personnes par moto), et ils comptent les groupes de n;
– dans les problèmes dits de multiplication, ils forment des groupes de n (des groupes de 2 galettes) et ils ne retiennent que le nombre de groupes de n nécessaires (12 groupes de 2 galettes); l'effectif total est déterminé en fin de procédure: il faut recompter le tout en prenant comme unité la galette.

Dans les problèmes de division, l'effectif total est compté au début de la procédure, dans les problèmes de multiplication il l'est à la fin, mais dans les 2 cas les enfants sont amenés à compter alors que l'unité est un groupe de n objets: dans les exemples précédents, l'unité est la paire de jetons, qu'elle représente une moto ou la ration de galettes d'un enfant. Cela peut surprendre, mais lorsqu'on utilise une procédure de comptage, les problèmes dits de multiplication et les problèmes dits de division diffèrent peu, et en tout cas présentent le même type de difficulté: *les enfants doivent compter alors que l'unité est un groupe de n*, c'est-à-dire une pluralité.

Cependant, il ne faut pas sous-estimer la difficulté d'une telle pratique de comptage où l'unité n'est pas une individualité. Illustrons cette difficulté par ce récit d'une séquence pédagogique menée en grande section: Sophie (5 ans) doit déterminer le nombre de motos nécessaires pour transporter 12 personnes. Elle a formé une collection de 12 jetons qui représentent des bons-hommes et elle les groupe par 2. Au moment de compter les groupes de 2 bonshommes pour savoir combien il lui faut de motos, Sophie compte… les bonshommes, et déclare qu'il lui faut 12 motos. L'enseignant décide alors de l'aider en refaisant avec elle le processus de groupement par 2 des bons-hommes. Les gommettes sont remélangées, et l'enseignant demande à Sophie de remplir une moto, ce qu'elle fait en groupant 2 bonshommes, puis une autre moto, ce qui l'amène à former un autre groupe de 2. Leur dialogue se poursuit ainsi :

ENSEIGNANT : Combien tu as rempli de motos ?

SOPHIE : *(sans compter)* deux.

ENSEIGNANT : Oui, allez, tu remplis une autre moto… *(Sophie forme un autre groupe de deux bonshommes, elle en a donc trois sous les yeux.)* Alors, com-bien tu as rempli de motos ?

SOPHIE : *(se mettant à compter… les bonshommes)* Un, deux, trois, quatre, cinq, six.

ENSEIGNANT : Tu es sûre que tu as rempli six motos ?

SOPHIE : Non. *(Elle lève alors les yeux au plafond et poursuit.)* Trois, c'est trois motos que j'ai remplies.

Ce petit récit met bien en évidence cette caractéristique de la notion d'unité, peu évidente *a priori* : dans un comptage, l'unité n'est pas donnée d'emblée. L'unité d'un comptage est une création mentale[4]. C'est celui qui compte qui détermine de quoi est faite l'unité : selon les contextes, celle-ci peut être constituée d'un objet, mais aussi d'une paire d'objets ou, plus géné-ralement, d'un groupe de *n* objets. Quand l'unité ne correspond pas à l'in-dividualité qui est perçue, la difficulté est importante : en levant les yeux au plafond, Sophie exprime que si elle n'a pas sous les yeux chacun des bons-hommes, elle est capable de se représenter la quantité des trois groupes, mais que quand elle regarde, elle ne peut pas faire autrement que de consi-dérer les bonshommes comme unités.

La résolution des problèmes dits de multiplication ou de division aide à la compréhension de la numération décimale

Lors de la résolution du problème des motos, une même collection de jetons conduit successivement à se représenter une quantité de 12 personnes, puis une quantité de 6 motos. Au cours de cette activité, Sophie a commencé à expérimenter le rôle de l'unité dans la représentation des quantités : à par-tir d'une même collection, on peut se représenter différentes quantités sui-

4. L.-P. Steffe *et al.*, 1983.

vant l'unité qui est choisie. Une même collection de chaussures peut conduire à se représenter les quantités 4 ou 8 suivant que l'unité est la paire ou la chaussure seulement.

Ce « changement d'unité » est une pratique importante parce qu'il est sous-jacent à notre façon de dire et d'écrire les grands nombres, c'est-à-dire à notre système de numération.

Ainsi, pour former une collection ayant quarante objets, les deux stratégies suivantes sont possibles :

– compter un à un les objets : ... trente-huit, trente-neuf et enfin quarante ;

– former des groupes de dix (les seuls mots-nombres prononcés sont ceux qui vont de un à dix), et compter 4 de ces groupes de dix, c'est-à-dire former une quantité de 4 lorsque la nouvelle unité est dix.

Une bonne conception des grandes quantités nécessite de savoir compter des groupes de 10, et de savoir gérer le changement d'unités correspondant (ce thème est développé au chapitre 10).

Toutes les situations où une même collection doit être quantifiée en prenant successivement comme unités les individualités, puis les groupes de n, sont susceptibles de favoriser cet apprentissage : c'est le cas des problèmes dits de multiplication et de division qui ont été présentés.

Dans tous les problèmes qui nous ont servi d'exemple, c'est le groupe de 2, c'est-à-dire la paire, qui constituait la nouvelle unité de compte : il semble en effet que la difficulté dépende beaucoup de la taille du groupe et que cette difficulté devienne déjà importante dès qu'il s'agit de groupes de 3. Si les groupes comportent n éléments, on pourra penser à faire disposer les jetons correspondants sous forme de constellations de n, pour faciliter la considération de n comme unité.

Par ailleurs, la difficulté dépend également du contexte de l'énoncé : il est plus facile de grouper des oiseaux par 2 dans une cage que d'apparier une balle de tennis pour 2 enfants. D'une manière générale, bien que ces problèmes aient été très peu étudiés, il semble que les activités de groupement soient plus faciles que celles d'appariement ou d'échanges (1 calot pour 3 billes, par exemple).

Cette difficulté est encore plus importante lorsque l'activité d'échange n'est plus explicite parce qu'elle est consignée dans un code symbolique, comme dans le cas de la monnaie : une pièce de 5 € s'appelle ainsi parce qu'on peut l'échanger contre cinq pièces de 1 €, mais on procède rarement à ce type d'échange exact. Il nous suffit, le plus souvent, de savoir qu'on pourrait le faire. Il est clair que les enfants ont besoin, eux, d'y procéder (avec des pièces en papier...).

Remarquons enfin que la file numérique ne permet pas seulement de résoudre des problèmes dits d'addition ou de soustraction : c'est un outil qui permet également de résoudre les problèmes dits de multiplication ou de division. Ainsi, s'il faut 2 pots de sucre pour faire un gâteau et qu'on veut faire 3 gâteaux, les enfants peuvent prendre leur file numérique avec curseur, et déplacer 3 fois le curseur de 2 cases (1 gâteau : deux cases, 2 gâteaux : deux cases de plus, 3 gâteaux : encore deux cases) avant de lire la solution !

Cependant, il ne faut pas sous-estimer la difficulté de cet emploi de la file numérique, et les problèmes choisis doivent toujours se prêter à une correspondance terme à terme explicite entre les cases de la file numérique et ce qu'elles sont censées représenter (un sucre par case, dans l'exemple précédent).

COMPTER POUR MESURER DES LONGUEURS

Les longueurs, comme les aires, les volumes ou les masses sont des grandeurs continues. Dans certains cas favorables, le comptage permet de mesurer ces grandeurs : pour mesurer la longueur en centimètres d'un segment de droite, par exemple, on peut chercher le nombre d'exemplaires d'un étalon de 1 cm qu'il faut juxtaposer pour réaliser cette longueur. Cette activité, où l'on mesure par un procédé direct et concret, s'appelle un « mesurage ».

Lors d'un mesurage, aucune unité de compte ne s'impose naturellement : pour mesurer les longueurs, chaque culture a créé des entités qui lui sont propres. Le yard, le pied, le pouce ou le centimètre n'ont guère de légitimité naturelle. Et des nombres aussi différents que 1, 3, 36 et 914 sont des mesures d'une même longueur lorsque l'unité est respectivement le yard, le pied, le pouce et le centimètre (1 yard = 3 pieds = 36 pouces = 914 cm).

Mais finalement cette situation n'est guère différente de celle qu'on a décrite à propos de la représentation des quantités : face à une même collection de chaussures, on peut montrer 3 doigts pour dire qu'il y a 3 paires et 6 doigts lorsque l'unité est la chaussure. Toute représentation d'une quantité suppose elle aussi le choix préalable d'une unité. Cela apparaît moins évident dans le cas des collections parce que l'unité choisie implicitement est souvent l'individualité, mais ce choix, tout fréquent qu'il soit, ne s'impose pas avec nécessité.

Le parallèle entre la mesure des grandeurs continues et la représentation des quantités qui correspondent à une collection est tel qu'on considère souvent les collections comme des grandeurs, mais des grandeurs « discrètes » (au sens où elles sont composées d'éléments qui peuvent être distingués).

Pour aller plus loin dans l'analogie entre la mesure des grandeurs continues et la représentation des grandeurs discrètes, il faudrait préciser l'emploi qui est fait ici des mots « collection », « quantité », etc. Comme on l'a indiqué dans l'introduction, cette discussion fondamentale, mais qui peut paraître technique, sera menée dans la dernière partie de cet ouvrage. Mais le parallèle a été suffisamment amorcé pour que le lecteur puisse reconnaître dans certains des conseils ci-dessous, qui concernent la mesure des longueurs au cours préparatoire, des recommandations qui ont déjà été faites... mais à propos des quantités discrètes.

– Ainsi, pour mesurer la longueur d'un segment en centimètres, on peut, bien entendu, procéder à un mesurage en utilisant des étalons de 1 cm, mais il ne faut pas oublier qu'il est également intéressant de disposer d'une série de bandes-témoins de longueurs respectives 2 cm, 3 cm, 4 cm... : avec cet outil, mesurer la longueur du segment, c'est rechercher une bande-témoin dont les extrémités peuvent coïncider avec celle du segment (souvent, on ne peut faire qu'un encadrement!).

En effet, la longueur est représentée par les bandes-témoins sous une forme beaucoup plus proche de celle sous laquelle elle se présente initialement.

– Et s'il s'agit de construire un outil de mesure des longueurs tel que le double décimètre, on pourra superposer ces bandes-témoins pour faciliter une « lecture cumulée » du double décimètre :

Remarques

– Le mesurage d'une longueur est bien plus facile lorsque les enfants disposent de plusieurs exemplaires de l'étalon et qu'ils les juxtaposent, que lorsqu'ils disposent d'un seul exemplaire qu'ils doivent reporter.

– L'avis des pédagogues diverge quant au moment opportun où il convient d'introduire la mesure des grandeurs continues, et notamment la mesure des longueurs. La France et l'Union soviétique semblent occuper des positions extrêmes en ce domaine. Alors que les pédagogues soviétiques recommandent une introduction précoce de ces activités, dans les programmes scolaires français qui se sont succédé depuis 1970 la représentation numérique des longueurs n'apparaît qu'au cours élémentaire: quand on suit le programme de manière stricte, les enfants de cours préparatoire doivent seulement classer et ranger des objets selon leurs longueurs par simple juxtaposition de ces objets, c'est-à-dire sans utilisation du nombre. Que ce soit la notion de longueur, celle de quantité ou encore d'ordre chronologique, les réformateurs de 1970 pensaient que l'enfant devait « avoir construit » toutes ces notions de façon « intrinsèque », indépendante du nombre, avant de les représenter à l'aide du nombre. Comme nous l'avons déjà remarqué, c'était certainement une erreur de penser qu'un enfant construit ces notions indépendamment des systèmes symboliques que notre culture met à sa disposition.

– La représentation des grandeurs discrètes est bien entendu plus aisée que celle des grandeurs continues, du fait qu'elle peut s'appuyer sur des éléments naturellement distincts, et il semble logique que, lors des premiers apprentissages numériques, elle constitue une part importante des activités numériques de l'enfant. On remarquera cependant que les activités de mesurage constituent des situations privilégiées pour que l'enfant prenne conscience du rôle fondamental que joue le choix d'une unité : une même longueur n'est pas représentée par le même nombre si on la mesure en décimètres ou en pouces[5].

CONCLUSION

Les enfants réussissent de façon précoce à résoudre un grand nombre de problèmes par des procédures de comptage. Il n'était guère possible, dans le cadre de cet ouvrage, d'être exhaustif dans la description de ces possibilités, et certains problèmes n'ont guère été abordés (les problèmes de partage, par exemple).

Lorsque les problèmes sont résolus par des procédures de comptage, les enseignants doivent se méfier des jugements *a priori* sur leur difficulté relative : c'est ainsi qu'on a examiné des problèmes dits de division et d'autres dits de multiplication qui présentent, en fait, le même type de difficulté : il faut compter alors que l'unité est un groupe de *n* objets.

Les procédures de comptage et l'utilisation de collections-témoins ont une double fonction chez les débutants :

– elles permettent de travailler sur des quantités de grande taille avec lesquelles les enfants ne sauraient pas calculer. Les enfants prennent ainsi contact avec les désignations orales et écrites des nombres supérieurs à 20. C'est l'occasion de prendre conscience des régularités de ces désignations orales et écrites, et d'exercer certains savoir-faire (compter de *n* en *n*, par exemple) ;

– elles aident aussi à la re-présentation de la situation décrite dans l'énoncé, parce qu'elles s'accompagnent d'un mime de cet énoncé à l'aide du matériel utilisé. En comptant, les enfants ont ainsi la possibilité de résoudre des problèmes complexes qui favorisent certaines constructions conceptuelles : la notion d'unité (qui ne correspond pas nécessairement avec l'individualité), celle de longueur, celle de chronologie (voir chapitre 4)[6].

---

5. On trouve une description d'activités de mesurage des longueurs menées en maternelle dans G. Grivot, 1987.

6. La résolution de problèmes complexes peut de plus conduire les élèves à la construction mentale de ce que les psychologues appellent un « schéma de résolution » de ces problèmes, qui, du coup, perdent de leur complexité (voir M.-C. Escarabajal, 1984).

Pour exploiter toutes ces potentialités, les enseignants ont intérêt à créer des situations pédagogiques où l'existence d'une résolution pratique de référence facilite la construction de représentations et permet l'autocontrôle. Cette façon d'énoncer les problèmes favorise la pratique d'une pédagogie différenciée, car il est possible de moduler la difficulté de la tâche : à un extrême il y a la résolution pratique, qui échoue à enseigner, à l'autre l'absence totale des données matérielles de la situation de référence, où l'enfant échoue souvent à apprendre. Entre les deux, l'enseignant peut laisser l'élève amorcer la résolution pratique, le guider dans la représentation des données matérielles, le ramener au contrôle pratique de sa solution...

Le symbolisme arithmétique (les signes +, −, =) et l'enseignement du calcul pensé

De nombreuses activités visant à enseigner le calcul ont été décrites au chapitre 7, et à aucun moment les enfants n'étaient conduits à employer les signes « + », « − » ou « = ». L'utilisation du symbolisme arithmétique n'est donc pas indispensable à l'apprentissage du calcul.

De même, de nombreuses activités de résolution de problèmes ont été décrites dans les chapitres précédents sans que les enfants aient besoin d'employer le symbolisme arithmétique.

Si, au cours préparatoire, l'usage du symbolisme arithmétique n'est indispensable ni à l'enseignement du calcul, ni à la résolution de problèmes, pourquoi l'enseigne-t-on? Depuis 1970, en France et dans quelques autres pays, on n'enseigne plus l'usage du signe « − » au cours préparatoire. Faut-il aller plus loin et supprimer l'enseignement des signes « = » et « + »? Ou bien au contraire revenir aux pratiques antérieures?

AVANT 1970: L'ENSEIGNEMENT DES SIGNES + ET − COMME ABRÉVIATIONS STÉNOGRAPHIQUES DU LANGAGE ORDINAIRE

Dans les Instructions officielles françaises de 1945, on pouvait lire:

« Dans les exercices, on devra toujours utiliser de préférence des nombres concrets, c'est-à-dire des nombres (entiers) suivis d'un nom d'objet (élève, béret...) ou d'une unité: franc, gramme, centimètre... Un nombre concret n'est qu'un renseignement sur une grandeur qui doit être complété par l'indication de ce qu'on veut faire de cette grandeur : 15 pommes, ce peut être 15 pommes qu'on ajoute à d'autres... »

Avant 1970, on enseignait donc l'usage d'écritures comme :

7 billes + 6 billes = 13 billes

Dans cette égalité, le signe « + » qui précède « 6 billes » est donc « l'indication de ce qu'on veut faire de cette grandeur ». Aussi, c'est une véritable histoire que cette égalité raconte, de manière abrégée : « J'ai 7 billes, j'ajoute 6 billes (j'en gagne 6, j'en achète 6...) et maintenant j'ai 13 billes. »

De même, considérons l'égalité :

9 billes − 6 billes = 3 billes.

Quelle autre histoire imaginer que celle où j'ai 9 billes, où j'en retire 6 (parce que je les perds, je les donne...) et où, finalement, il m'en reste 3 ?

Les réformateurs de 1970 ont développé une critique fondamentale de ces pratiques pédagogiques : en enseignant le signe − comme une simple abréviation sténographique de la locution « je retire », on crée un obstacle important à l'usage de la soustraction dans les cas où cette opération ne sert pas à déterminer le résultat d'un retrait.

Considérons en effet cet autre problème de recherche d'un complément : « J'ai 6 billes, je fais une partie et après la partie j'ai 9 billes ; combien ai-je gagné de billes ? »

Là encore, la solution attendue était l'égalité précédente :

9 billes − 6 billes = 3 billes.

J'ai gagné des billes, j'en ai plus et pourtant il faudrait écrire « − » !

Bien sûr, les anciens pédagogues avaient conscience de cette difficulté, et au cours élémentaire ils faisaient des leçons sur « les autres sens » de la soustraction : la soustraction recherche d'un complément (cf. le problème ci-dessus) et la soustraction pour comparer deux quantités (Pierre a 9 billes et Paul en a 6).

Mais comment faire comprendre aux enfants que dans l'égalité 9 billes − 6 billes = 3 billes, on ne retire pas les 6 billes de Paul à celles de Pierre et que cette même égalité permet de traiter un problème d'ajout, alors qu'on a enseigné tout le contraire pendant un long moment ?

Il est d'ailleurs curieux qu'on ait oublié à l'époque de faire des leçons sur les « autres sens » de l'addition, celui, par exemple, où l'addition permet de connaître l'état d'un stock avant une perte : « Pierre perd 6 billes ; il en a maintenant 7 : combien en avait-il avant de jouer ? » L'élève qui a appris que le signe + correspond à un gain aura bien du mal à écrire 7 billes + 6 billes = 13 billes, dans un problème où les 6 billes ont été perdues !

Les écritures arithmétiques ne sont pas de simples transcriptions du langage ordinaire. Si le pédagogue a seulement pour objectif que les enfants sachent déterminer le résultat d'un ajout ou d'un retrait, pourquoi n'utilise-t-il pas les mots « j'ajoute », « je retire », réservant l'usage des signes « + »

et « – » au moment où l'enfant pourra comprendre qu'une même égalité 9 – 6 = 3 (ou 7 + 6 + 13) s'applique à des problèmes qui s'énoncent de manière très diverse en langage ordinaire ?

DEPUIS 1970 : ENSEIGNER L'ÉGALITÉ

Les Instructions officielles françaises, que les réformateurs rédigent en 1970, recommandent de bien différencier le langage ordinaire et les écritures arithmétiques : c'est parce que les écritures arithmétiques ont une certaine autonomie par rapport au langage ordinaire qu'une même écriture est susceptible de rendre compte de problèmes qui ne s'énoncent pas de la même manière en langage ordinaire. Les écritures arithmétiques ont vocation à permettre une schématisation des situations décrites en langage ordinaire : 9 – 6 = 3 peut tout aussi bien correspondre à un problème d'égalisation des quantités 6 et 9 qu'à la recherche du résultat d'un retrait. Cette vocation à permettre la résolution de problèmes qui s'énoncent de manières différentes en langage ordinaire risque de ne pas se réaliser, si le pédagogue a commencé par enfermer l'emploi de ces écritures dans une seule des situations qu'elles permettent de traiter : la recherche du résultat d'un ajout pour le signe « + », celui d'un retrait pour le signe « – ».

Finis donc les « nombres concrets », l'enseignement des signes « + » et « – » comme synonymes de « j'ajoute » et « je retire ». Le texte de 1970 recommande explicitement l'abandon de ces pratiques pédagogiques. Il est d'autant plus important de rappeler aujourd'hui le bien-fondé des critiques émises à l'époque que ces pratiques pédagogiques retrouvent à l'heure actuelle une certaine vitalité, avec l'emploi d'ouvrages parascolaires où les illustrations comme celle-ci sont fréquentes :

Quelle autre histoire imaginer que celle où on retire 3 fleurs d'un bouquet qui en contenait initialement 4 ?

Enseigner l'égalité, plutôt que les signes « + » et « – »

Après 1970, l'introduction du signe – est retardée : ainsi les programmes français actuels ne préconisent plus l'emploi du signe – avant le cours élémentaire. En revanche, on continue à utiliser le signe + au cours préparatoire, mais l'usage qui en est fait est très différent de celui qui prévalait avant 1970 : si on utilise le signe +, c'est essentiellement pour enseigner l'égalité. Alors qu'auparavant le pédagogue focalisait l'attention de l'enfant sur la signification des signes « + » et « – », qu'il opposait « le sens » du signe « – » à celui du signe « + », c'est dorénavant le signe « = » qui devra focaliser l'attention de l'enfant, le sens du signe « + » allant relativement de soi.

En effet, les programmes recommandent la résolution d'exercices du type 7 = 2 +... Bien entendu, ces « additions à trous » faisaient déjà partie de la panoplie pédagogique avant 1970, mais l'importance qu'elles ont acquise depuis justifie qu'on examine de près l'activité des enfants qui sont confrontés à cette tâche. Le tableau suivant rend compte de résultats obtenus en fin de cours préparatoire dans une recherche suisse[1].

Face à deux « additions à trous » qui diffèrent par la place de la lacune (du « trou »), les enfants ont fourni les diverses réponses suivantes :

	3 + ... = 8	7 = 2 + ...
Résultat correct	60 %	44 %
Addition des 2 nombres	20 %	42 %
Autres (ne font rien...)	20 %	14 %

L'exercice 3 + ... = 8 est donc bien mieux réussi que 7 = 2 + ... Comment l'expliquer ? On a pourtant l'impression que le second exercice se reformule facilement sous la forme du premier : « 2 plus quoi est égal à 7 ? », et que lorsqu'on sait résoudre l'un, l'autre n'offre guère plus de difficulté.

Mais ce n'est pas le cas. En effet, un élève qui oralise 7 = 2 + ... sous la forme « 2 plus quoi est égal à 7 ? » ne lit pas de gauche à droite : il commence par prononcer « 2 », c'est-à-dire par positionner son regard à droite du signe « = », puis il se déplace vers la droite (2 plus quoi...) pour brusquement revenir à gauche pour lire le signe « = » et finir totalement à gauche avec 7 !

---

1. F. Conne, 1984.

Face à une égalité arithmétique lacunaire, toutes les oralisations ne se valent pas: il est plus facile de trouver la solution si on a lu « 2 plus quoi est égal à 7? » que si on a lu « 7 est égal à 2 plus quoi? ». En général, donc, la lecture efficace d'une égalité numérique n'est pas la lecture de gauche à droite qui est celle du langage ordinaire. C'est le signe « = » qui commande une lecture efficace des égalités arithmétiques: il faut commencer par le repérer et, suivant la place de la lacune, exprimer que la quantité de gauche est la même que celle de droite, ou bien que celle de droite est la même que celle de gauche.

Alors que beaucoup d'enfants de cours préparatoire lisent leur livre de lecture « en suivant la ligne avec le doigt », c'est-à-dire en contrôlant de manière explicite le sens de lecture de gauche à droite du texte, ces mêmes enfants sont confrontés lors d'un exercice comme 7 = 2 + ... à une lecture dont la direction n'est plus donnée *a priori*. S'ils lisent l'égalité 7 = 2 + ... de gauche à droite, comme un texte en langage ordinaire, ils risquent fort d'additionner les nombres de l'énoncé et de répondre 9 (42 % des réponses dans l'étude menée en Suisse).

L'enseignement de l'égalité numérique est donc aussi l'enseignement d'une pratique de lecture spécifique. C'est difficile, bien sûr, mais après tout, cette difficulté est inhérente au projet des réformateurs: il s'agit de doter les enfants d'un système d'écritures qui, parce qu'il a sa logique propre, relativement indépendante de celle du langage ordinaire, a vocation à permettre la schématisation des situations décrites en langage ordinaire.

L'enseignement de l'égalité: un premier bilan

Les 44 % de réussite à l'exercice 7 = 2 + ... sont bien entendu insuffisants. Deux possibilités doivent être envisagées: soit le projet des réformateurs de 1970 est trop ambitieux, soit c'est sa mise en œuvre qui est inappropriée. L'examen des manuels scolaires invite effectivement à mettre en cause la mise en œuvre du projet. En effet, on fait grand usage au cours préparatoire de fiches telles que celle-ci:

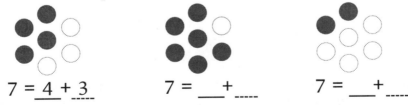

Face à un tel exercice, beaucoup d'enfants comptent les ronds noirs, comptent les blancs et écrivent les chiffres correspondants en dessous. Ils n'ont aucun besoin de lire les égalités: une égalité est faite de deux membres, et si l'un d'eux est donné d'avance (parce qu'on est à la leçon du 7), il n'y a aucun travail de lecture de l'égalité. On peut même aller plus loin: beaucoup d'entre eux écrivent le nombre de ronds blancs et noirs alors qu'il leur est totalement sorti de l'esprit qu'il y a 7 ronds en tout. Or, travailler les décompositions de 7, c'est avoir simultanément à l'esprit la quantité 7 en tant que totalité et en tant que formée de ses parties.

Quand on travaille sur une seule quantité à la fois (la leçon du 7), non seulement on n'apprend pas à lire une égalité, mais souvent on ne travaille même pas les décompositions de cette quantité: ce travail exige de coordonner deux points de vue sur cette quantité (totalité et somme de ses parties), et si l'un de ces deux points de vue est donné d'avance (parce qu'on est à la leçon du 7), il n'y a aucun travail nécessaire de décomposition de la quantité. Or, dans la plupart des manuels, il est extrêmement rare qu'on propose des fiches où les compositions et décompositions de quantités alternent et où la place de la lacune varie systématiquement, comme dans celle-ci:

$$5 = 2 + \ldots \qquad \ldots = 4 + 2$$
$$3 + 1 = \ldots \qquad 5 + \ldots = 6$$
$$\ldots + 4 = 6 \qquad 7 = \ldots + 2$$

On peut même insérer des égalités impossibles à compléter, telles que $3 = 7 + \ldots$

Confronté à cet exercice, l'élève doit nécessairement apprendre à lire une égalité et à composer ou décomposer les quantités correspondantes. D'aucuns s'exclameront que ça paraît bien difficile, mais c'est seulement s'ils sont confrontés à cette difficulté que les enfants ont quelques chances de progresser et d'améliorer leur lecture de l'égalité.

Dans 8 classes d'Argenteuil, les enseignants ont suivi une progression dont les grandes lignes vont être exposées ci-dessous. En fin d'année, ils ont fait passer à leurs élèves l'épreuve de l'étude de F. Conne. Concernant les deux additions à trous qui nous ont servi d'exemples, les résultats obtenus sont les suivants:

	$3 + \ldots = 8$	$7 = 2 + \ldots$
Résultat correct	64 %	69 %
Addition des 2 nombres	13 %	15 %
Autres (ne font rien...)	23 %	16 %

Les pourcentages de réussite sont donc meilleurs que dans l'étude suisse, mais le plus intéressant est certainement que les deux exercices sont réussis de manière à peu près identique : les enfants savent certainement mieux lire une égalité. Il faut bien entendu se méfier de ce genre de comparaison, du fait que les 8 enseignants d'Argenteuil étaient engagés dans un processus d'innovation qui ne peut qu'avoir des effets positifs. Cependant, le niveau socioculturel de la population scolaire de ces classes était en moyenne très nettement inférieur au niveau national, ce qui donne une certaine crédibilité à ces résultats et invite à ne pas considérer le projet des réformateurs de 1970 comme trop ambitieux *a priori*.

UN EXEMPLE DE PROGRESSION PÉDAGOGIQUE

Pour compléter une égalité lacunaire, soit les enfants comptent, soit ils calculent. Il est donc normal de retrouver ici la distinction fondamentale entre comptage et calcul. La première activité décrite ci-dessous commence dès le mois d'octobre, la suivante plus tardivement, vers novembre-décembre.

Compléter une égalité lacunaire par une procédure de comptage

Introduction de l'égalité : le jeu de la tirelire (début du cours préparatoire). L'enseignant dispose d'un dé reconfiguré 0, 1, 2, d'une tirelire (ou d'une boîte) et de jetons.

On lance le dé une première fois : s'il retombe sur 1, par exemple, on écrit le chiffre 1 au tableau et on met un jeton dans la tirelire.

On relance le dé : s'il retombe sur 2, on écrit « + 2 » à droite du « 1 » sur le tableau et on met 2 jetons dans la tirelire. L'emploi du signe « + » est justifié aux enfants par le fait qu'en son absence on lirait « 1 2 », et on pourrait croire qu'il y a douze jetons dans la boîte.

On lance le dé quatre ou cinq fois et on se retrouve donc avec une écriture telle que 1 + 2 + 0 + 1 + 2. Combien y a-t-il de jetons dans la tirelire ? Certains enfants calculent en énonçant directement « un plus deux, trois, plus un, quatre... », mais la plupart comptent à partir des chiffres en pointant une fois les « 1 », deux fois les « 2 » et en sautant le « 0 » :

1	+	2	+	0	+	1	+	2
✗		✗ ✗				✗		✗ ✗
[un]		[deux] [trois]				[quatre]		[cinq] [six]

L'enseignant introduit le signe « = » en explicitant sa signification : on l'utilise pour exprimer qu'il y a la même quantité des deux côtés du signe « = » :

$$1 + 2 + 0 + 1 + 2 = 6$$

L'utilisation de cadres qui, dans un premier temps, peuvent être interprétés comme figurant la tirelire aide les enfants à structurer leur lecture autour du signe « = » :

1 + 2 + 0 + 1 + 2	=	6

Dès ce moment, on fait de nombreux exercices où la place de la lacune change, en se ramenant toujours à la signification : on doit avoir la même quantité des deux côtés du signe « = » :

5	=	2 + 0 + 2 + ...
1 + 1 + 1 + 0	=	
... + 1 + 2	=	5

On pourra également introduire le signe ≠ et s'interroger sur le signe qu'il convient de mettre entre deux écritures additives :

2 + 1 + 0 + 2 + 0 + 2	1 + 1 + 1 + 1 + 1 + 1

Remarques

– Lors de la recherche d'un complément, la procédure la plus simple consiste à n'utiliser que des « 1 » :

$$5 \quad = \quad 1 + 2 + ...$$

est résolu : $\quad 5 \quad = \quad 1 + 2 + 1 + 1$

– On incitera cependant les enfants qui le peuvent à écrire directement « + 2 ».

– Le choix de 0, 1, 2 s'explique par le désir de simplifier au maximum le comptage (ou le calcul), tout en conservant à la situation une certaine généralité : s'il n'y avait que des « 1 », l'enfant pourrait compter ces « 1 » comme on compte des bâtons, c'est-à-dire sans attribuer sa valeur symbolique à ce chiffre. La présence de 0, qui ne doit pas être pris en compte, et de 2, qui nécessite deux pointages, empêche ce phénomène.

– L'enseignant supprimera progressivement le cadre, éventuellement à un rythme différent suivant les enfants.

– Cette activité sera poursuivie alors même que la suivante aura été amorcée.

Compléter une égalité lacunaire par une procédure de calcul

L'activité précédente faisait référence à une situation d'ajouts successifs de petites quantités (1 ou 2), ce qui favorisait l'évocation d'une procédure de comptage. On veut maintenant favoriser le calcul, et la situation de référence qui sera utilisée est la mise en relation d'un tout (un ensemble d'éléments, des jetons par exemple) avec ses parties (il y a deux sortes d'éléments, des jetons noirs et des jetons blancs, par exemple). Par ailleurs, on utilisera des constellations car leur organisation spatiale facilite le calcul. Les premières leçons, qui débutent vers novembre-décembre, se déroulent en trois phases :

– *Première phase* : l'enseignant dessine au tableau des collections d'objets de 2 sortes et affiche des égalités numériques (format A3) qu'il faut apparier aux dessins :

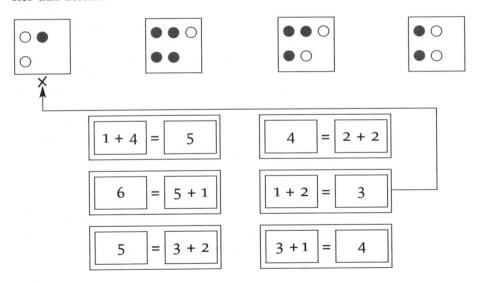

Le maître fait verbaliser à chaque fois les raisons de l'appariement. À partir de « 5 = 3 + 2 », par exemple : « Le 5, là, ça veut dire qu'il y a 5 ronds en tout, le 3 qu'il y a 3 noirs et le 2, 2 blancs », 3 noirs plus 2 blancs, ça fait 5 ronds en tout. »

– *Deuxième phase:* les enfants doivent ensuite apparier les mêmes dessins à d'autres égalités qui sont maintenant incomplètes:

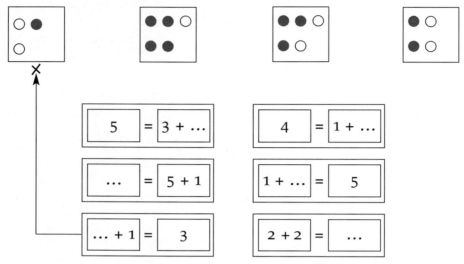

Là encore, le maître fait verbaliser les raisons de l'appariement, en faisant des contre-suggestions: si l'enfant a apparié 5 = 3 + ... avec le dessin approprié, on lui demande pourquoi il n'a pas choisi l'égalité 1 + ... = 5. L'objectif est moins de compléter ces égalités que d'expliciter comment elles se lisent (où est le tout?, qui signifient les points?). On peut d'ailleurs se contenter de faire compléter verbalement ces égalités.

– *Troisième phase:* d'autres égalités incomplètes étant affichées sous des cadres vides, les enfants doivent dessiner le contenu de ces cadres (il y a en général deux solutions suivant la répartition de couleurs qui est adoptée):

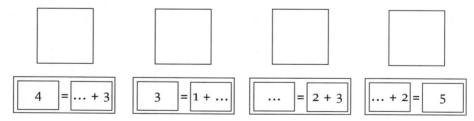

Quand un enfant a dessiné le contenu du cadre surmontant l'égalité 4 = ... + 3, par exemple, le maître cherche à lui faire expliciter les indices graphiques qu'il a utilisés pour exécuter cette tâche. « Pourquoi tu as dessiné 4 ronds en tout, et pas 3? Comment ça se voit dans l'égalité que c'est 4 en tout? » Les enfants sont ainsi amenés à analyser que le chiffre qui désigne le tout est isolé dans son cadre alors que les chiffres correspondant à ce qu'il faut ajouter sont regroupés dans un même cadre et séparés par le signe « + ». Considérons alors les 2 égalités lacunaires suivantes :

a) $\boxed{\;...\;} = \boxed{4 + 1}$ b) $\boxed{... + 4} = \boxed{\;5\;}$

Dans le cas de l'exemple *a)*, le tout (isolé dans son cadre) est inconnu, il s'agit de le déterminer. Cette égalité peut se lire « 4 plus 1 est égal à quoi ? »

Dans le cas de l'exemple *b)*, le chiffre qui indique le tout est « 5 ». Cette égalité peut se lire « 4 plus quoi est égal à 5 ? »

Remarques

• La même leçon peut être faite en remplaçant les ronds noirs et blancs par des carrés et des triangles ou encore par des garçons et des filles pour que les enfants prennent conscience qu'il importe seulement qu'il y ait deux sortes d'éléments.

• Au début, on se cantonnera à de petites quantités, leur taille augmentant progressivement. Attention : il ne faut jamais travailler sur une seule quantité à la fois !

• Chacune des étapes de la leçon décrite précédemment peut faire l'objet d'exercices individuels sur fiche (l'appariement des égalités se fait par découpage et collage). Les constellations qui seront privilégiées sont celles de la suite :

1   2   3   4   5   6   7

Les enfants seront entraînés à les reconnaître et à les produire.

• Finalement, les feuilles d'exercices ne contiendront plus que des égalités lacunaires, sans cadres, où la place de la lacune, comme la quantité globale qui est en jeu, varie systématiquement (voir la fiche page 125).

Considérons, par exemple, l'égalité « 7 = 3 + ... » :

– certains enfants complètent directement la lacune,

– pour d'autres, il est utile d'évoquer une constellation de 7 ou la réglette 7 avec cache :

– d'autres enfants ont longtemps besoin qu'on les aide à lire cette égalité : « Où est le signe = ? », « Si on dessine les jetons, combien il y aura de jetons en tout ? », « Dessine les jetons »...

Il est donc probable que le projet des réformateurs de 1970 n'était pas trop ambitieux : il est possible d'enseigner l'égalité aux enfants du cours préparatoire.

Cependant ce n'est pas le plus simple : quand on considère les trois domaines d'activités qui peuvent être menés en parallèle au début du cours préparatoire, l'apprentissage du calcul oral sur les premiers nombres à l'aide de collections-témoins privilégiées, la résolution de problème par des procédures de comptage et l'usage des écritures arithmétiques, c'est certainement ce dernier domaine qui offre le plus de difficultés.

Face à ces difficultés, on peut se demander… s'il est bien nécessaire de les affronter. En effet, on vient de voir qu'il est effectivement possible d'enseigner l'égalité aux enfants du cours préparatoire, mais on n'a toujours pas répondu à la question : pourquoi le fait-on ? Serait-ce pour résoudre des problèmes concrets ?

AU COURS PRÉPARATOIRE, LES ÉCRITURES ARITHMÉTIQUES NE SERVENT PAS À RÉSOUDRE DES PROBLÈMES CONCRETS

Les pédagogues font aujourd'hui le même usage du mot « problème » que les psychologues : est un problème toute activité « qui pose problème ». Une égalité lacunaire, 7 = 2 + …, par exemple, est donc un problème pour qui ne connaît pas immédiatement la réponse. Pour différencier les problèmes arithmétiques qui correspondent à une égalité lacunaire de ceux qui sont énoncés à partir de collections d'objets, ces derniers seront appelés « problèmes concrets ».

Au CP, lors de la résolution de problèmes concrets, les égalités numériques ne sont pas une aide au calcul

Avant 1970, enseigner l'usage des signes « + », « – », « = » semblait aller de soi, car l'usage des égalités numériques était étroitement associé à la résolution des problèmes concrets. Les enseignants faisaient un grand usage de problèmes concrets tels que « Pierre a 9 billes ; il perd 3 billes ; combien lui reste-t-il de billes ? ». Au début de l'année, ces problèmes concrets étaient énoncés oralement puis, au fur et à mesure que l'enfant progressait en lecture, on substituait un énoncé écrit à l'énoncé oral.

Très tôt dans l'année scolaire, les enfants ne devaient plus se contenter de donner une réponse numérique (6 billes), mais il fallait qu'ils écrivent l'égalité :

9 billes – 3 billes = 6 billes

On peut même aller plus loin : le comportement de l'« élève modèle » consistait à écrire seulement le premier membre de l'égalité « 9 billes – 3 billes = » et à faire comme si la solution numérique découlait alors de cette écriture. Comme si la réussite à la résolution de ce problème découlait de l'enseignement du signe « – » que l'enseignant avait prodigué (on a vu précédemment qu'il n'en est rien !).

Il faut souligner combien cette exigence était contraignante parce que l'égalité numérique n'est ici d'aucun secours pour la détermination du résultat numérique : avec ces petits nombres, quand un pédagogue exige une égalité, les enfants ne la rédigent, en général, qu'après avoir trouvé la solution numérique.

Dans les classes supérieures, quand les élèves devront résoudre des problèmes avec des grands nombres, ce ne sera plus le cas : s'il s'agit de résoudre un problème de soustraction, par exemple, l'enfant doit devenir capable de le reconnaître comme tel et d'écrire « 543 – 267 = » avant de déterminer le résultat que cette écriture lui permettra de calculer aisément, grâce à la technique opératoire qui lui est associée.

Il y a, quand on passe des petits nombres aux grands nombres, un renversement de l'ordre entre l'exhibition de l'égalité et l'obtention du résultat numérique qu'il est essentiel de remarquer.

Au CP, les égalités numériques ne sont pas non plus une aide à la schématisation

En fait, les égalités numériques lacunaires peuvent avoir deux fonctions lors de la résolution d'un problème concret :

– une fonction de schématisation : des problèmes qui s'énoncent différemment en langage ordinaire peuvent être schématisés par une même égalité lacunaire (l'écriture $a - b = \ldots$ rend aussi bien compte de la recherche d'un reste, d'une différence, que de celle d'un complément) ;

– une fonction d'aide au calcul, car les égalités lacunaires sont appariées avec des techniques de calcul (technique de l'addition en colonnes, de la soustraction, voire de l'« addition à trou »).

Ces deux fonctions sont liées : c'est parce que les égalités lacunaires sont schématisantes qu'un petit nombre de techniques de calcul suffisent pour résoudre une large gamme de problèmes concrets (2 techniques en général : une d'addition et l'autre de soustraction).

Il est clair qu'au cours préparatoire, lors de la résolution d'un problème concret, les égalités numériques n'ont aucun rôle d'aide au calcul, puisque les enfants abordent tout juste la technique de l'addition en fin de cours préparatoire.

Au cours préparatoire, il est également prématuré d'enseigner l'aspect schématisant des égalités numériques. En effet, on sait bien qu'avant 1970, du temps où on enseignait les égalités du type 9 − 3 = ..., la plupart des enfants ne comprenaient pas que cette écriture puisse correspondre à la recherche d'un complément. De même, aujourd'hui qu'on enseigne les égalités lacunaires telles que 3 + ... = 9, la plupart des enfants ne comprendraient pas que cette écriture puisse correspondre à la recherche d'un reste[2].

C'est seulement dans les cas où l'égalité numérique n'est pas une simple traduction sténographique de l'énoncé en langage ordinaire qu'on peut dire qu'elle joue un rôle de schématisation, et cet emploi des égalités numériques, dans les cas non banals, est prématuré au cours préparatoire.

Si, lors de la résolution d'un problème concret au cours préparatoire, les égalités numériques n'ont ni un rôle d'aide au calcul, ni un rôle de schématisation, il faut en tirer les conséquences... et ne pas les utiliser dans ce contexte. Cela ne signifie pas qu'il ne faille plus poser de problèmes dits d'addition ou de soustraction. Les « jeux avec des gobelets » décrits au chapitre 7, par exemple, ou encore la gestion des présents-absents (chapitre 8) sont des problèmes d'addition ou de soustraction... mais à aucun moment on n'a exigé des enfants qu'ils produisent une égalité numérique. Dans les jeux avec des gobelets, on favorise un emploi direct du calcul, et dans la gestion des présents-absents, l'emploi d'une file numérique.

POURQUOI ENSEIGNER LES ÉGALITÉS NUMÉRIQUES AU COURS PRÉPARATOIRE ?

L'emploi des signes « = », « + » et plus généralement de l'écriture n'est pas un préalable au calcul, qui pourrait donc rester de nature orale durant le cours préparatoire. Cet emploi n'est pas non plus un préalable à la résolution de problèmes concrets. Deux raisons cependant plaident en faveur d'une introduction dès le début du cours préparatoire du symbolisme arithmétique.

La première est que dans une société de l'écrit comme la nôtre, les écritures chiffrées ont très souvent le statut de numéros (les dates, les dossards, la numérotation des maisons, des chaînes de télévision...). Concernant les écritures chiffrées, la logique de l'écrit social est une logique du numéro, alors que la logique des écritures arithmétiques est celle des quantités. C'est certainement ce qui explique cette erreur fréquente chez les débutants qui,

---

2. T. Carpenter, J. Moser et H. Bebout, « Representation of addition and substraction word problems », 1988.

face à l'égalité lacunaire 3 + 4 = ..., répondent « 5 »: il suffit que ces enfants voient les numéros 3 et 4 juxtaposés... pour qu'ils continuent la suite des numéros. Les enfants doivent donc apprendre à agencer les écritures chiffrées suivant la logique du calcul car sinon, c'est la logique de la suite des numéros qui risque de rester prégnante dans le domaine de l'écrit.

La seconde raison, plus fondamentale, est que si les égalités numériques ne servent pas à résoudre des problèmes concrets, elles ont en revanche une grande valeur pédagogique en elles-mêmes, car elles constituent d'excellentes situations d'apprentissage du calcul.

Enseigner l'égalité numérique pour aider à l'apprentissage du calcul

Résoudre une égalité lacunaire c'est, suivant le cas, composer ou décomposer des quantités dans un contexte qui possède les deux propriétés essentielles suivantes:

– dans une égalité numérique, les quantités sont représentées avec des chiffres et non par des collections,

– dans une égalité numérique, les « règles du jeu » sont bien connues (dès que l'enfant sait lire l'égalité numérique).

Quand un enfant sait lire une égalité numérique lacunaire, il possède un nouveau langage symbolique qui permet qu'on lui pose, de la façon la plus économique qui soit, des exercices qui incitent au calcul: pas de collection dessinée qui induise le comptage, ni de situation complexe décrite en langage ordinaire qui nécessite l'utilisation des collections pour « recréer mentalement » la situation elle-même. Ce travail de re-présentation a été fait, une fois pour toutes, lors de l'apprentissage de l'égalité (c'est-à-dire, dans la progression donnée ici, à partir de la situation de la tirelire et dans les quelques situations « parties-tout » étudiées).

Évidemment, l'idée qu'une situation « non concrète » (une égalité lacunaire) puisse être facilitante pour le calcul est susceptible de heurter un certain bon sens qui veut que le concret soit nécessairement plus facile: qu'on pense à la frayeur de la plupart des pédagogues face à l'abandon des « nombres concrets », en 1970.

À cette époque, lorsqu'on remplaça les égalités entre « nombres concrets » (7 billes + 6 billes = 13 billes) par les égalités numériques (7 + 6 = 13), la plupart des enseignants craignaient que les enfants ne comprennent rien à ces nouvelles égalités, tant elles leur paraissaient « abstraites »! On sait aujourd'hui que ces craintes étaient vaines, mais ça n'avait rien d'évident à l'époque.

Il ne fait guère de doute aujourd'hui que la re-présentation d'une situation concrète nécessite souvent l'usage de matériel et qu'elle est, dans ce cas, un obstacle au calcul. Une égalité lacunaire incite plus au calcul que bien des situations concrètes parce que les enfants ont progressivement construit une lecture de cette situation « non concrète » (cf. toute la progression correspondant à l'apprentissage de la lecture d'une égalité) et qu'ils sont fréquemment confrontés avec cette tâche : ils en possèdent bien la « règle du jeu ».

Enfin, l'enseignement de l'égalité numérique aide à l'apprentissage du calcul pour une autre raison fondamentale : lorsque les enfants savent lire une égalité numérique, ils peuvent traduire sous forme écrite les principales procédures de calcul pensé (la progression pédagogique correspondante est présentée ci-dessous). L'enseignement de l'égalité est donc délicat, mais de nombreuses raisons plaident en faveur de son maintien. De plus, le fait que l'enseignant mène en parallèle trois types d'activité (l'apprentissage du calcul à l'aide de collections-témoins privilégiées, la résolution de problèmes par des procédures de comptage et l'apprentissage de l'égalité) atténue les conséquences d'éventuelles difficultés avec l'égalité : il est fréquent que des enfants échouent uniquement dans ce domaine et que la réussite dans les deux autres leur permette quand même de progresser globalement.

L'ENSEIGNEMENT DU CALCUL PENSÉ

Rappelons tout d'abord que les activités décrites ici sont à mettre en œuvre parallèlement à celles du dernier chapitre (d'une manière générale, elles sont d'ailleurs plus difficiles !).

Quatre procédures de calcul pensé peuvent être enseignées :

– l'usage des doubles :
6 + 7 = 6 + 6 + 1
6 + 7 = 13

La deuxième ligne s'obtient à partir de la première par l'oralisation : « six plus six, douze, plus un, treize ».

– le « retour aux cinq » :
8 + 6 = 5 + 3 + 5 + 1
8 + 6 = 14

La deuxième ligne s'obtient à partir de la première par l'oralisation : « cinq plus cinq, dix, plus trois, treize, plus un, quatorze ».

– le « passage de la dizaine » (de la vingtaine…) :
9 + 4 = 9 + 1 + 3
9 + 4 = 13

La deuxième ligne s'obtient à partir de la première par l'oralisation : « neuf plus un, dix, plus trois, treize ».

– le « retour à la dizaine » :

12 + 6 = 10 + 2 + 6

12 + 6 = 18

La deuxième ligne s'obtient à partir de la première par l'oralisation : « six et deux, huit, dix et huit, dix-huit ».

Le « passage du cinq » (4 + 3 = 4 + 1 + 2) pourrait également être enseigné, mais il met en jeu des quantités si petites qu'en général les résultats correspondants sont connus au moment où l'enseignement qui est décrit ici est susceptible d'avoir lieu.

Pour ne pas altérer chez les enfants les stratégies de lecture d'une égalité numérique, il est préférable d'éviter qu'ils n'écrivent :

6 + 7 = 6 + 6 + 1 = 13.

Les enfants acceptent facilement de produire deux lignes de calcul si on attribue à chaque égalité un statut différent dans la communication maître-élèves : la première égalité sert à montrer comment on a calculé, et la seconde à consigner le résultat du calcul. Dans la suite de ce chapitre, on ne le rappellera pas constamment, mais l'usage de cadres qui mettent en évidence les deux membres des différentes égalités est toujours facilitant.

Les prérequis au calcul pensé

Pour utiliser les différentes stratégies de calcul pensé qui viennent d'être explicitées, deux conditions préalables doivent être remplies :

• Il faut que l'apprentissage des doubles et des relations numériques correspondant à $5 + x$, $10 + x$ ait été amorcé. C'est le cas en ce qui concerne ces dernières relations lorsque les enfants ont utilisé les réglettes avec caches (monter et descendre des escaliers de 10 et de 15). Concernant les doubles, la comptine des *petits lapins* peut là encore être facilement adaptée :

« Un petit lapin, sur le chemin, rencontre… un autre petit lapin, un et un, deux… deux petits lapins sont devenus copains,

« Deux petits lapins, sur le chemin, rencontrent… deux autres petits lapins,

« deux et deux, quatre… quatre petits lapins sont devenus copains… etc. » (à partir de 6 + 6, les enfants se mettent par deux pour le mime avec les doigts).

• Il faut que les enfants sachent que, lors du calcul d'une somme, l'ordre des compositions est indifférent. Cela peut être explicité à partir d'exercices où plusieurs ordres sont facilitants, tels que :

$$\begin{cases} 4 + 4 + 2 + 6 = ? \\ 4 + 4 + 2 + 6 = ? \end{cases}$$

(ligne où la procédure de calcul sera explicitée)

(ligne où le résultat sera consigné)

où le calcul peut être mené de différentes manières :

$$\begin{cases} \underset{\times}{4} + \underset{\times}{4} + \underset{\circ}{2} + \underset{\circ}{6} = \quad \underset{\times}{8} + \underset{\circ}{8} \\ 4 + 4 + 2 + 6 = \quad 16 \end{cases}$$

ou encore :

$$\begin{cases} \underset{\times}{4} + \underset{\circ}{4} + \underset{\circ}{2} + \underset{\times}{6} = \quad \underset{\times}{10} + \underset{\circ}{6} \\ 4 + 4 + 2 + 6 = \quad 16 \end{cases}$$

Comment construire les leçons qui visent à enseigner les différentes stratégies de calcul pensé

L'emploi d'une stratégie de calcul pensé correspond au choix d'une décomposition parmi beaucoup d'autres qui sont également correctes : pour calculer 7 + 8, par exemple, on peut « utiliser un double » et décomposer cette somme sous la forme 7 + 7 + 1, mais la forme 7 + 6 + 2 est tout aussi correcte, même si elle n'est guère intéressante.

C'est pourquoi toute leçon visant à enseigner une stratégie de calcul pensé comporte nécessairement deux moments :

– un premier moment où on isole la stratégie d'autres qui sont également correctes, où cette stratégie est explicitée, nommée (l'enseignant dit aux enfants qu'on appelle cette manière de calculer « utiliser un double ») et où on s'efforce que les enfants prennent conscience de son intérêt par rapport à d'autres modes de calcul ;

– un second moment pendant lequel les enfants sont invités à mettre en œuvre cette stratégie.

S'il s'agit d'enseigner l'« usage des doubles », par exemple, dans un premier temps les enfants sont confrontés à des exercices tels que celui ci-dessous, où il s'agit de déterminer l'étiquette qui répond aux deux contraintes suivantes : utiliser un double et respecter l'égalité (première ligne), puis déterminer le résultat (deuxième ligne).

Découpe les étiquettes de droite
et colle celle qui correspond à l'« usage d'un double ».

$$\begin{cases} \boxed{7 + 8} = \\ \boxed{7 + 8} = \boxed{\quad \dots \quad} \end{cases}$$

$$\boxed{7 + 6 + 2}$$

$$\boxed{7 + 6 + 1}$$

$$\boxed{7 + 7 + 2}$$

$$\boxed{7 + 7 + 1}$$

C'est seulement dans un second temps qu'on ne propose plus aux enfants de déterminer la « bonne décomposition » parmi un ensemble de possibles parce qu'ils doivent la produire eux-mêmes, en respectant toujours les deux contraintes : utiliser un double et assurer l'égalité.

Lors de la détermination du résultat, il faut faire le lien avec le calcul oral : « sept et sept, quatorze, et un, quinze », pour que les enfants prennent conscience de la simplicité de calcul qui résulte de la décomposition produite, grâce à l'écoute de chacune des propositions : « sept et sept, quatorze » et « quatorze et un, quinze ».

On procède de la même manière lorsqu'il s'agit d'enseigner le « passage de la dizaine ». C'est ainsi que les exercices qui sont proposés dans un premier temps ont la forme suivante (la consigne est analogue à celle de l'exercice précédent) :

$$\left\{ \begin{array}{l} \boxed{9 + 4} = \\ \\ \boxed{9 + 4} = \boxed{\quad \dots \quad} \end{array} \right. \qquad \begin{array}{l} \boxed{9 + 2 + 2} \\ \\ \boxed{9 + 1 + 2} \\ \\ \boxed{9 + 1 + 3} \end{array}$$

Là encore, dans un second temps, les enfants doivent eux-mêmes produire la décomposition. Plus généralement, on peut procéder de la même manière avec chaque stratégie de calcul pensé.

Remarques

• Lorsque les enfants doivent calculer 8 + 6 par « passage de la dizaine », par exemple, ils commencent par écrire :

8 + 6 = 8 + 2 + ...   (pour « passer la dizaine »).
Ils sont alors ramenés à un exercice très proche de :

     6 =   2 + ...   (pour qu'il y ait la même quantité de chaque côté du signe « = »).

Or on a vu que ce type d'égalité lacunaire (6 = 2 + ...) est réussi par environ la moitié des enfants lorsque l'enseignant ne développe pas une lecture spécifique des égalités. Les activités décrites dans ce chapitre constituent donc un tout : on ne peut pas utiliser les égalités numériques pour enseigner le calcul pensé si on n'a pas auparavant été soucieux de bien enseigner l'égalité.

• Il est également possible d'illustrer ce mode de calcul en utilisant des croix dessinées ou encore un matériel structuré tel que les réglettes avec caches : pour le calcul de 9 + 4 par « passage de la dizaine », par exemple, on prend la réglette 9 avec cache, la réglette 4, on les juxtapose et on pose un cache de 5 pour que le résultat apparaisse rapidement :

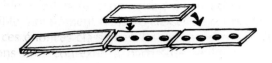

On voit apparaître 13 comme 10 + 3 : un des points de la réglette 4 a servi à compléter la dizaine.

• Depuis quelques années[3] d'autres modes d'écritures que l'égalité sont utilisés dans les classes, l'arbre de calcul notamment. Ce mode d'écriture est intéressant, mais il ne permet pas d'enseigner les différentes procédures de calcul pensé qui viennent d'être présentées. Son introduction ne peut donc se faire qu'en complément de la progression qui vient d'être décrite, ce qui pose le problème suivant : dans quelle mesure faut-il multiplier les modes de transcription écrite d'une même relation numérique ? Dans le manuel le plus utilisé en France, une même relation numérique, 8 = 6 + 2 par exemple, est susceptible d'avoir huit transcriptions écrites différentes : égalité numérique, arbre de calcul, tableau à double entrée (table de Pythagore), diagramme sagittal (il faut relier par une flèche une écriture additive et la somme correspondante), table de vérité, cadre où toutes les décompositions de 8 sont récapitulées, notation « fonctionnelle » (déterminer le résultat de l'ajout de 2 à 8), et un autre encore qu'il est moins aisé de décrire verbalement ici. On se demande parfois si l'enseignement des relations numériques n'a pas été quelque peu oublié, au profit de l'enseignement de différentes façons d'écrire ces relations numériques qui n'auront guère cours que durant le cours préparatoire.

LE CALCUL PENSÉ ET L'APPRENTISSAGE
DE LA TABLE D'ADDITION

Comment articuler la pratique du calcul pensé et l'apprentissage des tables ?

Cette question est ancienne et elle est souvent posée dans le contexte général d'une opposition entre réflexion et mémoire. Ainsi, lorsqu'en 1928 les inspecteurs généraux choisissent de parler de l'enseignement du calcul lors de leurs conférences pédagogiques, ils font d'abord travailler les enseignants sur le questionnaire suivant : « Quelle doit être la part de la réflexion et de la mémoire dans l'enseignement des premières notions de calcul ?

---

3. Depuis la publication de Ermel, 1977.

Convient-il d'apprendre par cœur la table d'addition ? Vaudrait-il mieux exercer les élèves à combiner les nombres en utilisant les notions de compensation, de voisinage, de symétrie et de décomposition que leur intuition conçoit sans grand effort ? » (On notera au passage que l'idée qu'on puisse enseigner le calcul pensé n'est pas une invention récente !)

La formulation de ces questions apparaît aujourd'hui très contestable : il n'y a pas d'opposition entre mémoire et réflexion[4]. La mémoire n'est pas un « sac » dans lequel sont retenues des informations isolées et statiques ; il convient mieux de se la représenter comme un réseau où les informations sont reliées entre elles par des liaisons complexes, structurées et organisées de manière dynamique et plastique. C'est ainsi que la détermination d'un résultat par le calcul pensé est l'occasion de construire de telles liaisons. Cette pratique du calcul pensé est en elle-même un élément du processus de mémorisation. La mémorisation ne suit pas, elle accompagne et, peut-être même, résulte.

En fait, ce que les pédagogues de 1928 rejetaient c'est une forme spécifique de mémorisation : celle qui résulte d'une récitation répétée, par association verbale, c'est-à-dire l'enregistrement d'un message sonore éventuellement dépourvu de sens.

Pour comprendre ce rejet, il faut rappeler que pendant longtemps ce modèle pédagogique a été dominant : à l'époque où les élèves n'avaient pas de papier pour écrire, leur première préoccupation était de mémoriser le discours de l'enseignant. Pour aider ses élèves, il arrivait même que le maître enseigne l'arithmétique en faisant des vers ! Cela ménageait la possibilité d'enregistrer le discours en tant que message sonore, quitte à réfléchir dans un second temps sur le contenu de ce message. Ce rejet de l'association verbale dépassait donc le cadre étroit de l'apprentissage des tables : c'est en fait tout un modèle pédagogique ancestral que les inspecteurs généraux de 1928 rejetaient.

L'apprentissage par association verbale

Quel est le rôle de l'association verbale dans l'apprentissage des tables ? Les psychologues polémiquent encore aujourd'hui à ce sujet[5]. D'une part des phénomènes tels que la connaissance précoce des doubles font penser que l'association verbale joue bien un rôle important (« 1 et 1, 2 », « 2 et 2, 4 »...), d'autre part il est clair que les résultats de tables resteraient vides

---

4. J.-F. Richard, 1982.
5. Voir notamment la polémique entre M. Ashcraft (1985) et Baroody (1985).

de sens s'ils étaient seulement, et de façon généralisée, le produit d'associations verbales (mais est-ce imaginable ?).

En tout état de cause, le processus d'association verbale n'est pas l'apanage de la récitation de la table ! Il se produit également :

– lors de la récitation de comptines numériques : la comptine des petits lapins a déjà été utilisée pour aider à la mémorisation des doubles (voir plus haut), elle peut l'être également pour mémoriser les relations de la forme $5 + x$ ou encore $10 + x$ (il faut 2 enfants) ;

– lors de jeux comme cette adaptation du « jeu du pouilleux » : l'enseignant doit construire un jeu de 32 cartes en choisissant 16 nombres différents (5, 6, 7, ... 20, par exemple), et en écrivant 5 sur une carte, 2 + 3 sur une autre, 6 sur une carte, 5 + 1 sur une autre, 7 sur une carte, 4 + 3 sur une autre... (on peut donc fabriquer différents jeux suivant les décompositions qui sont adoptées). On dispose ainsi d'un jeu de 32 cartes : on en retire une et on joue au pouilleux selon la règle habituelle en faisant des mariages. Bien entendu, les enfants adorent généralement ce genre de jeu. Et pourtant, quand un enfant apprend en cette occasion, c'est essentiellement par association verbale car s'il se trompe dans un mariage, ses compagnons de jeu s'écrient : « 7 + 6, ça fait pas 14, 7 + 6 c'est 13 », sans lui faire une longue démonstration pour appuyer leur dire[6] ;

– enfin, lors de beaucoup d'autres activités, dont l'objectif principal n'est pas ce processus d'association, mais qui le permettent cependant.

Du calcul pensé vers la connaissance de la table d'addition[7]

Si le rôle de l'association verbale dans l'apprentissage est contesté, en revanche il ne fait guère de doute que la pratique du calcul pensé aide à la mémorisation des résultats de tables (ce que les pédagogues de 1928 affirmaient déjà, même s'ils le formulaient différemment). Mais cette pratique ne suffit généralement pas pour accéder à la connaissance des tables :

– il faut tout d'abord que l'enfant ne s'aide plus de l'écriture, c'est-à-dire qu'il pratique ce qu'on appelle du « calcul mental »[8] ;

– il faut de plus que l'enfant donne immédiatement le résultat quand on l'interroge.

---

6. Au début de l'année, pour restreindre les décompositions aux nombres inférieurs à 10, il suffit de prendre 2 couleurs : pour faire un mariage, il faut non seulement que les cartes indiquent la même quantité, mais aussi la même couleur.

7. Ce qui sera dit dans ce paragraphe ne peut pas être extrapolé directement aux tables de multiplication.

8. Ce qualificatif n'est pas très bien choisi, car tout calcul est mental dès lors qu'il n'est pas le produit d'un engin mécanique ou électronique : « Calcul sans écriture » aurait été préférable.

En résumé, l'enfant doit être capable d'un calcul « mental et fulgurant ».

Souvent, les enseignants adoptent la même forme d'interrogation pour faire pratiquer le calcul mental et pour faire apprendre les tables: ils disent « six plus huit? », par exemple, et les enfants doivent écrire la réponse sur leur ardoise. Après un temps variable, les enfants lèvent leur ardoise pour montrer leur résultat. Ce mode d'interrogation (procédé La Martinière) a l'inconvénient de masquer la procédure adoptée par l'enfant:

– a-t-il surcompté ou fait du calcul pensé « dans sa tête » (on parle alors de procédure reconstructive)?

– ou bien connaît-il le résultat « par cœur », c'est-à-dire connaît le résultat de la table (on parle de procédure reproductive)[9] ?

Si l'enseignant souhaite seulement faire pratiquer le calcul mental, le procédé La Martinière est bien adapté: on peut faire expliciter les stratégies adoptées, les faire écrire ou les illustrer avec un matériel tel que les réglettes avec caches...

En revanche, pour faire apprendre les tables, il est sûrement préférable d'adopter un rythme d'interrogation plus rapide, en proposant ce qu'on appelle du « calcul en batterie »: les enfants disposent, par exemple, de dix cases destinées à recevoir des résultats, et l'enseignant énonce les additions correspondantes à un rythme soutenu (comme lors d'un « tir en batterie »). Quand l'enfant sait, il écrit, sinon il saute la case, ou bien il marque une croix dans cette case. Le rythme d'énonciation doit être choisi de façon à inciter à la reproduction du résultat, plutôt qu'à sa reconstruction. La correction s'effectue à la fin.

Peut-être certains lecteurs sont-ils étonnés qu'on prétende « faire apprendre les tables » lors d'une activité qui ressemble plus à un test de connaissances qu'à une situation d'apprentissage. C'est la spécificité de ce genre d'apprentissage: il faut effectivement s'adresser à un enfant qui sait déjà, car il est inutile de proposer cette forme rapide de calcul si l'enfant ne sait pas déterminer les résultats correspondants lentement, dans des conditions où il a tout son temps. Mais en restreignant le temps de calcul, le pédagogue vise à ce que ce calcul devienne « automatisé ». Il s'agit moins d'apporter de nouvelles connaissances que d'inciter à une nouvelle gestion mentale des connaissances antérieures.

Quelle progression?

Concernant l'apprentissage des tables d'addition, la logique voudrait qu'on commence par faire du calcul en batterie avec les relations numériques suivantes: ajout de 1 et de 2, doubles, relations de la forme $5 + n$ (et $10 + n$, dans un second temps), puis que les enfants s'exercent au calcul pensé, pour

---

9. M. Fayol, 1985.

finalement faire du calcul en batterie avec l'ensemble des résultats de la table d'addition. Mais il faut éviter d'avoir une vision « logiciste » de l'apprentissage : comme nous l'avons vu, une parfaite mémorisation des doubles et des relations de la forme $5 + x$ ou $10 + x$ ne doit pas être considérée comme un préalable à l'enseignement du calcul pensé.

Par ailleurs, bien que le signe « – » et l'oralisation correspondante ne soient pas introduits au cours préparatoire, il semble très souhaitable que les enfants mémorisent également certains résultats simples de la table de soustraction : « 8, je retire 1 », « 8, je retire 2 », « 8, je retire 7 », c'est-à-dire le résultat des retraits de 1, de 2, et de $n - 1$. Le résultat d'un retrait de 5, puis de 10 peut également faire partie de ce « programme ».

CONCLUSION

Au cours préparatoire, il serait prématuré d'utiliser les égalités numériques comme outils permettant de résoudre des problèmes concrets. En revanche, les égalités lacunaires sont certainement le moyen le plus économique dont on dispose pour poser des problèmes qui incitent au calcul plutôt qu'au comptage :

– les quantités sont représentées par des écritures chiffrées et non par des collections ;

– dès lors que l'enfant sait lire les égalités numériques, les problèmes correspondants (qui sont « non concrets ») lui sont directement accessibles sans qu'il ait à se re-présenter une situation concrète.

Les égalités numériques constituent par ailleurs un langage symbolique qui facilite considérablement l'enseignement du calcul pensé.

Concluons en avançant une réponse à la question qui a été posée en préambule à ce chapitre : faut-il à nouveau enseigner le signe « – » au cours préparatoire ? L'enjeu de cette question apparaît finalement peu important. En effet, l'enseignant dispose du mot « retire » et de l'« addition à trous » comme moyens pédagogiques permettant de faire décomposer des quantités aux enfants. Comme, de plus, il n'y a aucune aide à attendre de la connaissance du signe « – » pour résoudre des problèmes dits de soustraction, on voit mal quelle sorte d'impératif commanderait de revenir à cet enseignement. En fait, ce retour pourrait se justifier pour des raisons qui sont plus d'ordre politique que didactique, parce qu'il serait perçu comme le fait que « la soustraction est à nouveau au programme ». C'est ainsi que ce retour est susceptible de convaincre les enseignants qu'il faut, dès le cours préparatoire, poser des problèmes dits de soustraction aux élèves et leur faire mémoriser quelques résultats de table de soustraction. Mais on peut certainement aboutir au même résultat par une meilleure information, ou mieux par la formation continue.

Par ailleurs, il semble raisonnable de penser qu'un enseignement explicite du calcul pensé d'une différence, analogue à celui qui a été décrit concernant une somme, est plutôt du ressort du cours élémentaire. Il est clair également que l'enseignement du calcul pensé d'une somme n'est pas achevé en fin de cours préparatoire et qu'il doit se poursuivre au cours élémentaire.

La numération et l'addition des nombres de 2 chiffres

POUR BIEN CONCEVOIR LES GRANDES QUANTITÉS, IL FAUT CHANGER D'UNITÉ

« T rente-sept » ne permet une bonne conception de la quantité correspondante que dans la mesure où on est capable de concevoir cette quantité comme « 3 dizaines et 7 unités ». Sinon, pour savoir ce qu'est « trente-sept », il n'y a guère d'autre choix que de compter un à un les éléments d'une collection jusqu'à entendre [trente] [sept]. Et quand on a procédé ainsi, on se retrouve devant un tas informe qui ne diffère pas de manière sensible d'un tas de 35 ou de 40.

Lorsqu'on parle de « 3 dizaines et 7 unités », on n'emploie pas le mot « unité » dans le même sens que lorsqu'on dit que le centimètre, le mètre ou le kilomètre sont des unités de longueur. En effet, dans l'expression « 3 dizaines et 7 unités », le mot « unité » s'oppose à « dizaine », alors que dans « 3 dm et 7 cm », le décimètre et le centimètre sont tous les deux des unités, des unités de tailles différentes, mais des unités. De même, il est intéressant de considérer que la dizaine est une « grande unité ».

Précisons cette idée en poursuivant la comparaison avec la mesure des longueurs : le double décimètre est un outil inadapté pour prendre les mesures d'un champ, et dans ce cas, on choisit une chaîne d'arpenteur, c'est-à-dire un outil qui matérialise une unité plus grande. De même, dès que la taille d'une collection est un tant soit peu importante, les éléments de cette collection ne constituent plus une bonne unité de compte pour se représenter la quantité correspondante, et on change d'unité en prenant comme nouvelles unités la dizaine, puis la centaine.

Le changement d'unité est inscrit dans la langue

Ainsi, quand on dénombre un gros tas d'objets, au moment d'en ajouter un à 99 autres, on peut considérer qu'il y a « un cent », et se mettre à compter les cents : deux cents, trois cents, quatre cents... de la même manière qu'on comptait auparavant les unités. C'est « le cent » qui est « un » dans ce nouveau comptage, c'est donc « le cent » qui est l'« unité ».

Ce changement d'unités se traduit de diverses façons dans la langue :
– par un changement de statut grammatical du mot « cent » : c'est un adjectif numéral dans « faire cent pas » et un nom dans « gagner des mille et des cents » (quand on gagne beaucoup, il faut changer d'unités !) ;
– par un changement dans l'ordre de juxtaposition des mots-nombres : alors que dans « cent un », « cent deux », « cent trois »... jusqu'à 197, 198, 199, la juxtaposition de cent et des autres mots-nombres (deux, par exemple, dans « cent deux ») signifie l'ajout, dans « deux cents » la juxtaposition des mêmes mots-nombres signifie que cent est une nouvelle unité.

Et dans certaines langues, comme le japonais, les deux significations de la juxtaposition, ajout et changement d'unité, sont utilisées dès les premiers nombres :
– après dix, on a « dix-un » (11), « dix-deux » (12)... « dix-huit », « dix-neuf », toutes dénominations où la juxtaposition signifie l'ajout ;
– puis « deux dix » (20), où la juxtaposition des mêmes mots-nombres « deux et dix » signifie que dix est une nouvelle unité. Et, de la même manière, on a « trois dix » (30), « quatre dix » (40)...

Pour faciliter le discours sur le phénomène du « changement d'unité », qui est le phénomène essentiel pour comprendre la numération, on considérera dans la suite de ce chapitre que la dizaine, la centaine sont également des unités. Mais pour éviter tout risque de confusion, on parlera de « grandes unités ».

Connaître la numération décimale, pour un enfant de cours préparatoire, ce n'est pas seulement savoir que pour réaliser une collection de 34 objets, on peut indifféremment les compter un à un, ou former 3 groupes de dix et compléter avec 4 objets, c'est aussi être capable d'utiliser la dizaine comme « grande unité » pour calculer une somme. Là encore les deux fonctions du nombre (la représentation des quantités et le calcul) sont très liées : la numération décimale est une aide essentielle au calcul parce qu'il est plus rapide de « totaliser des dix » que de « totaliser des uns ». Alors que jusque vers la moitié de l'année de cours préparatoire, l'enseignant acceptait que les enfants emploient des procédures de comptage avec les grandes quantités et qu'il se contentait de favoriser le calcul sur un domaine numérique plus restreint, l'enseignement de la numération doit permettre aux enfants de déterminer la somme de deux grandes quantités par le calcul, grâce au changement d'unités qui est le principe même de la numération.

UN ENSEIGNEMENT DONT L'ENJEU EST FONDAMENTAL, MAIS QUI ÉCHOUE SOUVENT: LA NUMÉRATION

Toutes les études qui ont été menées[1] montrent que l'enseignement de la numération échoue souvent. Dans la suite de ce chapitre, quelques raisons de cet échec seront analysées et, bien sûr, quelques orientations alternatives seront proposées.

Il faut que le comptage un à un précède les activités de groupement par dix

L'activité la plus fréquente dans les classes est celle où on demande aux enfants de grouper des éléments par dix et de remplir un « tableau de numération »:

Groupe dix par dix et complète le tableau.

Les auteurs qui ont étudié cette activité considèrent qu'elle échoue à améliorer la connaissance de la numération et ils expliquent cet échec par le fait que les enfants perdent de vue la fonction première de l'activité: savoir combien il y a de croix, c'est-à-dire représenter la quantité de croix[2].

Ainsi, les enfants qui ont terminé le groupement écrivent 3 dans la colonne dite des dizaines et 4 dans celle des unités, parce qu'ils ont compris que c'est ce qu'on attend d'eux, mais si jamais on leur demande combien il y a de croix... la plupart recommencent à les compter une à une. Il est clair que c'est le comptage un à un qui, aux yeux des enfants, permet le plus assurément de représenter les quantités. C'est seulement lorsque le comptage des dizaines est conçu comme un résumé de celui des unités qu'il permet lui aussi de représenter les quantités.

---

1. Voir notamment N. Bednaroz et B. Janvier (1984), et J.-F. Perret (1985).
2. J.-F. Perret, 1985.

Quand on demande aux enfants de grouper les croix par dix, ils obéissent docilement, mais sans comprendre quelle est l'intention du pédagogue : pour comprendre, il faudrait qu'ils sachent que pour représenter une quantité, on peut compter des dix plutôt que des unités, c'est-à-dire qu'ils aient la connaissance... qu'on veut leur enseigner.

Enseigner la numération, au départ, c'est créer les conditions pour que les enfants prennent conscience que le comptage des unités peut être résumé en un comptage des dizaines : le comptage des unités est donc nécessairement premier dans les situations pédagogiques correspondantes.

Pour enseigner la numération, l'enseignant peut s'appuyer sur la façon dont on dit les nombres

Pour comprendre les difficultés d'apprentissage de la numération que rencontrent les jeunes enfants qui parlent la plupart des langues occidentales (français, anglais, allemand...), il est commode d'examiner comment les enfants apprennent dans des pays comme le Japon, où le changement d'unité correspondant à la dizaine est mieux inscrit dans la langue qu'en français.

Face à un tas de jetons, l'adulte va donc demander à l'enfant de les compter un à un et il va essayer de créer les conditions pour que l'enfant prenne conscience du rôle du dix. Pour cela, il demandera à l'enfant de séparer les jetons déjà dénombrés de ceux qui ne le sont pas encore :

ENFANT : Un, deux, trois... dix, dix-un *(on est au Japon !).*

ENSEIGNANT : Où sont-ils, le « dix » et le « un » ? Là, tu vois, c'est dix et là un... *(l'enseignant invite ainsi l'enfant à garder le paquet de dix visible en séparant les jetons qui sont ajoutés après dix)* ; continue...

ENFANT : Dix-deux *(l'enfant « voit » dix et deux)*, dix-trois, dix-quatre... dix-neuf, deux dix.

ENSEIGNANT : Où sont-ils les « deux dix » ?

On voit que la langue joue un rôle essentiel dans cet apprentissage ; lors du comptage, dans un premier temps, les enfants emploient les dénominations de nombres globalement : c'est le conglomérat « deux dix » qu'ils savent employer. Quand un enfant japonais prend conscience que « deux » et « dix » gardent de leur signification habituelle, c'est l'occasion d'une « prise de sens » selon un phénomène que tout le monde a expérimenté : le mot « bal-musette », par exemple, est souvent connu globalement, et quand on apprend qu'une musette est une petite cornemuse, on est souvent amené à reconsidérer sa conception antérieure du bal-musette.

C'est ainsi que les enfants japonais apprennent que pour former une collection de « cinq dix sept » objets, on peut soit les compter un à un, soit prendre la dénomination « cinq dix sept » au pied de la lettre, former des paquets de dix et compter : un dix, deux dix, trois dix, quatre dix, cinq dix, avant d'ajouter sept objets.

Avec des langues telles que le français ou l'anglais, compter de dix en dix (dix, vingt, trente, quarante…) et compter des dizaines sont deux activités qui ne conduisent pas aux mêmes oralisations, et c'est certainement un obstacle majeur à la prise de conscience du fait que le comptage des dix puisse être un résumé du comptage des unités.

Quelles conclusions en tirer pour les pédagogues de langue française ou anglaise ? Ils ont sûrement intérêt à utiliser des formulations telles que « vingt, c'est deux dix » ou « trente, c'est trois dix », de même qu'ils ont intérêt à utiliser des égalités telles que 20 = 10 + 10, 30 = 10 + 10 + 10, qui conduisent à ce type de formulation.

Il ne s'agit nullement de proscrire l'utilisation du mot « dizaine ». Cependant, la pratique langagière habituelle, qui consiste à utiliser « dix » comme adjectif numéral (« dix objets ») et « dizaine » comme substantif (« deux dizaines »), risque de masquer le double statut de la quantité dix : formée d'unités (dix objets), elle est elle-même unité de plus grande taille (deux dix). L'emploi de formulations telles que « deux dix », « trois dix », joint à celui des dénominations habituelles (vingt, trente…), aide l'enfant à prendre conscience de ce double statut, parce qu'on utilise le même mot « dix » en tant qu'adjectif numéral et en tant que substantif, c'est-à-dire dans les deux sens possibles.

Pour enseigner la numération, l'enseignant peut faire utiliser les doigts ou un matériel structuré

Pour qu'un enfant puisse se représenter avec les doigts une quantité correspondant à 12, il est judicieux de « lui prêter 10 doigts », de façon qu'il n'ait plus qu'à en ajouter 2. Dans un deuxième temps, l'enfant acceptera un nouveau code : pour montrer 12 doigts, il suffit de montrer d'abord 10 doigts et de les refermer avant d'en montrer 2 autres. On peut procéder de la même manière pour tous les nombres inférieurs à 20. Et pour montrer 24 doigts, il suffit de montrer deux fois 10 doigts, avant d'en exhiber 4 autres. Les doigts sont un matériel où le groupement de 10 existe à l'état naturel, où il préexiste au comptage de l'enfant : c'est un contexte qui favorise les découvertes. Donnons un exemple d'activité pédagogique en classe.

Quatre enfants font face aux autres élèves de la classe.

Montrez 6 doigts en tout (il faut se mettre d'accord sur l'enfant qui va montrer les unités).

Montrez 12 doigts en tout (on les recompte un à un, ou on surcompte au-dessus de 10). Montrez 15 doigts… 17…

Montrez 21 doigts, 24… 26. Comment on fait pour montrer « vingt et quelque chose de doigts ? 21 c'est "deux dix" et un, 24 c'est "deux dix" et quatre ».

Montrez 32 doigts, 35… Comment on fait pour montrer « trente et quelque chose de doigts ? 32 c'est "trois dix" et deux, 35 c'est "trois dix" et cinq ».

Montrez 43 doigts : il faut appeler un autre enfant. 43 c'est « quatre dix et trois »...

Pour faciliter la coordination entre enfants lors de cette tâche, on peut désigner un « chef d'orchestre ».

Inversement, une équipe peut proposer aux autres enfants d'écrire sur leur ardoise la quantité qu'ils montrent avec leurs doigts.

On voit l'intérêt des doigts : il est beaucoup plus rapide de former 3 groupes de dix et 6 unités avec les doigts de quatre enfants qu'avec des jetons extraits en vrac d'une boîte ! Cette facilité donne à l'enseignant la possibilité de faire travailler la décomposition en dizaines et unités de la suite des nombres, plutôt que d'une quantité isolée, comme c'est le cas lorsque les enfants travaillent sur une collection déterminée de croix ou de jetons.

Plutôt que les doigts, il est également possible d'utiliser un matériel structuré tel que les réglettes avec caches : là encore, le groupement de 10 préexiste et permet la formation rapide d'une quantité donnée (l'activité correspondante, la « course à *n* » où on échange son ancien score contre son nouveau, est décrite au chapitre 7, page 176).

Ou encore de faire utiliser les constellations : on peut demander aux enfants de dessiner 37 croix de manière que l'enseignant voie immédiatement s'il y a le bon compte.

Pour enseigner la numération, l'enseignant peut s'appuyer sur la façon dont on écrit les nombres

Le groupement de dix est inscrit dans l'écriture des nombres mais il y est inscrit sous une forme complexe, qui résulte d'une longue évolution historique.

On sait que les Égyptiens antiques représentaient la quantité neuf par neuf bâtons, et que dix était le premier chiffre différent de un : ∩.

C'est ainsi que douze s'écrivait ∩ΙΙ, vingt-trois ∩∩ΙΙΙ et trente et un ∩∩∩Ι.

Le chiffre suivant, chez les Égyptiens, était cent : ⊙.

Si bien que « deux cent trente et un » s'écrivait : ⊙⊙∩∩∩Ι

Les Égyptiens possédaient donc des chiffres pour les unités de différentes tailles : l'unité la plus petite, la « grande unité » qu'est la dizaine, la « très grande unité » qu'est la centaine, etc. Et les quantités étaient représentées à l'aide de collections-témoins de ces unités : trente c'est ∩∩∩, c'est-à-dire trois dessins de dix !

C'est certainement le système d'écriture qui rend compte de la manière la plus explicite qui soit de la numération décimale : l'existence d'unité de différentes tailles (dizaines, centaines...) se matérialise dans l'emploi de chiffres différents, et pour rendre compte du cumul de chaque unité, on n'adopte même pas une représentation numérique (3 $\cap$, par exemple): la collection-témoin suffit.

Notre système d'écriture des nombres est à l'opposé de celui-là. Plutôt que d'utiliser des bâtons, nous utilisons des chiffres de 1 à 9, et le premier chiffre qui nous manque (après 9...) est celui qui correspondrait à la « grande unité » qu'est la dizaine: en lieu et place, nous écrivons 10. Nous avons des chiffres quand les Égyptiens n'en avaient pas et nous n'en avons plus quand ils en avaient, c'est-à-dire pour représenter les unités de différents ordres (dizaines, centaines...)!

Le groupement de dix est effectivement inscrit dans notre écriture des nombres, mais il y est inscrit sous une forme autrement plus complexe que chez les Égyptiens antiques.

Cette complexité n'empêche nullement les enfants d'apprendre à lire et écrire les nombres, ni même d'apprendre à s'aider de l'écriture des nombres pour les décomposer en dizaines et unités, mais la compréhension de notre système d'écriture n'est pas le moteur unique, ni même le moteur essentiel, de l'apprentissage de la numération, contrairement à ce qu'ont pu penser les réformateurs de 1970 qui préconisaient l'usage de bases différentes de dix pour comprendre ces règles d'écriture dans leur généralité.

On connaît le principe de codage numérique en base: on obtient la suite des écritures des nombres « en base quatre » en imaginant un compteur de voiture qui n'aurait que quatre chiffres, 0, 1, 2, 3, sur chaque molette, c'est-à-dire tel qu'après le « 3 », ce soit directement le « 0 » qui apparaisse: 1, 2, 3, 10, 11, 12, 13, 20, 21, 22, 23, 30, 31, 32, 33, 100, 101, 102, 103, 110...

Cette suite de symboles permet de représenter les quantités de la même manière qu'on a pu le faire dans les chapitres précédents avec les lettres de l'alphabet (attention: « 10 » représente quatre, « 11 » cinq, etc.). De plus, la suite ci-dessus est infinie et on peut montrer qu'elle rend compte de changements successifs d'unités: quatre et seize jouent ici le rôle qui est celui de dix et cent dans notre système d'écriture des nombres.

On voit immédiatement à quels obstacles va se heurter l'enseignant qui utilise des bases différentes de dix comme moyen pédagogique: dans ce contexte, l'enfant perd l'essentiel de ses repères. Son savoir ordinaire concernant les nombres, celui qu'il met en œuvre en dehors de l'école, n'a plus cours: il ne faut pas confondre le « 10 » qu'on voit affiché comme prix chez l'épicier avec le « 10 » en base quatre, qu'il faut d'ailleurs lire « un-zéro en base quatre ». Le plus grave, peut-être, est que l'enfant ne peut plus escompter une quelconque aide de la façon dont on parle les nombres: l'usage des bases autres que dix est, de ce point de vue, un moyen pédagogique antinomique de celui qui a été préconisé et qui consiste à utiliser des formulations telles que « vingt, c'est deux dix »...

J.-F. Perret[3] a procédé à une évaluation très précise d'un programme d'enseignement qui fait un grand usage de la numération en bases différentes de dix comme moyen pédagogique : celui de Suisse romande. Sa conclusion essentielle est qu'on a certainement surestimé la capacité des jeunes enfants à comprendre dans leur généralité les règles qui régissent un système écrit de numération de position tel que le nôtre, et il conclut son étude ainsi : « On peut sérieusement penser qu'une approche plus tardive des activités de groupement et de codage numérique en base différente de dix, en troisième ou en quatrième année, au moment où l'on sent les élèves prêts à réfléchir et travailler sur le système de codage en tant que tel, permettrait d'obtenir des résultats identiques en faisant l'économie d'une longue phase d'approche à l'apport incertain. »

Ces réserves faites, il est clair que l'étude de notre système d'écriture des nombres peut être une aide pour apprendre la numération décimale. Donnons un exemple d'activité[4] :

L'enseignant affiche une file numérique qui va jusqu'à 100, dont les cases sont de dimensions réduites, excepté celles qui correspondent aux dizaines et aux demi-dizaines, qui sont les seules à être numérotées :

Les cases numérotées peuvent être masquées avec du papier collant repositionnable.

« Où est la case quarante ? » Là encore, les deux stratégies possibles seront systématiquement employées :

– compter de dix en dix : 10, 20, 30, 40 ;

– compter des dix : 1 (en désignant une accolade), 2, 3, 4, 4 dix c'est ici. On vérifie en soulevant le papier qui masque la case.

« Où est la case quarante-trois ? »... Noter que toutes les cases de l'accolade ont leur numéro qui commence par « 4 ».

« Où est la case dont le numéro est "73" ? » (Le numéro correspondant n'est pas oralisé, il est écrit par l'enseignant au tableau.) Les nombres qui sont supérieurs à 70 sont particulièrement intéressants parce que beaucoup d'enfants ne savent pas lire : dans ces conditions, c'est la lecture 7 dix et 3 qui prime.

« Écrivez sur votre ardoise le numéro correspondant à la case que je vous montre », etc.

---

3. J.-F. Perret, 1985.

4. Un ensemble d'activités intéressantes se trouvent dans Ermel (1977) sous le titre : « Progression compteur ». Ces activités nécessitent qu'on dispose de compteurs mécaniques.

Cette activité avec la file numérique, comme celle avec les doigts ou les réglettes avec caches, est prolongée par des exercices écrits tels que :

$$40 = 10 + 10 + \ldots$$
$$35 = 30 + \ldots$$
$$5 + \ldots = 45$$
$$20 + \ldots = 24$$

Dessine les réglettes

48 ....

Cinquante-deux ? ....

L'exercice 40 = 10 + 10 + ... peut être résolu de deux manières différentes :
– « 40 » est lu globalement sous la forme quarante, qui est ensuite traduite par « quatre dix » ;
– « 40 » est lu analytiquement comme la juxtaposition de « 4 » et de « 0 » et interprété directement sous la forme « quatre dix ».
Cette dernière stratégie est beaucoup plus fréquente avec les nombres supérieurs à 69.

LA TECHNIQUE D'ADDITION DES PERSONNES QUI N'ONT PAS ÉTÉ SCOLARISÉES : L'ADDITION NATURELLE

Pour enseigner la numération, l'enseignant peut donc s'appuyer sur la façon dont on parle des nombres et dont on les écrit, et faire utiliser les doigts ou un matériel structuré. Mais il peut également créer des situations pour que les enfants prennent conscience des facilités de calcul qui résultent de l'emploi de la « grande unité » qu'est la dizaine.

Là encore, l'emploi de la dizaine comme « grande unité » n'est pas l'apanage de la technique écrite de calcul qu'est l'addition en colonne. Ainsi, les études ethnographiques de peuples tels que les Dioulas d'Afrique montrent que ces commerçants ont su développer de bonnes compétences en calcul bien qu'ils vivent dans une totale ignorance de l'écriture (ce qui, bien sûr, est de moins en moins fréquent aujourd'hui). Ces gens n'utilisent pas la même technique que celle qu'on observe le plus fréquemment chez les adultes occidentaux : ils calculent de « gauche à droite » et non de « droite à gauche » comme nous le faisons dans l'addition en colonnes. Mais l'expression « de gauche à droite » peut sembler mal adaptée pour décrire une technique qui, à l'origine, était essentiellement orale.

Ainsi, pour calculer 432 + 227, ils procèdent de la manière suivante (on évite d'employer les chiffres pour rappeler qu'il s'agit d'une technique qui, originellement, est orale):

quatre cent trente deux... et deux cents...

six cent trente deux... et vingt...

six cent cinquante deux... et sept...

six cent cinquante neuf.

Ces calculateurs non scolarisés travaillent donc d'abord sur les centaines, puis les dizaines et les unités, alors que dans la technique en colonne nous commençons par les unités.

Les calculateurs prodiges du XIXe siècle, qui souvent étaient d'anciens bergers non scolarisés[5], utilisaient également cette technique, qu'on appellera l'« addition naturelle ».

L'addition naturelle et l'addition en colonnes

Le qualificatif « naturel » ne signifie pas que cette technique soit plus « simple » que la technique en colonnes: avant 1970, la technique en colonnes était enseignée dès l'école maternelle avec un certain succès (voir l'introduction de cet ouvrage), alors qu'il est douteux qu'on puisse obtenir des résultats analogues avec la technique naturelle. Cette technique est qualifiée de « naturelle » parce que, dans tous les cas connus où des hommes savent faire une addition sans avoir été scolarisés, c'est cette technique qui est utilisée.

Par ailleurs, l'addition en colonnes et l'addition naturelle ne s'opposent pas du fait que l'addition en colonnes serait exclusivement une technique écrite et l'addition naturelle exclusivement une technique mentale (ou orale):

– lors d'un calcul mental, la plupart des adultes occidentaux scolarisés « posent l'addition en colonnes dans leur tête » et calculent en commençant par les unités[6]. L'addition en colonnes était à l'origine une technique écrite, mais dans notre culture c'est également la technique mentale la plus répandue (ce qu'on peut regretter, car elle est peu performante comme technique mentale!) ;

– de même, l'addition naturelle est à l'origine une technique orale, mais le pédagogue peut choisir de faciliter ce mode de calcul en favorisant l'usage de traces écrites. Ainsi, dans la progression qui est présentée ici, lorsque l'enfant doit calculer 25 + 43, l'enseignant suscite la production d'écritures telles que:

25 + 43 = 20 + 5 + 40 + 3

ou même:

25 + 43 = 10 + 10 + 5 + 10 + 10 + 10 + 10 + 3

---

5. S.-B. Smith, « Les calculateurs prodiges », 1987.

6. H. Ginsburg, 1982.

L'enfant dispose alors d'un support matériel qui lui permet de « compter les dix » :

– soit sous la forme « 10, 20, 30, 40, 50, 60 » :

$$25 + 43 = 10 + 10 + 5 + 10 + 10 + 10 + 10 + 3$$
[dix]   [vingt]   [trente] [quarante] [cinquante] [soixante]

– soit « 1, 2, 3, 4, 5, 6... six dizaines (ou six-dix), c'est soixante » ;
– ou encore « 2 dix et 4 dix, c'est 6 dix, soixante » (auquel cas la première décomposition suffit).

Remarque

La technique décrite ci-dessus est légèrement différente de l'addition naturelle parce que les deux nombres sont décomposés (25 et 43), mais elle en est très proche dans la mesure où les décompositions sont dictées par le mode d'oralisation des nombres, comme dans l'addition naturelle. Dans la suite de ce chapitre nous appellerons « addition naturelle » chacune de ces deux techniques, ce qui permet de souligner leur parenté ainsi que leur opposition commune à l'addition en colonnes.

L'addition naturelle et le calcul pensé d'une somme

Qu'il s'agisse de faire usage des doubles, de faire apparaître les cinq ou du passage de la dizaine, le calcul pensé d'une somme a été présenté au chapitre 9 dans des cas où les deux nombres en jeu étaient inférieurs à 10. Le « passage de la dizaine » se généralise au « passage de la vingtaine », « de la trentaine »... et dans ce cas, un des deux nombres est supérieur à 10. Mais il existe encore un mode de calcul analogue lorsque les deux nombres sont supérieurs à 10 : c'est l'addition naturelle.

En effet, comparons la traduction écrite de l'addition naturelle avec celle d'une des techniques de calcul pensé qui ont déjà été présentées, « l'utilisation des doubles » par exemple :

« utilisation des doubles »   addition naturelle :
8 + 9 = 8 + 8 + 1   25 + 43 = 20 + 5 + 40 + 3
8 + 9 = 16 + 1   25 + 43 = 60 + 8

On retrouve bien dans l'addition naturelle les deux phases caractéristiques du calcul pensé d'une somme : celle de décomposition et l'autre de recomposition. Quand on emploie le vocabulaire qui a été le nôtre en ce qui concerne le calcul pensé (le « retour aux cinq », le « retour à la dizaine »), l'addition naturelle pourrait s'appeler le « retour aux dizaines inférieures ».

ENSEIGNER D'ABORD L'ADDITION NATURELLE, PLUTÔT QUE L'ADDITION EN COLONNES

Dans la progression qui est le plus souvent adoptée, l'addition en colonnes est introduite à partir d'un « tableau de numération » :

Écris le nombre d'objets de chaque collection et calcule la somme.

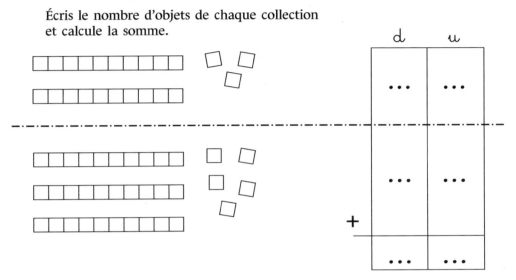

Mais dès qu'un élève « sait faire une addition en colonnes », il n'a plus besoin de mettre en œuvre les connaissances en numération qu'il a acquises précédemment : s'il s'agit de calculer 25 plus 43 en colonnes, l'élève dit « 5 plus 3, 8 » puis « 2 plus 4, 6 », en oubliant le plus souvent que ces chiffres désignent des dizaines.

Il se contente d'additionner ce qui figure dans une même colonne, sans se préoccuper outre mesure des quantités réellement représentées. Le phénomène de la retenue est susceptible de lui rappeler que les chiffres ont des valeurs différentes suivant leur place, mais les enfants ont tellement envie de savoir faire une addition que, très souvent, ils s'approprient ce phénomène comme un mécanisme de calcul : il leur semble plus important de savoir « comment on fait » que de savoir pourquoi on fait ainsi.

La pratique de l'addition naturelle améliore la connaissance de la numération décimale

Considérons ce même calcul, « 25 + 43 », lorsqu'il est mené par la technique de l'addition naturelle :

25 + 43 = 20 + 5 + 40 + 3
25 + 43 = 60 + 8

ou

25 + 43 = 10 + 10 + 5 + 10 + 10 + 10 + 10 + 3
25 + 43 = 60 + 8

Pour le mener à bien, il faut :

– soit que l'enfant ait mémorisé la relation « vingt plus quarante, soixante » ;

– soit qu'il sache retrouver cette relation en disant que « vingt c'est 2 dix » (ou deux dizaines), « quarante c'est 4 dix », « 2 dix et 4 dix, ça fait 6 dix, c'est-à-dire soixante » ;

– soit qu'il décompose 25 en « deux dix et cinq », 43 en « quatre dix et trois », avant de « compter les dix » ou de compter de dix en dix.

Quelle que soit la procédure qu'il met en œuvre, à aucun moment l'enfant n'énonce « 2 plus 4, 6 » sans savoir que ces chiffres désignent des dizaines. Dans l'addition naturelle, le travail sur les dizaines ne conduit pas aux mêmes oralisations que celui qui est mené sur les unités, et l'enfant ne peut pas faire abstraction de ce que représentent les différents chiffres.

Aussi le choix d'enseigner d'abord l'addition naturelle, plutôt que l'addition en colonnes, a pour conséquence fondamentale d'allonger considérablement le temps d'étude de la numération. Dans cette progression, comme dans la progression traditionnelle, le pédagogue fait des leçons de numération avant d'étudier l'addition naturelle, mais ces leçons ne sont pas les seules occasions qu'ont les enfants de travailler la numération : ils continuent à apprendre la décomposition-recomposition en dizaines et unités parce qu'ils utilisent ces relations à chaque fois qu'ils font une addition naturelle.

L'enseignement traditionnel repose sur une vision logiciste de l'apprentissage : la numération y est considérée comme un prérequis au calcul, et dès qu'on amorce le calcul sous forme d'addition en colonnes, la numération n'est pour ainsi dire plus travaillée. En revanche, quand le pédagogue enseigne d'abord l'addition naturelle plutôt que l'addition en colonnes, la numération devient un outil de calcul pendant une longue période (le troisième trimestre du cours préparatoire au moins), un outil qui se perfectionne avec la pratique du calcul.

Remarques

– Quand l'enfant décompose chaque nombre en dizaines,

25 + 43 = 10 + 10 + 5 + 10 + 10 + 10 + 10 + 3,

il est important que l'enseignant fasse le plus souvent possible oraliser le calcul sous la forme d'un « comptage des dix » ou mieux sous la forme « 2 dix et 4 dix ça fait 6 dix », et qu'il ne se contente pas d'un comptage de 10 en 10 (dix, vingt, trente…): en effet, c'est en calculant avec des dix (« 2 dix et 4 dix ça fait 6 dix ») que la dizaine acquiert son statut d'unité.

– Le seul problème que pose l'enseignement de la retenue est un problème de notation: on aurait très envie d'écrire une troisième ligne. Il est certainement préférable de s'en abstenir, et d'adopter la présentation suivante:

$$\overset{\overbrace{10 + 3}}{28 + 35 = 20 + 30 + 8 + 5}$$
$$28 + 35 = 63$$

– Le passage à l'addition en colonnes, en fin de cours préparatoire, ne pose guère de problèmes. Pour les enseignants qui conservent leurs enfants en cours élémentaire cet enseignement n'est d'ailleurs nullement indispensable: on s'aperçoit très vite qu'une bonne partie des enfants n'ont même plus besoin d'écrire pour déterminer le résultat: ils l'obtiennent directement par calcul mental. Pour eux, la technique en colonnes trouvera son véritable intérêt avec des nombres de plus grande taille ou pour calculer la somme de plus de 2 nombres. Quant à ceux qui n'en sont pas encore là, c'est souvent le signe qu'ils ont toujours besoin de progresser en numération: ce n'est pas le moment de stopper ces progrès en enseignant la technique en colonnes!

CONCLUSION

L'enseignement de la numération est fondamental: c'est toute la conception des grandes quantités qui est en jeu! L'enseignement traditionnel ainsi que l'enseignement rénové issu de la réforme de 1970 reposent fréquemment sur une vision réductrice de la numération, qui n'est souvent perçue qu'à travers sa traduction écrite (l'écriture des nombres en base dix). Connaître la numération, c'est disposer d'un système d'unités de tailles différentes (dizaines, centaines…), et cet emploi de différentes unités s'inscrit aussi bien dans des pratiques langagières, lors d'un comptage ou d'un calcul oral, que dans des pratiques d'écriture. Les calculateurs prodiges du XIXe siècle étaient souvent des bergers qui ne savaient pas lire les nombres. Or il est impossible d'effectuer mentalement le produit de deux nombres supérieurs à 10 000 sans de très bonnes connaissances en numération décimale!

Au niveau du cours préparatoire, connaître la numération, c'est notamment savoir utiliser la « grande unité » qu'est la dizaine pour calculer une somme. Or, plutôt que de consacrer le temps nécessaire à cet apprentissage, l'école a tendance à enseigner de façon précoce l'addition en colonnes, c'est-à-dire une technique écrite où la disposition spatiale supplée une éventuelle méconnaissance de la numération.

Quand la progression traditionnelle est mise en œuvre de manière stricte, c'est l'enseignant qui décide du moment où il est temps d'apprendre la numération (avant l'addition en colonnes) et de celui où il n'est plus temps (après l'addition en colonnes). Les enseignants qui désirent pratiquer une pédagogie différenciée ne doivent sûrement pas faire ce choix !

Il est sûrement préférable d'enseigner une technique opératoire plus proche du calcul oral, mais qui nécessite l'usage de la numération : l'addition naturelle.

L'addition naturelle n'est qu'un cas particulier du calcul pensé. De même que le calcul pensé nécessite seulement une première connaissance des doubles et des relations du type $5 + x$ et $10 + x$, parce qu'il aide aussi à mieux connaître ces relations, l'addition naturelle nécessite seulement une première connaissance de la numération décimale, parce que sa pratique aide les enfants à mieux connaître la numération elle-même.

De même qu'il vaut mieux enseigner le calcul pensé que le surcomptage, mieux vaut l'addition naturelle que l'addition en colonnes. Dans les deux cas la justification est la même : surcomptage et addition en colonnes sont des techniques puissantes mais qui ne permettent guère d'aller vers une meilleure conception des quantités. Les procédures de calcul qui sont mises à la disposition des débutants ne doivent pas être évaluées seulement à l'aune des performances qu'elles permettent. Il faut également tenir compte des connaissances qu'elles construisent, et, de ce point de vue, l'addition naturelle a la propriété essentielle de développer la connaissance de la numération décimale : son usage semble donc préférable.

Étendre le domaine du calcul

Dans la première partie, on a défini deux moyens de communiquer à propos des quantités : les collections-témoins et le nombre. De même, dans cette partie, deux modes de mise en relation des quantités ont été présentés : le comptage et le calcul. Le progrès des enfants ne résulte pas seulement de l'amélioration de leurs procédures de comptage : il nécessite aussi l'usage de collections-témoins organisées telles que les configurations de doigts, les constellations ou les réglettes avec caches qu'on a présentées. Ces modes de représentation des quantités facilitent la mise en relation directe qu'est le calcul.

Distinguer deux domaines numériques lors de l'apprentissage initial

Dès la grande section de maternelle, les enfants peuvent apprendre à calculer, au moins sur un domaine numérique restreint. Ce domaine numérique s'élargit peu à peu (les 5 premiers nombres, puis les 10 premiers, les 15 premiers). Mais dans le même temps, les enfants résolvent des problèmes dans un large domaine numérique (30 premiers nombres) en utilisant des procédures de comptage.

Il n'y a jamais intérêt à faire compter un enfant qui pourrait résoudre le même problème par une procédure de calcul. C'est ainsi que, dans un premier temps, le domaine du calcul « grignote » celui du comptage, avant de l'absorber totalement grâce à l'utilisation de la « grande unité » qu'est la dizaine et parce que les enfants apprennent un mode de calcul valable quelle que soit la taille des nombres : le calcul pensé. Lorsqu'il est mis en œuvre avec de petits nombres, le calcul pensé d'une somme s'appelle « passage de la dizaine », « usage des doubles »…, et quand il l'est avec de grands nombres, c'est le « passage de la vingtaine, trentaine… » et surtout l'addition naturelle.

Résoudre dès l'école maternelle des problèmes dits de multiplication, de division...

Pour résoudre un problème complexe (un problème dit de soustraction, de division ou de multiplication), les enfants auront longtemps besoin de compter les éléments d'une collection-témoin, même lorsque les quantités en jeu sont de petite taille : les collections-témoins et les procédures de comptage ne servent pas seulement à déterminer la solution numérique d'un problème, elles permettent également de re-présenter la situation décrite dans l'énoncé, et quand cette situation est complexe, cette re-présentation est indispensable.

Ce type de résolution présente des difficultés spécifiques, sensiblement différentes de celles que rencontrera l'élève plus âgé qui devra utiliser les opérations arithmétiques correspondantes. Il s'agit essentiellement, à ce niveau de la scolarité, que l'enfant simule la situation de l'énoncé, et nous avons présenté une façon d'énoncer les problèmes qui facilite cette re-présentation et qui met à la disposition des enseignants de nombreuses procédures d'aide aux élèves.

Deux logiques du progrès en interaction : celle de l'oral et celle de l'écrit

Dans la première partie nous avons mis en évidence l'existence d'une logique propre à l'usage de l'écrit : les mots-nombres d'un comptage, comme toute parole, « s'envolent », les écritures chiffrées d'un numérotage écrit « restent ». On retrouve un phénomène analogue avec l'usage du symbolisme arithmétique (les signes +, −, =) : un bon usage de l'égalité repose sur des pratiques de lecture et d'écriture spécifiques, différentes de celles du langage ordinaire. Là encore les égalités numériques ne doivent pas être considérées comme de simples transcriptions de la parole : c'est la place du signe « = » qui indique la lecture qui sera la plus efficace, et les égalités lacunaires ne se lisent donc pas nécessairement de gauche à droite, à la manière du langage ordinaire.

Du fait de cette autonomie, le symbolisme arithmétique se constitue en système au sein duquel les enfants développent leurs compétences en calcul : ils deviennent capables de résoudre des égalités lacunaires telles que $6 + ? = 9$, alors même qu'ils échoueraient à la plupart des problèmes concrets qui peuvent être schématisés par cette égalité. Il faut donc se garder de rejeter l'usage de ce système symbolique en fin d'apprentissage : l'usage des égalités numériques lacunaires ne permet pas seulement aux élèves d'exprimer la façon dont ils pensent certaines situations concrètes, cet usage crée aussi les connaissances qui leur permettront de penser ces situations. Là encore le symbolisme ne se contente pas d'exprimer la pensée, il l'appelle et la rend possible.

Le nombre permet de représenter des quantités, mais aussi des grandeurs continues et divers ordres tels que l'ordre chronologique

Par nature, le développement des connaissances numériques est intimement lié à celui de la notion de quantité. Mais d'autres notions conceptuelles ont partie liée avec le nombre : divers ordres tels que l'ordre chronologique et diverses grandeurs continues telles que les longueurs. Dans la société qui est la nôtre, ces notions ne se construisent pas de façon « intrinsèque », indépendamment de l'usage des nombres, c'est-à-dire du système symbolique que notre culture utilise pour communiquer, mesurer ou calculer dans chacun de ces domaines. Non seulement l'usage du nombre aide à la construction de ces notions, mais les activités menées dans chacun de ces domaines participent en retour au développement de bonnes connaissances numériques.

Au-delà de Piaget...

Il s'agit dans cette partie de situer notre travail par rapport aux principaux cadres théoriques existant dans ce domaine d'études :

– au chapitre 11, on précise notre définition de la quantité et on la compare à celle de Piaget ;

– au chapitre 12, on précise notre définition du nombre et on la compare aux approches de R. Gelman, K. Fuson, Steffe et von Glasersfeld ;

– au chapitre 13, on précise quelle sorte de didactique on a fait fonctionner dans cet ouvrage et on la compare avec celle que décrit G. Brousseau dans sa théorie des situations didactiques.

Au-delà de Piaget...
Quelle définition de la quantité?

Jusqu'à présent, on a fait un usage naïf du mot « quantité ». C'est ainsi qu'on n'a pas hésité à affirmer que les enfants de 4 ans conçoivent généralement les petites quantités. Cet emploi du mot « quantité » est incompatible avec celui de Piaget, et il semble difficile d'achever cet ouvrage sans confronter ces deux conceptions de la quantité. On essaiera de montrer dans ce chapitre qu'il serait sans doute préférable d'abandonner aujourd'hui la définition piagétienne de la quantité. Pour cela, on commencera par préciser la définition alternative qui a été la nôtre.

COLLECTION ET QUANTITÉ

Pour différencier les notions de quantité et de collection, on va poursuivre l'analogie amorcée au chapitre 8 entre la mesure des longueurs et la quantification des collections. Pour faciliter le propos, on se limitera à considérer la longueur de tiges rectilignes : ce qu'on en dira est facilement transposable à la longueur de lignes courbes, brisées... Commençons par recenser les notions qui se correspondent dans cette analogie.

Nous avons vu que la mesure d'une longueur présuppose le choix d'une unité ; on ne saurait parler d'une tige qui mesure 6, sans préciser l'unité correspondant à cette mesure : la longueur correspondante est-elle de 6 cm, 6 m ou 6 km ?

De la même manière, la représentation d'une quantité présuppose le choix d'une unité ; lorsqu'on montre 6 doigts à propos d'une collection de chaussures, la communication n'est réussie que si le choix de l'unité est clair : désigne-t-on 6 chaussures ou bien 6 paires ?

Dans l'analogie, donc, la notion de quantité correspond à celle de mesure, et on peut déjà proposer les correspondances suivantes :

Il ne faut pas confondre la longueur d'une tige et une mesure de cette longueur, car cette longueur est susceptible d'avoir de nombreuses mesures selon l'unité choisie (3 pieds = 914 cm). Pas plus qu'il ne faut confondre une tige et sa longueur, car la longueur n'est qu'une propriété de cette tige parmi beaucoup d'autres : le matériau dont cette tige est faite, la forme de sa section, sa couleur...

Le schéma ci-dessus suscite donc l'interrogation suivante : l'analogie précédente nous invite à penser la quantité en tant que mesure d'une propriété des collections. Quelle propriété des collections la quantité mesure-t-elle ?

Pour progresser il faut expliciter quelle sorte de propriété est la longueur. En effet, on ne peut parler de la longueur d'une tige que parce qu'il existe un procédé physique de comparaison des tiges selon cette dimension : la juxtaposition. En juxtaposant des tiges, on peut décider si plusieurs d'entre elles ont la même longueur, et dégager ainsi la notion de longueur de ses multiples réalisations : des tiges de sections différentes, de couleurs différentes... mais qui coïncident aux extrémités après juxtaposition, seront considérées comme équivalentes du point de vue de leur longueur.

De manière évidente, dans l'analogie que nous menons actuellement, c'est la correspondance terme à terme qui correspond à la juxtaposition des tiges.

$$\text{juxtaposition} \quad \begin{bmatrix} \text{tige} & & \text{collection} \\ \text{longueur} & \longleftrightarrow & ? \\ \text{mesure} & & \text{quantité} \end{bmatrix} \quad \begin{array}{l} \text{correspondance} \\ \quad\text{terme à terme} \end{array}$$

On posait tout à l'heure la question : quelle propriété des collections la quantité mesure-t-elle ? Cette question est équivalente à la suivante : quand 2 tiges coïncident en les juxtaposant, on dit qu'elles ont même longueur ; quand 2 collections peuvent être mises en correspondance terme à terme, quelle sorte de grandeur ont-elles en commun ?

Pour répondre à cette question, on peut s'exprimer de plusieurs façons :

– les membres d'une commission de l'APMEP (1982) qui se sont penchés sur cette analogie répondent : deux collections en correspondance terme à terme ont même population, ou encore la quantité est la mesure de la population d'une collection ;

– la tradition philosophique répondrait plutôt que deux collections en correspondance terme à terme ont même extension, ou encore la quantité est la mesure de l'extension d'une collection.

On utilisera ici le mot extension, car si le mot « population » (qui est utilisé par les statisticiens) offre l'intérêt d'avoir un statut dans la langue qui est proche de celui de « longueur », le mot « extension » suggère mieux qu'on passe de la collection à son extension en faisant abstraction de la nature des éléments, de leur taille, de leur couleur... pour centrer son attention sur l'aspect qui est privilégié par la correspondance terme à terme.

Résumons les différentes correspondances dans l'analogie :

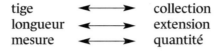

La quantité est donc la mesure de l'extension des collections. Il faut maintenant donner un contenu intuitif à cette définition en s'attardant sur la distinction entre l'extension et la quantité : lorsque 2 collections sont en correspondance terme à terme, pourquoi dit-on seulement qu'elles ont la même extension et non pas qu'elles contiennent une même quantité d'éléments ?

Pour décider que 2 collections ont la même extension, il n'est pas toujours nécessaire de les quantifier

Dans l'analogie qui nous sert de guide, quantifier l'extension d'une collection est donc l'équivalent de mesurer la longueur d'une tige. Or tout bricoleur sait qu'il est possible de résoudre de nombreux problèmes concernant les longueurs sans pour autant sortir le mètre pliant pour procéder à des mesures. Pour comparer la longueur de tiges qui sont simultanément présentes, par exemple, il n'est pas nécessaire de les mesurer : après juxtaposition, il suffit de regarder aux extrémités des segments de droite correspondants. Il est superflu de « prendre la mesure » de ce qu'il y a entre ces extrémités. Dans ce cas une résolution pratique suffit, il est inutile de « représenter les longueurs » qui sont en jeu dans le problème, c'est-à-dire d'en prendre la mesure. De même, pour comparer l'extension de 2 collections d'objets déplaçables, il n'est pas nécessaire de les quantifier si ces 2 collections sont simultanément présentes : là encore, après une correspondance terme à terme où leurs éléments sont alignés, il suffit de regarder « aux extrémités ». Une résolution pratique suffit : il est superflu de « prendre la mesure » de ce qu'il y a entre les extrémités, c'est-à-dire de quantifier les populations correspondantes.

Le fait qu'on affirme que la correspondance terme à terme signifie seulement l'égalité des extensions, et non pas celle des quantités, peut paraître surprenant. En effet, dans la théorie mathématique des cardinaux, par exemple, deux collections qui sont en correspondance terme à terme ont, par définition, le même cardinal. Mais il n'y a aucune raison pour penser qu'une personne qui procède à une correspondance terme à terme génère des significations qui s'agencent comme dans cette théorie mathématique :

les personnes programment rarement leurs actions en fonction d'un corpus théorique tel que celui-ci, les enfants jamais. Si l'on excepte le cas des étudiants en mathématiques qui travaillent à l'intérieur de cette théorie, les significations générées lors d'une correspondance terme à terme sont plutôt de celles qui accompagnent une résolution pratique ; ce sont des significations plus ordinaires, contraintes essentiellement par l'efficacité de l'action. Il faut se garder de voir des significations savantes là où les personnes n'en manipulent que des banales.

Lorsqu'une personne met en correspondance terme à terme deux collections simultanément présentes, et qu'on veut décrire les significations qu'elle génère, il vaut mieux éviter de parler *a priori* de quantité (à plus forte raison de cardinal), et s'en tenir prudemment, dans un premier temps, à la notion d'extension. En fait, il faut différencier les deux situations suivantes :
– celle où il s'agit de comparer l'extension de 2 collections simultanément présentes : cette situation ne nécessite pas de quantification ;
– celle où il s'agit de communiquer « quelle est l'extension d'une collection ».

Si la quantification n'est pas nécessaire pour répondre à des questions du type « où est-ce qu'il y a le plus ? », elle l'est en revanche pour répondre aux questions du type : « combien il y a... ».

Concevoir les quantités, c'est disposer d'un système symbolique pour communiquer « quelle est l'extension d'une collection »

En fait, la quantification d'une collection repose sur une comparaison très spécifique. Ainsi rappelons-nous le berger de Mésopotamie qui construisait une collection de cailloux ayant la même extension que la collection de bêtes de son troupeau, et qui enfermait ensuite les cailloux dans une bulle d'argile. Ce berger ne procédait pas à une simple comparaison, car il n'accordait pas le même statut à ces deux collections : l'une servait à représenter l'extension de l'autre. Pour décrire l'intention de cet homme, on ne peut pas se contenter de dire qu'il souhaitait construire deux collections de même extension ; il voulait savoir « quelle est l'extension de son troupeau » ou encore savoir « combien il y a de bêtes ». Ce statut spécifique des cailloux n'est pas seulement inscrit dans l'intention du berger, il l'est aussi dans l'usage polyvalent qui était fait des cailloux : ils servaient tout aussi bien à représenter des bœufs que des moutons ou des chèvres, la nature des bêtes étant indiquée par un procédé graphique.

On passe donc de la simple comparaison de l'extension des collections à leur quantification en brisant l'égalité de statut entre toutes les collections, en accordant un statut spécifique à certaines d'entre elles : celles-ci deviennent des collections-témoins en ce sens qu'elles ne témoignent plus seulement de leur propre extension, mais aussi de l'extension de toute collection équivalente.

Il se peut qu'un observateur naïf de la Mésopotamie ait été étonné par ce qu'il considérait comme un rite magique des bergers de cette époque : ces « gens-là » avaient l'habitude bizarre d'enfermer des cailloux dans des bulles en argile ! Si un tel observateur a jamais existé, son erreur eût été d'ignorer la nature symbolique des cailloux : quand un berger de Mésopotamie cassait une bulle d'argile, ce n'était pas seulement pour y découvrir une collection de cailloux, mais bien l'extension d'un troupeau de moutons. La nature concrète du procédé ne doit pas masquer son aspect symbolique.

Il semble donc légitime de dire que les collections de cailloux permettaient aux bergers de Mésopotamie de concevoir les quantités : toute affirmation contraire n'apprécierait pas ce procédé à sa juste valeur. On dira de même qu'un enfant possède une première conception des quantités dès qu'il dispose d'un système symbolique qui lui permet de communiquer concernant l'extension des collections. Or nous allons voir que c'est le cas de façon précoce.

L'ENFANT PEUT CONCEVOIR LES PETITES QUANTITÉS DE FAÇON PRÉCOCE

Considérons un jeune enfant qui, avant de savoir compter, communique de façon efficace avec son entourage en montrant des configurations de doigts (jusqu'à trois doigts dans un premier temps) : il montre par exemple 3 doigts quand on lui demande combien il veut de gâteaux. Au sens où le mot « quantité » vient d'être défini, cet enfant conçoit les quantités correspondantes.

On peut tester que c'est bien l'extension d'une collection qu'il communique avec ses doigts en provoquant l'inadéquation de l'offre à la demande : l'enfant est-il satisfait si on lui donne seulement 2 gâteaux alors qu'il a montré 3 doigts ? La nature symbolique du procédé est claire : les doigts ne sont pas montrés pour eux-mêmes ; mais ils ne sont pas non plus des gâteaux. Ils sont bien envisagés comme totalité. Mais cette nature symbolique est encore plus évidente quand les doigts ont un usage polyvalent, quand ils permettent aussi de communiquer à propos de bonbons, de billes...

Quand ces conditions sont remplies (et elles peuvent l'être dès 3 ans 1/2 quand cette forme de communication a été favorisée), l'enfant dispose bien d'un système symbolique de communication concernant l'extension des collections. Ce système n'est opérationnel que dans un domaine limité, certes, mais dans ce domaine on est assuré que les enfants conçoivent des quantités, au sens où cela a été défini.

Le comptage-numérotage, lui aussi, permet à certains enfants de concevoir les petites quantités. Ainsi rappelons-nous cet enfant qui doit comparer l'extension de deux collections et qui dit : « Là, c'est [un], [deux], [trois], [quatre], et là [un], [deux], [trois], [quatre], [cinq], alors là c'est plus parce que là c'est [un], [deux], [trois], [quatre], [cinq]. » Cet enfant dispose bien d'un système symbolique qui lui permet de représenter l'extension des collections : le mot « symbolique » se justifie parce que les mots-nombres qu'il utilise sont des « mots standard », utilisables quelle que soit la collection. Ce ne serait pas le cas si l'enfant utilisait les mots « gomme, crayon, trousse » et « gomme, crayon, trousse, cahier » ; il faudrait, dans ce cas, se contenter de parler d'une dénomination des éléments des collections correspondantes : ce procédé permet lui aussi de comparer les extensions, mais à l'aide de propriétés qualitatives des objets.

Mais on remarquera aussi que ce mode de quantification des collections (il y a un, deux, trois, quatre objets) reste proche d'une représentation analogique à l'aide d'une collection-témoin : la quantité n'est pas encore représentée par un seul mot-nombre, le dernier.

Le rôle du tutorat de l'adulte dans le progrès vers la conception des quantités

Lorsqu'un enfant sait communiquer concernant l'extension des petites collections, cela signifie qu'il conçoit effectivement les quantités correspondantes, mais la communication ne doit pas être envisagée seulement en tant que test d'acquisition, car c'est en communiquant que les enfants sont amenés à construire les significations correspondant à la conception des quantités, grâce au tutorat[1] de l'adulte.

Il convient, sur ce sujet, de faire le parallèle avec l'acquisition du langage : de même que la langue est un système symbolique qui s'acquiert en tant qu'instrument de régulation dans l'interaction sociale (Bruner, 1987), la conception des quantités est un système symbolique qui s'acquiert en tant qu'instrument de communication.

Dans cette interaction, l'adulte n'est pas un simple fournisseur de modèles que l'enfant n'aurait qu'à imiter. Bien sûr, quand un enfant se trompe et montre 2 doigts alors qu'il y a 3 objets, l'adulte peut faire correspondre chacun de ces 2 doigts à un objet et, ce faisant, il enseigne de manière directe ce mode de représentation.

Mais il ne suffirait pas que l'adulte assiste l'enfant de manière systématique si les enfants ne s'aidaient pas eux-mêmes : si l'adulte restreint ce type de communication aux très petites collections, c'est parce qu'il sait que, sur ce domaine restreint, l'analyse perceptive permet à l'enfant de décomposer une configuration de 3 objets en 3 unités, ce qui est déjà plus difficile avec 4 objets. L'adulte, pour être efficace, accorde le niveau de ses « leçons » au

---

1. Le mot « tutorat » renvoie à l'œuvre de Bruner. Voir Bruner, 1983.

niveau de l'enfant, il fait en sorte que l'enfant puisse être acteur de son apprentissage.

Ces moments d'interaction sont aussi des moments d'échanges langagiers : « Combien il y a de jouets sur la table ? », « Montre-moi combien tu veux manger de gâteaux », « Tu me donnes comme ça de billes (en montrant 3 doigts) ». L'usage du mot « combien », ou encore de la locution « comme ça », est spécifique de la communication concernant l'extension des collections. C'est l'usage du mot « combien » qui signale à l'enfant qu'il ne s'agit pas de regarder la couleur des objets, ou leur taille, et qui sollicite son attention vers un autre aspect de la situation. De même la nature symbolique des configurations de doigts, utilisables qu'il s'agisse de gâteaux ou de fruits, résulte pour partie de leur association avec la locution « comme ça » : « Il y a comme ça de gâteaux, comme ça de fruits... »

C'est la même locution qui est utilisée quelle que soit la nature des objets. Dans ces situations d'interaction donc, le langage ne permet pas seulement un enseignement magistral, mais il rend aussi l'enfant actif (qu'est-ce qu'il faut regarder quand on dit « combien » ?), il suscite la construction de relations (quel rapport entre la configuration de doigts qu'on me montre et l'expression « comme ça de billes » ?). Les pratiques langagières du tuteur sont donc importantes lorsqu'il s'agit d'enseigner la quantité.

UNE COMPARAISON AVEC L'APPROCHE PIAGÉTIENNE DE LA QUANTITÉ

Dans son ouvrage de référence, *La Genèse du nombre chez l'enfant,* Piaget utilise comme critère d'acquisition de la quantité le fait que les enfants soient « conservants ». L'expérience correspondante est bien connue : l'expérimentateur dispose 7 jetons blancs alignés devant lui, il demande à l'enfant de prendre « pareil de jetons » noirs. Quand l'enfant construit une rangée de jetons noirs par correspondance terme à terme, l'expérimentateur transforme la configuration de cette rangée en écartant les jetons. Puis il demande à l'enfant s'il y a « plus de noirs, plus de blancs ou pareil ».

Tardivement (jusque vers 6 ans), les enfants disent que la rangée des jetons écartés en contient plus.

P. Gréco, le premier (1962), s'est interrogé sur la nature de ce qui était conservé dans cette expérience : « On a pu parler d'une conservation du nombre comme on parle d'une conservation des longueurs [...]. Pourtant [...] il est permis de se demander si la conservation des ensembles mérite véritablement d'être appelée une conservation du nombre. » On comprendra aisément qu'on parle ici de conservation de l'extension des collections, à propos de cette expérience.

Piaget interprète le moment où l'enfant conserve l'extension de la collection (quand il maintient son jugement initial d'équivalence) comme ce moment du développement où « la correspondance terme à terme devient réellement quantifiante ». On perçoit donc une première différence entre le point de vue adopté ici et celui de Piaget: le fait qu'une correspondance terme à terme soit « quantifiante » n'a pas été considéré ici comme une propriété qui dépend seulement du degré de développement de l'enfant. De notre point de vue, la nature quantifiante d'une correspondance terme à terme dépend aussi de la situation de communication dans laquelle cette correspondance est mise en œuvre: l'enfant ressent-il le besoin d'exprimer « quelle est l'extension d'une collection »? On peut même aller plus loin car de notre point de vue, quand un adulte procède à une correspondance terme à terme dans un contexte pratique, celle-ci n'est pas nécessairement quantifiante, tout « développé » que soit cet adulte: il n'est pas sûr que cette personne infère l'égalité des quantités de celle des extensions, alors que rien dans la situation ne l'y oblige. C'est une découverte récente en psychologie que ce genre d'inférence ne va pas de soi[2].

Mais plus fondamentalement, le point de vue défendu ici et celui de Piaget divergent sur le rôle qui est attribué aux représentations symboliques dans le processus de progrès.

Deux composantes du progrès vers une bonne conception de l'extension d'une collection

On pense ici que l'enfant progresse vers une bonne conception de l'extension des collections selon un processus qui a deux composantes (qui sont en interaction):

– la première est une « composante pratique » dans la mesure où le progrès trouve sa source dans les actions du sujet, lors des résolutions pratiques qui utilisent la correspondance terme à terme. Les connaissances construites sont celles qu'évoquent le plus souvent les enfants « conservants »: il y a pareil parce que « on n'en a pas ajouté », parce que « ce sont les mêmes » ou encore parce que « là c'est plus long, mais là ils sont plus serrés ». Ces réponses prouvent que l'enfant « décolle » de la perception actuelle et concrète des deux rangées de jetons: il évoque des actions potentielles sur le matériel telles qu'ajouter des jetons, les resserrer. On peut considérer avec Piaget que ce type de connaissances résulte d'une intériorisation des actions évoquées et de l'organisation de ces actions intériorisées (*cf.* la notion piagétienne de schème, proche de celle de schéma utilisée aujourd'hui par les psychologues « cognitivistes »);

---

2. J.-F. Richard, 1986.

– la seconde composante du progrès, qu'on pourrait qualifier de composante symbolique, correspond à l'usage de représentations symboliques, c'est-
à-dire à la quantification (usage de collections-témoins, usage de
mots-nombres) : cet usage repose aussi sur des actions (construire une collection-témoin complet), mais ces actions ne peuvent pas être assimilées à
celles qui utilisent un matériau quelconque, dans la mesure où l'aspect symbolique des collections-témoins et des mots-nombres confère à leur usage
des significations qui interfèrent avec les significations issues de l'action.

Or Piaget ne distingue pas ces deux sortes d'action parce qu'il pense que
les instruments symboliques tels que le langage ne peuvent pas être la source
du progrès : pour lui, l'enfant ne peut assimiler les apports de l'expérience
langagière que s'il dispose au préalable des structures mentales rendant cette
assimilation possible, et comme ces structures mentales sont le résultat de
la « réflexion » sur les actions, le rôle du langage est nécessairement second
(Mottet G., 1975).

C'est ainsi que pour Piaget le comptage ne peut conduire qu'à des « véri-
tés empiriques », du type constat, et non à des conduites qui « décollent »
de la perception actuelle et concrète, comme c'est le cas lorsqu'un enfant
justifie sa réponse de conservation par un des arguments rappelés plus haut.

Or, P. Gréco (1962) a montré qu'il n'en est rien. Ainsi considérons cette
variante de l'épreuve de conservation :

– l'expérimentateur demande
à l'enfant de construire une rangée de jetons noirs où il y a
« pareil de jetons noirs que de
jetons blancs » :

– il écarte les jetons noirs (un
jeton noir dépasse à droite) et il
demande à l'enfant de dénombrer les blancs ;

– il masque alors la rangée
des jetons noirs avec la main et
il interroge l'enfant sur leur
nombre : « Et des noirs, combien
il y en a ? »

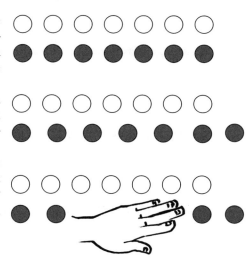

Quand un enfant[3] répond qu'« il y a 7 noirs, pareil que pour les blancs »,
alors qu'il voit dépasser un noir, et alors qu'il n'a jamais compté les jetons

___

3. P. Gréco, 1962.

noirs, il faut y voir la preuve d'une connaissance qui ne relève pas d'une simple « lecture empirique de la réalité ».

Quand de plus ce même enfant justifie sa réponse en disant qu'« il y a 7 noirs parce qu'on n'a pas ajouté de jetons noirs », alors que dans l'expérience de conservation classique qu'il a subie auparavant, il pensait qu'il a plus de jetons noirs parce que la rangée est plus longue, il faut en conclure que cet enfant a eu la possibilité de « réfléchir » sur la correspondance terme à terme dans des conditions où elle correspond à une quantification, et qu'il n'a pas encore mené cette même « réflexion » dans d'autres sortes de situations qui utilisent la correspondance terme à terme. L'usage du comptage n'est donc pas celui d'une connaissance de bas niveau, comme le pensait Piaget, bien au contraire.

On peut comprendre la méfiance de Piaget envers le langage et le comptage en particulier : l'enfant peut connaître des mots sans être capable de les utiliser de façon adéquate (c'est le cas des mots-nombres, par exemple, lorsqu'un jeune enfant procède à un comptage automatique qui n'est même pas un comptage-numérotage). Mais l'usage des mots ne doit pas être condamné *a priori* à un rôle second, comme le fait Piaget qui, de façon paradoxale, ne pense pas que le numérotage soit une action susceptible de constituer un matériau pour une éventuelle « réflexion » !

À l'épistémologie piagétienne, il convient certainement de substituer une épistémologie qui pose comme principe heuristique fondamental que les processus mentaux sont profondément influencés par les moyens socioculturels qui les médiatisent, c'est-à-dire une épistémologie qui s'inspire du grand psychologue russe Vygotski[4].

C'est le choix fait ici : non seulement on considère que l'usage des représentations symboliques est un matériau potentiel de « réflexion », mais on considère de plus que leur aspect symbolique en fait un matériau privilégié.

La proposition de distinguer deux composantes du progrès est compatible avec de nombreux résultats expérimentaux

Remarquons d'abord que les composantes pratiques et symboliques du progrès sont interdépendantes. Donnons un exemple simple d'interaction entre ces deux composantes du progrès. Supposons qu'un enfant ait compté les objets d'une collection et qu'il change la configuration de ces objets : il peut penser qu'il n'en connaît plus l'extension. Il décide alors de les recompter, et il est surpris de terminer sur le même mot-nombre : il cherche alors une explication au niveau des actions qu'on peut mener sur cette collection

---

4. Voir B. Schneuwly et J.-P. Bronckart, 1985.

(par exemple : on n'a pas ajouté d'objet...). On trouve dans l'article de Gréco des exemples d'interaction correspondant à une analyse beaucoup plus fine du processus de progrès (l'aspect technique du commentaire qui accompagne ces exemples empêche de les rapporter ici).

L'épreuve de la conservation est l'expérience de Piaget qui a été la plus répliquée un peu partout dans le monde, un des objectifs majeurs étant de mettre en évidence des « conservations précoces ». Or, à travers les comptes rendus d'expériences, on perçoit aisément qu'il y a deux façons d'améliorer les performances des enfants à cette épreuve, deux façons qui correspondent respectivement aux deux composantes du progrès explicitées ici :

– on a vu que les enfants « conservants » évoquent fréquemment des actions potentielles sur le matériel expérimental (« On peut remettre les jetons comme avant », par exemple) : la première façon d'améliorer les résultats consiste à susciter l'évocation de ces procédures pratiques. C'est ainsi que dans des conditions où l'expérimentateur n'écarte pas lui-même les jetons, mais où cet écartement est l'œuvre d'un « nounours taquin » que l'expérimentateur fait surgir, les enfants sont conservants de façon plus précoce[5] : l'explication la plus plausible est que les enfants ont envie de réparer le désordre provoqué par l'irruption du jouet, ce qui favorise l'évocation de la transformation inverse de l'écartement (*cf.* la notion de « réversibilité » de la pensée) ;

– la seconde façon d'améliorer les performances consiste à demander aux enfants de quantifier les collections utilisées lors de l'épreuve (faire compter chaque rangée de jetons, notamment[6]) ou encore d'utiliser de très petites quantités, de sorte que les enfants quantifient spontanément les collections correspondantes[7].

Cette distinction de deux composantes du progrès est également compatible avec les observations d'une psychologue clinicienne, C. Meljac (1979), qui pense que les enfants qu'elle a en consultation progressent selon des cheminements différents suivant qu'ils sont dyspraxiques (déficit de la praxis) ou alexiques (déficit symbolique).

L'existence de deux composantes du progrès remet d'ailleurs en question l'idée piagétienne selon laquelle la « normalité » correspondrait à une route unique : de multiples interactions entre les deux composantes du progrès sont sûrement possibles.

---

5. Mc Garrigle et Donaldson, 1975.
6. Voir par exemple K. Fuson, W. Secada, J. Hall, 1983.
7. Pour une revue de questions sur l'« effet petits nombres », voir J.-P. Fischer, 1984.

Il semble préférable aujourd'hui d'abandonner la définition piagétienne de la quantité

Quand Piaget dit que le moment où l'enfant devient conservant est celui où « la correspondance terme à terme devient **réellement quantifiante** et exprime dorénavant l'égalité **numérique** et non plus seulement l'équivalence quantitative[8] », il ne distingue pas les notions de quantité et de nombre, et il donne comme critère de leur acquisition la réussite à l'épreuve de conservation, que Piaget pensait synchrone avec les réussites à l'inclusion des classes et à la sériation (voir l'introduction). Rappelons tout d'abord qu'il n'est plus possible de convenir de ce synchronisme : aussi la quantité ne peut plus être considérée comme le résultat de « la synthèse opératoire de la classe et de la relation asymétrique ». Les résultats à l'épreuve de la conservation sont donc les seuls qui puissent encore être invoqués par quiconque désire défendre le critère utilisé par Piaget pour décider du moment où un enfant conçoit les quantités.

Le choix fait ici d'abandonner la définition piagétienne de la quantité, pour la définir en tant que représentation symbolique de l'extension des collections, aboutit à accorder de manière plus précoce une première conception des quantités à l'enfant, mais il aboutit surtout à prendre en compte la composante symbolique du progrès vers une bonne conception de l'extension des collections, comme on le voit sur les deux schémas suivants :

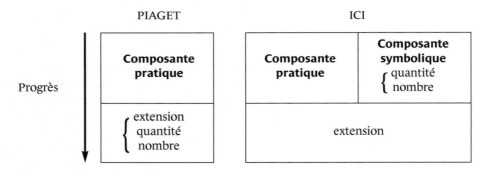

La définition piagétienne de la quantité repose donc sur une conception du progrès qu'on pense erronée. Prolonger l'emploi de cette définition risquerait de prolonger la référence à cette conception. Or les conséquences pratiques du choix qui est fait entre ces deux visions du progrès de l'enfant sont importantes : à partir de la définition piagétienne de la quantité, beaucoup de pédagogues ont préconisé de ne pas enseigner la quantité ou le nombre tant que les enfants n'avaient pas atteint la conservation de l'ex-

---

8. J. Piaget et A. Szeminska, 1941.

tension des collections. Il est clair qu'une telle position aboutit à se priver de la composante symbolique du progrès, c'est-à-dire à se priver d'un des meilleurs outils dont disposent les parents et les enseignants pour aider les enfants à progresser.

Du point de vue qui est adopté dans cet ouvrage, l'épreuve de la conservation des extensions est une épreuve difficile, surtout lorsqu'on n'incite pas les enfants à la quantification, mais elle n'est pas un préalable à la quantification. Certains seront peut-être étonnés que cette épreuve, qui utilise un matériel concret, soit plus difficile que la quantification, et même plus difficile que le calcul sur les premiers nombres. En effet, cela peut choquer un certain « bon sens » qui croit que dès qu'il y a un matériel concret, la tâche est facile.

À ceux qui s'étonnent que l'épreuve de la conservation soit plus difficile que la quantification, Gréco (1962) répond dans un contexte similaire : « Une telle affirmation n'est paradoxale qu'aux yeux d'un empirisme pour qui les notions ne sauraient être découvertes autrement que par des lectures sur l'objet. »

En s'exprimant ainsi, Gréco est très piagétien, mais s'il est clair que Piaget s'est trompé sur le rôle des activités symboliques dans le développement de l'enfant, il avait, en revanche, raison dans sa réfutation d'un empirisme naïf.

CONCLUSION

Dans cet ouvrage, on a considéré qu'un enfant qui sait utiliser un système symbolique tel que les configurations de doigts, pour communiquer avec son entourage, possède déjà une première conception des quantités.

Cette définition est très différente de celle de Piaget, pour qui la quantité est une notion tardive, qui résulte de l'intériorisation d'actions et de la coordination de ces actions intériorisées.

Fondamentalement, cette différence de définition résulte de conceptions du progrès qui n'accordent pas le même statut aux représentations symboliques et donc à la communication avec les adultes (parents, enseignants).

Lors d'une conférence, Piaget eut ce petit dialogue avec une congressiste[9] :

« MLLE BOSCHER : Vous avez montré, Monsieur le professeur, que, dans la conquête du nombre, l'enfant passait par des stades, toujours les mêmes, dont l'ordre est rigoureusement déterminé. Devons-nous penser que cette progression, ainsi gouvernée par des lois strictes, doit faire de l'éducateur

---

9. Extrait de B. Beauverd, 1964.

surtout un spectateur dont le principal souci serait de ne pas gêner l'enfant dans ses expériences ? Ou bien pensez-vous qu'il a un rôle vraiment utile et important à jouer dans cette évolution, qui peut la hâter et la hâter heureusement ?

PROFESSEUR PIAGET : J'imagine qu'on peut la hâter, mais l'ordre de succession est toujours le même. À mon avis, je ne vois pas un avantage très grand à accélérer. Je crois qu'avant tout il faut que les bases soient solides (l'expérience, l'action). Un enfant a infiniment à gagner à faire pendant 3 jours une expérience qu'il fait lui-même ; passer un quart d'heure à la lui montrer est d'un intérêt beaucoup plus discutable. »

Quant à nous, nous pensons, au contraire, que c'est en communiquant avec les adultes que l'enfant est amené à concevoir les quantités. Telle qu'elle est définie ici, la quantité est un système symbolique qui s'acquiert en tant qu'instrument de communication. De ce point de vue, notre démarche est similaire à celle de Bruner lorsqu'il décrit l'acquisition de la langue en tant qu'instrument de régulation dans l'interaction sociale.

Au-delà de Piaget...
Quelle définition du nombre?

Dans cet ouvrage, on a défini la représentation numérique par opposition
à la représentation analogique à l'aide d'une collection-témoin. La comparaison de ces deux modes de quantification permet de mieux comprendre la spécificité de la représentation du nombre : la collection-témoin est une
représentation analogique de la quantité parce que l'extension d'une collection
est représentée par l'extension d'une autre collection, alors qu'avec le nombre,
une pluralité est représentée par un signe unique (« 5 » ou « V »), sous une
forme conventionnelle, apparemment arbitraire.

C'est ainsi que la collection-témoin est du côté du symbole et le nombre
du côté du signe, au sens où la linguistique différencie ces deux mots [dans
le cas du signe, le lien qui unit le signifiant au référent est arbitraire (« V »),
dans le cas du symbole, il ne l'est pas (|||||)].

APPRENDRE À CALCULER, C'EST PROGRESSER
DANS L'APPROPRIATION DU NOMBRE

Le schéma ci-dessous montre que la distinction qui a été faite dans la seconde
partie de l'ouvrage entre comptage et calcul ne fait que prolonger cette distinction entre deux modes de représentation des quantités.

Mode / Fonction	Analogique	Numérique
Communiquer des quantités	Collections-témoins	Mots-nombres
Mettre en relation	Comptage à l'aide de collections-témoins	Calcul

Calculer, c'est mettre en relation les quantités à partir de leurs seules représentations numériques, sans utiliser de collections-témoins. L'étude de l'apprentissage du calcul est donc un aspect particulier de l'étude plus générale de la transition de la collection-témoin au nombre. Étudier l'apprentissage du calcul, c'est étudier cette transition quand elle est envisagée du point de vue de la mise en relation des quantités. Calculer, c'est donc progresser dans l'appropriation du nombre.

Dans une étude menée en 1987, l'équipe de recherche de l'Institut national de recherche pédagogique (INRP) appelle « calcul » toute procédure où l'enfant fait usage de résultats mémorisés. Cette définition a l'inconvénient de tracer la frontière entre comptage et calcul à l'aide d'une notion qui est délicate à manier : celle de résultat mémorisé (voir chapitre 10). On a préféré ici définir le calcul comme le résultat d'un processus, plutôt que comme un état situé de l'autre côté d'une frontière qui reste problématique.

Du point de vue qui est adopté ici, l'appropriation du calcul, et donc celle du nombre, ne sont jamais achevées : celui qui prend conscience que le quotient et le reste de la division de 96 par 20 sont respectivement 4 et 16 parce que « quatre-vingt-seize » (96 = 4 x 20 + 16), celui-là progresse en calcul. De même qu'on n'a jamais fini d'apprendre à lire (l'étudiant en psychologie, par exemple, devient progressivement un meilleur lecteur des textes de psychologie), on n'a jamais fini d'apprendre le nombre.

UNE COMPARAISON AVEC LA THÉORIE DE R. GELMAN

Les travaux de R. Gelman[1] sont les mieux connus : de même que N. Chomsky a défendu l'idée que l'enfant dispose à sa naissance d'un modèle implicite de la syntaxe d'une langue universelle (le *Language Acquisition Device*), R. Gelman avance l'idée que l'enfant naît avec une connaissance implicite des « principes du comptage », et notamment des principes du « comment compter » :

– le « principe de suite stable » : les mots-nombres doivent toujours être énoncés dans le même ordre ;

– le « principe de correspondance terme à terme » : les mots-nombres doivent être mis en correspondance terme à terme avec les éléments qui sont comptés ;

– le « principe cardinal » : le dernier mot-nombre prononcé a un statut spécifique parce qu'il représente la quantité.

---

1. R. Gelman, 1983.

On mesure la distance qui sépare la théorie de R. Gelman de celle qui est avancée ici en remarquant que, de son point de vue, le « principe cardinal » est un principe comme les autres, dont l'acquisition ne pose pas plus de problèmes. Pour Gelman, en effet, quand de très jeunes enfants n'accordent pas un statut spécifique au dernier mot-nombre prononcé, c'est parce qu'ils doivent faire attention à trop de choses à la fois : ils doivent se rappeler les mots-nombres, les mettre dans l'ordre, les faire correspondre aux éléments... Si les enfants échouent, c'est parce qu'ils sont « submergés par les exigences que requiert la tâche qu'ils ont à accomplir[2] ». Il ne faudrait pas y voir un défaut de compréhension.

L'interprétation qui a été avancée ici est très différente : le fait que le dernier mot-nombre prononcé représente la quantité n'a pas été considéré comme « naturel » ou allant de soi. C'est ainsi qu'on a distingué deux processus d'apprentissage, suivant l'usage que les tuteurs font des mots-nombres dans la phase initiale de l'enseignement :

– quand ils commencent par enseigner le comptage-numérotage, la transition vers le nombre est difficile car l'enfant doit accorder une double signification au dernier mot-nombre prononcé : lorsqu'il est prononcé la première fois, ce dernier mot-nombre n'est qu'un numéro apparié à un objet, et l'enfant doit prendre conscience qu'il représente aussi la quantité de tous les objets. Le comptage-numérotage est une pratique langagière qui fait obstacle à l'accès au nombre car l'enfant doit procéder à un changement de signification très spécifique à ce domaine de connaissance, un changement de signification qui n'a aucun équivalent dans le processus de construction d'autres catégories conceptuelles telles que les catégories perceptives (couleurs, formes...), les catégories fonctionnelles... ;

– en revanche, quand l'enfant commence par communiquer concernant les petites quantités en s'aidant de collections-témoins de doigts, il accède directement au nombre grâce à la dénomination ; dans ce processus d'apprentissage, l'enfant utilise directement les mots-nombres en tant que signes linguistiques qui renvoient à des quantités : en même temps qu'il apprend à communiquer concernant l'extension des petites collections, il nomme les collections-témoins qu'il utilise, et par là même les extensions correspondantes. C'est ce nom qui est le signe unique nécessaire pour accéder au nombre.

L'enfant apprend ainsi qu'une certaine classe de mots, la classe des mots-nombres, est utilisée pour dénommer des extensions. Mais il lui est difficile d'apparier le « bon mot » à une collection-témoin déterminée, dès que sa taille dépasse 3 ou 4 unités : c'est le comptage qui lui permettra d'apparier

---

2. Gelman R., 1983.

les quantités à leur nom, l'ordre conventionnel sur les mots-nombres fonctionnant alors comme outil mnémotechnique.

Dans ce processus d'apprentissage, le premier usage des mots-nombres consiste donc à dénommer des quantités, c'est-à-dire à les représenter par un signe unique : leur nom. Cet usage des mots-nombres fait entrer de plain-pied dans le nombre.

Il faut donc reconnaître à R. Gelman le mérite d'avoir mis en évidence de nombreuses réussites précoces dans les tâches numériques, mais il est clair que le fossé est large entre cette théorie de nature innéiste et celle qui a été présentée ici : non seulement on a tenté de préciser comment l'enfant construit la signification des mots-nombres, mais, de plus, on a explicitement envisagé plusieurs cheminements vers le nombre.

UNE COMPARAISON AVEC LES TRAVAUX DE K. FUSON

Les travaux de K. Fuson[3] s'organisent suivant une logique très différente de ceux de Gelman : pour elle, le sens qu'un enfant attribue aux mots-nombres dépend initialement du contexte dans lequel il utilise ces mots-nombres. C'est ainsi qu'elle différencie l'usage des mots-nombres lors d'un comptage (ils sont alors des *counting-words*) de celui de ces mêmes mots-nombres lorsque l'enfant veut désigner une quantité (ils sont alors des *cardinal-words*), etc.

Elle décrit le progrès comme résultant de l'appropriation de ces significations et de leur coordination. Il est clair que ces travaux ont beaucoup influencé la description qui a été faite ici de la transition du comptage-numérotage au dénombrement, même si le vocabulaire employé n'est pas le même : on a parlé ici de numéro plutôt que de *counting-words,* car le mot « numéro » précise mieux la nature des significations véhiculées lors d'un comptage. De même, les travaux de K. Fuson ont influencé la description faite ici de l'amélioration des procédures de comptage lors de la résolution de problèmes arithmétiques[4].

En revanche, l'approche de K. Fuson diffère de la nôtre par l'importance qu'elle accorde aux procédures de comptage puis de surcomptage : partant de l'observation que les enfants américains comptent puis surcomptent, elle étudie de manière fine le processus psychologique d'accès au surcomptage, et elle invite les maîtres qui travaillent avec elle à enseigner cette procédure de façon systématique. On ne retrouve pas chez K. Fuson la distinction faite

---

3. K. Fuson et J. Hall, 1983.
4. K. Fuson, W. Secada, J. Hall, 1983.

ici entre collections-témoins et nombres, et donc entre deux processus d'accès au nombre (K. Fuson n'étudie pas la communication à l'aide de collections-témoins de doigts). Elle n'étudie pas non plus l'usage que les enfants font des collections-témoins organisées.

La définition du nombre proposée ici présente un intérêt essentiel : elle permet de comprendre pourquoi l'usage de collections-témoins organisées (configurations de doigts, constellations, réglettes avec caches) aide les enfants à progresser. Ces collections-témoins organisées ont en effet certaines caractéristiques qui en font des intermédiaires entre la collection-témoin et le nombre, et donc entre le comptage et le calcul :

– comme les collections-témoins « ordinaires » (les cailloux des bergers de Mésopotamie, les jetons qu'on compte en classe), celles qui sont « organisées » peuvent être un support pour le comptage ;

– mais, contrairement aux collections-témoins « ordinaires », l'organisation de ces collections-témoins rend possible leur dénomination de façon quasi instantanée, comme s'il s'agissait de signes tels que les chiffres : elles sont de ce point de vue proches du nombre. Elles permettent un traitement de l'information très rapide.

D'un point de vue pratique, les travaux de K. Fuson aident les enseignants à mieux comprendre un cheminement possible vers le calcul, celui qui est le plus fréquent aux États-Unis où l'enseignement systématique des procédures de comptage et de surcomptage relève de la tradition pédagogique ; ils aident moins à comprendre l'apprentissage du calcul dans un pays comme le Japon où, au contraire, les pédagogues ne favorisent jamais l'emploi de la procédure de surcomptage[5].

UNE COMPARAISON AVEC LES TRAVAUX DE STEFFE ET VON GLASERSFELD

Von Glasersfeld avance une définition du nombre qui, au premier abord, ressemble beaucoup à celle qui a été proposée ici. Dans sa théorie, comme ici, le nombre apparaît en tant que mode de traitement de l'extension des collections : pour lui, il y a nombre quand une collection est considérée de manière unifiée en tant que somme d'unités arithmétiques : « a unity of units or a whole number[6] ».

---

5. G. Hatano, 1982.
6. E. Von Glasersfeld, 1981.

Deux « opérations mentales » apparaissent fondamentales dans cette théorie :

– une opération de construction de la notion d'unité *(unitizing)* : les enfants les plus jeunes ne sauraient compter que des unités perçues (des collections, des sons successivement entendus), puis ils accéderaient au comptage d'actes moteurs (compter des extensions successives de doigts, par exemple), avant qu'ils n'accèdent aux unités arithmétiques ou abstraites, comme c'est le cas, par exemple, dans la seconde forme de surcomptage qui a été présentée au chapitre 6[7] ;

– une opération d'unification, c'est-à-dire « totalisante » *(uniting)* : c'est pour aider à cette opération que Steffe et von Glasersfeld préconisent, comme ici, l'usage de constellations ou encore celui d'un matériel didactique japonais qui a inspiré l'invention des réglettes avec caches[8].

Mais von Glasersfeld et Steffe éprouvent des difficultés à concevoir la façon dont les deux opérations précédentes *(uniting* et *unitizing)* se coordonnent. Ils s'intéressent principalement à la première de ces opérations (construction de l'unité), ce qui leur permet de hiérarchiser les enfants : il y a les enfants « compteurs d'unités perçues », « les compteurs d'actes moteurs » et « les compteurs d'unités abstraites »[9].

Quant à la seconde opération mentale (unification), ces auteurs pensent tout d'abord que les enfants n'y accèdent qu'à la fin du processus de construction de l'unité[10] : dans leurs premiers écrits, seuls les enfants compteurs d'unités abstraites seraient capables de cette opération. Dans cette première version de la théorie, donc, les enfants n'accèdent au nombre qu'à un moment qui, pour nous, correspond déjà à un stade avancé du calcul !

Cependant, dans des écrits plus récents (Steffe et von Glasersfeld, 1985), ils admettent que l'opération d'unification est possible de façon plus précoce, avant que l'enfant ne soit un compteur d'unités abstraites.

Le cadre conceptuel présenté ici clarifie le débat : l'opération d'unification que ces auteurs envisagent tient à la fois du contrôle de l'extension d'une collection et de la représentation de cette extension par un signe unique. Or il est essentiel de différencier ces deux aspects en distinguant, comme je l'ai fait ici, collections-témoins et nombre : quand l'opération unifiante correspond au contrôle de l'extension d'une petite quantité, elle est souvent extrêmement précoce ; en revanche, lorsqu'elle correspond à la représentation par un signe unique, elle peut l'être beaucoup moins, surtout lorsque les enfants ont commencé par apprendre le comptage-numérotage. Quant à l'apprentissage du calcul, il s'effectue sur une longue période…

---

7. L.-P. Steffe, E. von Glasersfeld, J. Richard et P. Cobb, 1983.
8. Steffe et von Glasersfeld, 1985.
9. On ne retient ici que les principaux, car il y a encore deux types intermédiaires !
10. Steffe, von Glasersfeld *et al.*, 1983.

Le cadre conceptuel adopté ici est donc différent de celui avancé par Steffe et von Glasersfeld, mais sa construction résulte en grande partie d'interrogations que leurs travaux ont suscitées.

CONCLUSION

La proposition faite ici d'une nouvelle définition du nombre, qui s'appuie sur la différenciation de deux modes de quantification qui sont respectivement de nature analogique et conventionnelle (les collections-témoins sont les symboles de la quantité, les nombres en sont les signes), permet d'éclairer deux problèmes théoriques fondamentaux et bien repérés par les praticiens :

– cette définition permet d'expliquer des différences de cheminement dans l'accès au nombre qui correspondent à deux processus d'apprentissage distincts, suivant l'usage initial que les tuteurs font des mots-nombres : s'en servent-ils pour dénommer des collections-témoins ou bien comme numéros ?

– cette définition du nombre permet d'expliquer ce phénomène bien connu des pédagogues, mais peu étudié par les psychologues : l'usage de collections-témoins organisées aide les enfants à progresser vers le calcul parce qu'elles favorisent les généralisations nécessaires pour accéder au calcul.

Par ailleurs ce cadre conceptuel semble particulièrement bien adapté pour penser le nombre de façon globale à travers ses deux principales fonctions : celle de communication des quantités et celle de mise en relation des quantités. Dans ce cadre conceptuel, calculer c'est utiliser le nombre pour mettre en relation les quantités. L'opposition entre collection-témoin et nombre est de la même nature que celle entre comptage et calcul.

Au-delà de Piaget...
Quelle didactique des mathématiques ?

Depuis 1975 environ, divers chercheurs coordonnent leurs efforts pour favoriser l'émergence d'un nouveau champ scientifique : *la didactique des mathématiques.*

L'objet de cette nouvelle discipline est d'étudier « les processus de transmission et d'acquisition des différents contenus de cette science (les mathématiques), particulièrement en situation scolaire et universitaire[1] ».

Ce projet doit certainement être soutenu, car si un tel corps de connaissances avait existé en 1970, on aurait peut-être évité l'erreur consistant à traduire en activités de classes les définitions piagétiennes et mathématiques du nombre. On s'est en effet comporté comme si un demi-siècle au moins de débats pédagogiques, de connaissances pratiques, n'avait pas existé : on a rejeté en bloc tout ce qui précédait, et on s'est occupé de tout autre chose. Or ce livre témoigne de l'erreur commise à cette époque : le débat entre « pédagogues compteurs » et « pédagogues visuels », par exemple, méritait certainement d'être approfondi, la belle synthèse des conférences pédagogiques de 1928 ne méritait pas d'être oubliée.

L'existence d'une nouvelle discipline, la didactique des mathématiques, qui garde la mémoire des pratiques antérieures, qui les analyse et les organise, est certainement la seule façon d'avancer vers un savoir capitalisable dans ce domaine.

De manière évidente, dans cet ouvrage, on a décrit de nombreux processus de transmission et d'acquisition de connaissances : on a donc fait de la didactique. Comme de plus le lecteur aura peut-être senti que notre fonctionnement avait des aspects systématiques, en isolant ces aspects systématiques et en les organisant, on va maintenant essayer d'ébaucher la théorie implicite de notre fonctionnement. On comparera ensuite avec une autre

---

1. M. Artigue et R. Douady, 1986.

théorie didactique : « la théorie des situations didactiques » de Guy Brousseau.

VERS UNE THÉORIE DIDACTIQUE QUI S'INSPIRE DE LA MÉTHODE INSTRUMENTALE DE VYGOTSKI

Dans cet ouvrage, on a continuellement essayé de répondre à des questions telles que :
– faut-il que les enfants comptent ? et sinon, comment communiquer concernant les quantités ?
– faut-il utiliser des collections-témoins organisées ? lesquelles ?
– faut-il utiliser une file numérique dans la classe ?
– faut-il enseigner le surcomptage ? et le calcul pensé ?
– faut-il enseigner l'addition en colonnes ? sinon, quelle technique d'addition ?
Toutes questions du type : quels systèmes symboliques faut-il mettre à la disposition des enfants ?
Aussi, pour dénommer la théorie de notre pratique, ne faudrait-il pas parler de « théorie des situations didactiques », mais plutôt de « théorie de l'usage didactique des systèmes symboliques ». Cette approche est inspirée de la « méthode instrumentale » de Vygotski.

Les systèmes symboliques sont des « instruments psychologiques »

L'idée fondamentale sous-jacente à notre approche est que les collections-témoins, le comptage, le surcomptage, le calcul pensé... sont des systèmes symboliques qui ne permettent pas seulement à l'enfant de résoudre des problèmes, mais qui lui permettent aussi de construire sa pensée. Ce sont, en quelque sorte, des instruments dans deux directions : vers les données de la situation-problème, mais également vers le psychisme de l'enfant. C'est ainsi que Vygotski[2] qualifie les systèmes symboliques d'« instruments psychologiques » :
« Voici quelques exemples d'instruments psychologiques et de leurs systèmes complexes : le langage, les diverses formes de comptage et de calcul, les moyens mnémotechniques, les symboles algébriques, les œuvres d'art, l'écriture, les schémas, les diagrammes, les cartes, les plans, tous les signes possibles, etc. »

---

2. Voir B. Schneuwly et J.-P. Bronckart, 1985.

L'idée fondamentale selon laquelle les activités symboliques ne sont pas seulement des reflets de la pensée mais aussi des aides à la pensée est donc ancienne, puisque Vygotski l'a exprimée il y a longtemps déjà.

En didactique des mathématiques, cette idée est reprise par G. Vergnaud (1988), qui l'a illustrée à partir de l'utilisation du symbolisme arithmétique (signes +, −, =) et de diverses représentations imagées (tableau cartésien, diagramme sagittal ou de Venn).

Cette même idée a été développée ici, en lui donnant toute l'ampleur qu'elle avait chez Vygotski, c'est-à-dire en considérant comme « instruments psychologiques » les différents systèmes symboliques suivants : le comptage, bien sûr, mais aussi les collections-témoins, une file numérique, les réglettes avec caches, l'égalité numérique, le calcul pensé écrit.

GÉRER L'USAGE DIDACTIQUE DES SYSTÈMES SYMBOLIQUES

Dans la progression présentée dans cet ouvrage, on a enseigné le comptage, l'usage des collections-témoins organisées, le calcul pensé écrit..., mais d'autres systèmes symboliques auraient pu être enseignés : le surcomptage, l'addition en colonnes, etc. Cependant, du point de vue adopté ici, à un moment donné de la progression, on doit nécessairement choisir entre divers systèmes symboliques ceux qui constituent des instruments psychologiques dignes d'être enseignés.

En effet, tout système symbolique a, par définition, un aspect systématique. Or celui-ci peut être la meilleure comme la pire des choses :

– c'est cet aspect systématique qui est facilitant et qui explique donc qu'on ait intérêt à utiliser le système symbolique en question : aligner les chiffres en colonnes pour faire une addition, par exemple, facilite considérablement le travail ;

– mais cet aspect systématique risque de se substituer au fonctionnement d'une connaissance : pour l'addition en colonnes, par exemple, le positionnement spatial se substitue au fonctionnement des connaissances en numération décimale.

L'analyse des propriétés didactiques des différents systèmes symboliques

Une tâche fondamentale de la didactique réside donc dans l'analyse des propriétés didactiques des divers systèmes symboliques pour comprendre leurs effets. Par exemple : l'addition en colonnes fait obstacle à l'apprentissage de la numération ; mais aussi : la collection-témoin organisée favorise le calcul, le calcul pensé développe la connaissance des faits numériques, l'addition naturelle écrite développe la connaissance de la numération, etc.

L'analyse des propriétés des systèmes symboliques est donc indispensable pour éclairer les choix que le pédagogue est amené à faire. Plusieurs dimensions de cette analyse peuvent être discernées, au sens où les divers systèmes symboliques peuvent être classés/rangés selon ces dimensions : c'est ainsi qu'on distingue une analyse épistémologique, une analyse inter-supports et enfin une analyse intra-support.

L'analyse épistémologique

Cette dimension est fondamentale puisqu'elle permet de hiérarchiser les systèmes symboliques en fonction d'un but à atteindre : c'est ainsi que notre analyse de la notion de quantité nous a permis de hiérarchiser les différents systèmes symboliques que sont la collection-témoin « ordinaire », organisée, et le nombre.

Donnons un autre exemple : les procédures utilisées lors de la recherche d'un complément peuvent être hiérarchisées depuis des procédures de type pratique, qui utilisent des collections-témoins, jusqu'à celle où l'enfant utilise le signe « – » alors qu'il s'agit de déterminer la valeur d'un complément, c'est-à-dire d'un ajout. L'enfant passe d'une procédure de type analogique à une procédure mathématique, où le signe « – » décrit des relations entre ensembles et non la transformation qui est décrite dans l'énoncé.

Cette dimension épistémologique de l'analyse peut s'appuyer sur une étude de type structural (c'est le cas de la distinction linguistique signe/symbole), mais aussi historique et ethnologique (*cf.* le berger mésopotamien).

L'analyse inter-supports

Cette autre dimension de l'analyse consiste à différencier les systèmes symboliques suivant la nature de leur support : support physique, écrit ou oral.

L'écrit, par exemple, offre des possibilités de contrôle de la pensée qui n'existent pas à l'oral. C'est en utilisant cette dimension qu'on a pu créer un nouvel « instrument psychologique » : le calcul pensé écrit. Par ailleurs, ce ne sont pas les mêmes connaissances sur la numération qui fonctionnent à l'écrit et à l'oral, ce qui nous a permis de prôner l'usage de « l'addition naturelle écrite ».

Là encore, concernant cette distinction des supports physiques, écrits ou oraux, l'analyse correspondante peut être de type structurale (*cf.* l'analyse du système de numération japonais) ou encore historique et ethnologique.

J. Goody (1979), par exemple, réexamine la notion de « pensée primitive » (et notamment la « pensée primitive arithmétique ») à partir de l'hypothèse qui est la nôtre : l'accès à l'écriture n'offre pas seulement un nouveau moyen d'expression, mais il crée aussi de nouveaux modes de pensée.

L'analyse intra-support

En effet, à l'intérieur d'un même support physique, écrit ou oral, tous les systèmes symboliques susceptibles d'être utilisés pour une même tâche ne se valent pas. C'est cette dimension qu'étudie Vergnaud (1988) lorsqu'il compare les usages respectifs d'un diagramme sagittal, d'un diagramme de Venn ou d'une égalité numérique, pour résoudre un problème d'addition ou de soustraction.

C'est ce qu'on a fait ici en comparant l'addition en colonnes et l'addition naturelle écrite. La comparaison des dominos de Mme Herbinière, des réglettes Cuisenaire et des réglettes avec caches relève aussi de cette dimension d'analyse. De même que lorsqu'on cherche à répondre aux questions suivantes : Toutes les formulations qui sont produites par l'élève lors d'une résolution de problème se valent-elles ? On connaît cette pratique courante des maîtres consistant à faire rédiger « une phrase solution » : quel effet cela produit-il ?

Dans tous les cas, l'analyse est aussi de nature psychologique

– Si on a prôné l'usage des collections-témoins organisées, par exemple, ce n'est pas seulement parce qu'elles sont mieux structurées, c'est surtout parce qu'il en résulte des processus cognitifs qui favorisent le progrès.

– Si on recommande de ne pas enseigner l'addition en colonnes au cours préparatoire, c'est parce que ce positionnement spatial a des conséquences au niveau cognitif.

Et on pourrait allonger cette liste...

L'analyse des propriétés des systèmes symboliques conduit à diverses sortes de choix

L'analyse des propriétés des systèmes symboliques ne conduit pas seulement à un choix entre plusieurs systèmes, elle conduit aussi :

– à choisir le moment où il convient de mettre un système symbolique donné à la disposition des enfants : c'est ainsi que l'enseignement du comptage, du signe « – », de l'addition en colonnes, qui feraient obstacle au développement des connaissances à un moment donné, deviennent bénéfiques ultérieurement ;

– à choisir éventuellement un domaine où on incite l'enfant à employer un système symbolique donné, alors qu'en dehors de ce domaine il peut en employer un autre : on en a vu l'illustration avec la distinction faite ici entre un domaine du calcul et un domaine du comptage à l'école maternelle et au début du cours préparatoire, ou encore avec la distinction de problèmes (de division ou multiplication, par exemple) que l'enfant peut résoudre à l'aide de collections-témoins, alors que pour des problèmes plus simples on l'incite à calculer.

Le produit final est donc un cheminement ou encore des cheminements, au cas où l'enseignant décide de différencier sa pédagogie par ce moyen.

L'apprentissage par adaptations successives n'est pas systématiquement recommandé

La gestion de l'usage didactique des systèmes symboliques se démarque d'une didactique qui recommanderait systématiquement que l'élève apprenne en s'adaptant de mieux en mieux lors de la résolution d'un problème. Selon cette conception de l'apprentissage, l'enfant est confronté à une situation-problème qu'il résout d'abord à l'aide de procédures de « bas niveau » (recompter le tout, par exemple), puis par des procédures de niveau successivement plus élevé (surcomptage, fait numérique). Sans exclure cette forme d'apprentissage, on s'autorise à considérer ici que ces filiations de procédure n'ont plus rien de « naturel » dans l'environnement culturel qui est le nôtre aujourd'hui, et que la mise à la disposition des enfants d'un autre système symbolique (les réglettes avec caches, par exemple) peut dispenser l'enseignant de valoriser une procédure telle que le surcomptage qui, bien qu'elle constitue un progrès, n'en reste pas moins transitoire et risque de faire obstacle aux progrès ultérieurs.

De même, l'apprentissage précoce des signes « + » et « – » comme synonymes de « j'ajoute » et « je retranche », même s'il est relativement facile, n'a rien de « naturel » et ne constitue donc pas une étape nécessaire vers un usage mathématique de ce symbolisme.

Mettre des systèmes symboliques à la disposition des enfants ou les faire « construire » ?

Lorsqu'on a posé la question fondamentale : « Quels systèmes symboliques faut-il mettre à la disposition des enfants ? », cette question a été intentionnellement formulée en utilisant la locution : « mettre à la disposition ». On n'a pas parlé dans ce cas de « faire construire des systèmes symboliques ».

En didactique, il est fréquent aujourd'hui de se représenter la classe idéale comme une microsociété de mathématiciens en train de « construire » un savoir mathématique. Cette approche est intéressante, mais elle conduit certains auteurs à privilégier cette forme spécifique de « construction » qu'est **l'invention collective des connaissances.**

Ce n'est pas le choix qui a été fait ici, car on a envisagé l'usage des différents systèmes symboliques comme on l'aurait fait d'un boulier : pour utiliser un boulier, les enfants doivent le « construire » comme système symbolique (sinon ils peuvent penser qu'il s'agit d'un engin de massage), mais ils n'ont pas à l'inventer ni individuellement ni collectivement.

Exiger que la « société des enfants » invente les systèmes symboliques, c'est souvent en retarder l'enseignement

R. Douady (1984) avance une distinction qui éclaire bien le sujet abordé ici. Elle propose de distinguer le cas où les systèmes symboliques fonctionnent comme outils de celui où ils fonctionnent comme objets de l'étude :

– dans cet ouvrage, par exemple, le calcul pensé a été proposé aux enfants comme un outil permettant de déterminer une somme ;

– en revanche, lorsqu'on s'interroge sur les caractéristiques de ce mode de calcul, quand on le compare à d'autres par exemple, le calcul pensé est alors un objet d'étude.

De manière évidente, les jeunes enfants utilisent d'abord les systèmes symboliques comme outils avant qu'ils ne soient des objets d'étude.

On pense ici que lorsqu'on exige que la « société des enfants » invente un système symbolique tel que le calcul pensé, c'est-à-dire lorsqu'on s'interdit un guidage tel que celui qui a été décrit ici, on est inévitablement conduit à en retarder l'enseignement. Plus précisément, on est conduit à retarder cet enseignement jusqu'au moment où le développement mental des enfants permet que cette connaissance soit non plus seulement un outil, mais un objet d'étude.

À ce moment, en effet, le guidage de l'adulte est moins nécessaire : en comparant la stratégie de calcul pensé que certains enfants ont inventée avec les modes de calcul plus frustes que les autres enfants utilisent encore (recompter le tout, surcompter, mime mental de l'addition en colonnes), la « société des enfants » peut prendre conscience de l'intérêt de la stratégie de calcul pensé, et les enfants commencer à l'exercer. Les enfants ont alors « construit » ce système symbolique.

Malheureusement, lorsque le calcul pensé n'a pas été enseigné dès le cours préparatoire, l'autre forme d'enseignement échoue massivement durant tout le cours élémentaire, du fait que les enfants ont intériorisé les stratégies les plus frustes. L'enseignement du calcul pensé ne redevient possible que vers le cours moyen, c'est-à-dire à un moment où les enfants ont développé leur capacité de contrôle des processus mentaux.

Bien sûr, à ce moment tardif, la société des enfants a inventé le calcul pensé, mais est-on sûr d'avoir gagné au change ? J.-P. Fischer (1987) a procédé à une évaluation des compétences des enfants de cours moyen en calcul rapide. Les résultats qu'il obtient invitent à douter sérieusement de l'efficacité de l'enseignement tardif du calcul pensé, qui est pourtant la règle en France aujourd'hui (alors qu'on a vu que son enseignement dès le cours préparatoire était fortement préconisé en 1928).

Un concept opératoire : celui de « zone proximale de développement »

Du point de vue qui est adopté ici, il n'est guère satisfaisant que les enfants « construisent » des systèmes symboliques si ceux-ci sont le reflet d'une pensée déjà forgée : le calcul pensé écrit n'offre guère d'intérêt, par exemple, quand il est déjà bien installé à l'oral. Les systèmes symboliques doivent être considérés comme « les outils psychologiques » qu'il faut mettre à la disposition des enfants pour qu'ils forgent leur pensée.

C'est parce que l'enseignement familial ou scolaire met à leur disposition ces produits culturels que les enfants peuvent apprendre de façon accélérée en regard du temps historique qui a été nécessaire pour construire la culture correspondante. L'enseignement infléchit le développement. Comme le dit Vygotski : « le seul bon enseignement est celui qui précède le développement ». La formule est particulièrement décapante quand on est imprégné d'épistémologie piagétienne.

Elle serait même provoquante si elle n'était accompagnée d'une proposition théorique visant à supprimer les risques d'un apprentissage par conditionnement de type pavlovien. C'est ainsi que Vygotski propose de distinguer deux niveaux dans le développement d'un même enfant : le niveau correspondant aux tâches que l'enfant est susceptible de réaliser tout seul et celui correspondant aux tâches qu'il ne réalise que sous la guidance de l'adulte. Ce que l'enfant est capable d'accomplir aujourd'hui quand il est sous la guidance de l'adulte, il pourra le faire tout seul demain : pour Vygotski la différence entre ces deux niveaux de difficulté définit la « zone proximale de développement ». Tout apprentissage n'est pas possible : il faut que la tâche correspondante se situe dans la zone proximale de développement.

Bien entendu, la zone proximale de développement est très dépendante du type de guidage qu'on s'autorise. Concernant les premiers apprentissages numériques, par exemple, il reste à déterminer quels types de « sauts » on s'autorise. Ce qui amène à se poser des questions de ce type : reste-t-on dans la zone proximale de développement quand on passe directement de la collection-témoin ordinaire au nombre, et lorsque immédiatement après l'apprentissage des résultats de table, on enseigne la technique de l'addition en colonnes ?

Or, chercher des réponses à ce type de question est très précisément ce qu'on a appelé « la gestion didactique des systèmes symboliques ».

UNE COMPARAISON AVEC LA THÉORIE DES SITUATIONS DIDACTIQUES DE G. BROUSSEAU

À travers une série de travaux, dont la publication commence vers 1970 et qui continue aujourd'hui, G. Brousseau a construit une véritable « théorie des situations didactiques ». C'est ainsi qu'il analyse avec une extrême finesse les interactions entre les différents éléments d'une situation d'enseignement : le savoir à enseigner, les élèves, le maître. Il n'oublie pas la dimension ins-titutionnelle de la situation en précisant ce que sont les statuts et les rôles de chacun des partenaires.

Un de ses outils d'analyse préférés est d'ailleurs l'explication des dys-fonctionnements du système : il essaie de repérer les moments où le maître n'apprend rien à l'élève et d'analyser à quel prix l'institution continue de fonctionner. Il explicite ainsi différents « effets » : l'« effet Jourdain », lorsque le maître croit reconnaître le fonctionnement d'un savoir savant alors que l'élève n'a manipulé que des significations banales, l'« effet Topaze », du nom de ce héros de Pagnol qui dictait « des moutonsses... » pour que ses élèves n'oublient pas la marque du pluriel, etc. Cette méthode est celle que les praticiens de l'analyse institutionnelle appellent « la recherche d'analyseurs ».

Pour éviter au maximum l'apparition de tels phénomènes, Brousseau (1986) décrit une forme d'enseignement où l'élève apprend par adaptations succes-sives lors de la résolution de problèmes judicieusement choisis (les « situa-tions fondamentales correspondant à une connaissance »). Brousseau est évidemment conscient des obstacles inhérents à une telle méthode, obstacles tels que le risque de suradaptation à une étape intermédiaire (ce qui nous a conduit à éviter d'enseigner le surcomptage). Mais il tente de créer un mode de fonctionnement des situations didactiques qui permet de surmonter ces obstacles.

Il est impossible, dans les limites de cet ouvrage, d'exposer cet aspect cen-tral de la théorie qui, de plus, est complexe, et dont je ne suis pas un spé-cialiste.

Mais il est clair que l'hypothèse de travail de Brousseau et la nôtre sont très différentes : pour l'essentiel, Brousseau expérimente des situations qui apparaissent « a-didactiques » à l'enfant, c'est-à-dire des situations conçues de manière que l'élève ne sache pas où réside l'intention d'enseigner du maître. L'élève ne doit pas pouvoir répondre à la question « Qu'est-ce qu'on veut m'apprendre ? »

Il est évident qu'on s'est autorisé dans cet ouvrage des modalités d'ensei-gnement que Brousseau préfère éviter. Il n'articule pas de la même manière que nous l'enseignement et le développement, et de notre point de vue, sa théorie reste fondamentalement d'inspiration piagétienne.

Est-ce à dire que son approche ne puisse enrichir la nôtre ? Non, et on peut en donner deux exemples :

– les enseignants qui procèdent selon la didactique décrite ici ne sont pas bien protégés contre les effets Jourdain, Topaze... Il semble important qu'ils les connaissent pour développer leur « vigilance épistémologique ». Pour l'enseignant qui sait les reconnaître, ils deviennent vite des signaux d'alarme indispensables parce qu'ils indiquent qu'on sort de la « zone proximale de développement », qui constitue le lieu de son intervention ;

– ici aussi on s'est intéressé à certaines des interactions entre le savoir, le maître et les enfants (voir notamment chapitre 8 : *Comment énoncer les problèmes ?*), mais incontestablement, G. Brousseau procède en ce domaine à des analyses beaucoup plus fines que celles dont on s'est contenté ici : outre les « situations d'actions » (qui participent à ce qu'on a appelé la « composante pratique du progrès »), Brousseau distingue plus finement les situations où les systèmes symboliques servent uniquement à une description (les « situations de formulation ») des situations où ces systèmes symboliques servent à émettre des jugements (les « situations de validation »). Et parmi ces dernières, on trouve des « débats de preuves » entre élèves. C'est le cas, par exemple, quand un élève dit à un autre : « Il y a marqué qu'il faut calculer 14 + 32 et toi tu as écrit 32 + 14, alors c'est pas sûr que c'est la même chose, il faut que tu expliques. »

Il est clair qu'avec des enfants plus âgés, il serait indispensable de provoquer de façon systématique ce genre de situations. Le fait de savoir s'il faut accorder une plus grande attention à ces situations au niveau scolaire qui nous concerne ici reste donc une question à approfondir.

CONCLUSION

Quelle didactique convient-il d'élaborer ?

Il existe un corpus de connaissances déjà bien développé : la « théorie des situations didactiques » de G. Brousseau. Mais j'ai soutenu ici que cette approche devait être confrontée à une autre qui s'inspirerait de la « méthode instrumentale » de Vygotski. De nombreux chercheurs utilisent aujourd'hui l'épistémologie de Vygotski, que ce soit pour étudier l'apprentissage de la langue orale (Bruner, par exemple) ou celui de la langue écrite (J.-P. Bronckart, par exemple).

Concernant la didactique des mathématiques, j'ai essayé de décrire ce que pourrait être cette approche vygotskienne en traçant les contours d'une « théorie de l'usage didactique des systèmes symboliques ». J'ai ainsi été amené à expliciter :

– les principales dimensions de l'analyse des propriétés des systèmes symboliques (dimension épistémologique, nature du support [physique, oral ou écrit], et comparaison intra-support);

– les principaux choix auxquels l'analyse des systèmes symboliques conduit;

– les principales différences avec une didactique qui s'en tiendrait strictement à un apprentissage par adaptations successives lors de la résolution d'un problème.

Beaucoup de travail reste à faire, mais cette ébauche nous a cependant permis de construire la progression qui est décrite dans ce livre, c'est-à-dire d'analyser des pratiques pédagogiques antérieures, d'en créer de nouvelles et de les organiser.

La forme : une question de fond

Penser ensemble le développement des compétences numériques et l'enseignement qui le favorise

Dans cet ouvrage, la description des activités de classe n'a pas été précédée par une longue exposition du cadre théorique qui nous servait de référence. Celui-ci, tout au contraire, s'est dégagé peu à peu et n'a été complètement explicité qu'en fin d'ouvrage. La distinction d'une partie théorique, qui précède la partie pratique, conduit souvent à séparer deux niveaux d'analyse des progrès de l'enfant : le niveau du développement, où on étudie le rôle de la maturation ou celui de l'évolution de compétences d'ordre très général comme les compétences logiques (partie théorique), et le niveau de l'apprentissage, qui est, lui, très dépendant des conditions de l'enseignement que les adultes prodiguent (partie pratique).

Notre projet étant de penser l'articulation entre le développement des compétences numériques et l'enseignement qui favorise ce développement, il nous fallait donc refuser cette distinction. Dans cet ouvrage, chapitre après chapitre, on a apparié les activités pédagogiques avec les aspects du développement qu'elles favorisent. Les connaissances issues de la psychologie devaient continuellement être confrontées à celles qui viennent de la pratique pédagogique. Par exemple, il est clair pour les pédagogues que l'usage de collections-témoins organisées peut favoriser l'accès au calcul. Mais comment l'interpréter au niveau de ce qu'est le nombre ? Et par quels processus psychologiques ces collections-témoins organisées permettent-elles à l'enfant de progresser ? Tout au long de notre travail, nous avons été confrontés à des questions de cette sorte. À son terme, on a bien l'impression que la contrainte de forme qu'on s'était initialement donnée a aussi constitué un outil : parce qu'elle conduisait à confronter des informations issues de domaines de connaissances distincts, cette contrainte a favorisé les mises en relation, les reformulations... et finalement la découverte.

Ne pas dissocier la diffusion des méthodes de celle des idées qui les sous-tendent

S'abstenir de faire précéder la description des activités de classe par un long développement correspondant à une partie théorique n'avait pas qu'un rôle heuristique, ce choix avait aussi une dimension pédagogique à l'égard des praticiens. En effet, toute méthode pédagogique encourt le risque d'être utilisée à rebours des idées qui ont présidé à sa mise au point. C'est pourquoi un innovateur ne peut pas se contenter de diffuser des méthodes pédagogiques, il faut aussi qu'il fasse partager les raisons qui fondent ces méthodes. La meilleure façon de s'assurer que l'un ne va pas sans l'autre est certainement de ne pas dissocier la diffusion des méthodes de celle des idées sous-jacentes.

De plus, quand les praticiens se sont approprié ensemble les méthodes et les raisons qui les fondent, on peut espérer qu'ils continueront à ne pas les dissocier : faire vivre le contenu de ce livre, ce n'est pas seulement mettre en œuvre les pratiques pédagogiques qui y sont décrites, c'est aussi en inventer d'autres à l'aide du cadre théorique fourni et peut-être encore contrôler la pertinence de ce cadre théorique grâce aux mises en œuvre pratiques.

Apmep, *Mots*, t. VI, grandeur-mesure, 1982.

Artigue M. et Douady R., « La Didactique des mathématiques en France », *Revue française de pédagogie*, n° 76, 1986, p. 69-88.

Ashcraft M., « Is it farfetched that some of us remember our arithmetic facts ? », *Journal for Research in Mathematics Education*, vol. 16, n° 2, 1985, p. 99-105.

Audigier M.-N., Colomb J., Gorlier S., Guillaume J.-C., Hamelin P., Levelut M., Richard J.-F. et Sebillotte S., *Enquête sur l'enseignement des mathématiques à l'école élémentaire*, vol. 1: *Comportement des élèves*, Paris, INRP, 1979.

Bandet J., *Les Débuts du calcul*, Paris, Bourrelier, 1962.

Baroody A., « Mastery of basic number combinations: internalization of relationships or facts ? », *Journal for Research in Mathematics Education*, vol. 16, n° 2, 1985, p. 83-98.

Baruk S., *Fabrice ou l'école des mathématiques*, Paris, Le Seuil, 1977.

Beauverd B., *Avant le calcul*, Neuchâtel, Delachaux et Niestlé, 1964.

Bednarz N., Janvier B., « La Numération », *Grand N*, n° 33, 1984, p. 5-31.

Bideaud J., *Étude du développement de notions logiques élémentaires*, thèse de doctorat d'État, université Paris-V, R.-Descartes, 1985.

Briand J., *Situation didactique et logiciel d'enseignement*, mémoire de DEA, université de Bordeaux-I, 1985.

Brissiaud R., « Compter à l'école maternelle? Oui, mais... », *Grand N*, n° 43, 1988, p. 5-26.

Brousseau G., « Fondements et méthodes de la didactique des mathématiques », *Recherches en didactique des mathématiques*, vol. 7, n° 2, 1986, p. 33-115.

Bruner J., *Savoir faire, savoir dire*, Paris, PUF, 1983.

Bruner J., *Comment les enfants apprennent à parler*, Paris, Retz, 1987.

Carpenter T. et Moser J., « The Development of addition and substraction problem solving skills », *in* T. Romberg, T. Carpenter and J. Moser, *Addition and substraction: a developmental perspective*, Hillsdale, New Jersey, Erlbaum, 1982. « The development of addition and substraction concepts in grades one through three », *Journal for Research in Mathematics Education*, vol. 15, 1984, p. 179-202.

Carpenter T., Moser J., et Bebout H., « Representation of addition and substraction word problems » *Journal for Research in Mathematics Education*, vol. 19, 1988, p. 345-357.

Chichignoud M.-P., *Le Concept de nombre : étude des structures additives et soustractives en relation avec la suite numérique chez des enfants d'âge préscolaire*, thèse de 3e cycle, EHESS, Laboratoire d'étude des processus cognitifs et du langage, 1985.

Comitti C., Bessot A., Pariselle C., « Analyse de comportements d'élèves du cours préparatoire confrontés à une tâche de construction d'un ensemble équipotent à un ensemble donné », *Recherches en didactique des mathématiques,* vol. 1, 2, 1980, p. 171-217.

Conne F., « Une épreuve de calcul en première primaire », in *Interactions didactiques,* document ronéoté de l'université de Genève, 1984.

Decroly O. et Monchamp, *L'Initiation à l'activité intellectuelle et motrice par les jeux éducatifs,* Neufchâtel et Paris, Delachaux et Niestlé, 1914.

Descœudres A., *Le Développement de l'enfant de deux à sept ans,* Neufchâtel, Paris, Delachaux et Niestlé, 1921.

Douady R., *Jeux de cadres et dialectiques outil-objet dans l'enseignement des mathématiques. Une réalisation dans le cursus primaire,* thèse de doctorat d'État, université Paris-VII, 1984.

Droz R., Paschoud J., « Le Comptage et la procédure "(+ 1) – itérée" dans l'exploration intuitive de l'addition », *Revue suisse de psychologie,* n° 40 (3), 1981, p. 219-237.

El Bouazzaoui H., *Étude de situations scolaires des premiers enseignements du nombre et de la numération,* université de Bordeaux (thèse), 1982.

Ermel, *Apprentissages mathématiques CP,* Paris, Hatier, 1977.

Escarabajal M.-C., « Compréhension et résolution de problèmes additifs », *Psychologie française,* 29, 3/4, 1984, p. 247-252.

Fareng R. et Fareng M., *Comment faire ? L'apprentissage du calcul avec les enfants de 5 à 7 ans,* Paris, Nathan, 1966.

Fayol M., « Nombre, numération et dénombrement », *Revue française de pédagogie,* n° 70, 1985, p. 59-77. « L'Enfant, l'école et les apprentissages cognitifs », texte d'une conférence donnée au congrès de l'AGIEM, 1987.

Fischer J.-P., *L'Enfant et le comptage,* Strasbourg, IREM, 1982. *La Dénomination des nombres par l'enfant,* Strasbourg, IREM, 1984. « L'Automatisation des calculs élémentaires à l'école », *Revue française de pédagogie,* n° 80, 1987, p. 17-24.

Fischer J.-P., Meljac C., « Pour une réhabilitation du dénombrement. Le rôle du comptage dans les tout premiers apprentissages numériques », *Revue canadienne de psycho-éducation,* vol. 16, n° 1, 1987, p. 31-47.

Fuson K. et Hall J., « The acquisition of early number meanings : a conceptual analysis and review », *in* H. Ginsburg (éd.), *The Development of mathematical thinking,* New York, Academic Press, 1983.

Fuson K., Pergament G., Lyons B. et Hall J., « Children's conformity to the cardinality rule as a function of set size and counting accuracy », *Child Development,* n° 56, 1985, p. 1429-1436.

Fuson K., Secada W., Hall J., « Matching, Counting and Conservation of Numerical Equivalence », *Child Development,* n° 54, 1983, p. 91-97.

Gelman R., « Les Bébés et le calcul », *La Recherche,* n° 14 (149), 1983, p. 1382-1389.

Ginsburg H., « The Development of addition in the contexts of culture, social class and race », *in* Carpenter T.-P., Moser J. et Romberg T.-A. (éds), *Addition and Substraction: a cognitive perspective,* Hillsdale, Lawrence Erlbaum, 1982.

Gréco P., « Quantité et Quotité », *in* P. Gréco, A. Morf, *Structures numériques élémentaires,* Paris, PUF, 1962.

Goody J., *La Raison graphique,* Paris, Les éditions de Minuit, 1979.

Grivot G., *Activités numériques à l'école maternelle,* CDDP de l'Aube, 1987.

Groen G. et Parkman J., « A chronometric analysis of simple addition », *Psychological Review,* 1972, 79.

Hatano G., « Learning to Add and Substract: a Japanese Perspective », *in* Carpenter T.-P., Moser J. et Romberg T.-A. (éds), *Addition and Substraction: a cognitive perspective,* Hillsdale, Lawrence Erlbaum, 1982.

Hudson T., « Correspondences and Numerical Differences between Disjoint Sets », *Child Development,* n° 54, 1983, p. 84-90.

INRP, « Les Enfants et les nombres... », *Journal des instituteurs,* n° 9, 1987, p. 168-177.

Meljac C., *Décrire, agir et compter,* Paris, PUF, 1979.

Mottet G., « Les Rapports du langage et du développement cognitif dans l'œuvre de Piaget », *Bulletin de psychologie,* 29, n° 320, 1975, p. 36-44.

Muller J., *Jeux de doigts, jeux de rythme,* Paris, Armand Colin-Bourelier, 1973.

Piaget J. et Szeminska A., (1941), *La Genèse du nombre chez l'enfant,* Neufchâtel, Delachaux et Niestlé, 1967.

Perret J.-F., *Comprendre l'écriture des nombres,* Berne, Peter Lang, 1985.

Richard J.-F., « Mémoire et résolution de problèmes », *Revue française de pédagogie,* n° 60, 1982, p. 9-17. « Traitement de l'énoncé et résolution de problèmes », *Bulletin de psychologie,* 39, n° 375, 1986, p. 341-344.

Riley M.-S., Greeno J.-G. et Heller J.-I., « Development of Children's Problem-solving ability in arithmetic », *in* H.-P. Ginsburg (éd.), *The Development of mathematical thinking,* New York, Academic Press, 1983.

Sarazanas R., *L'Enfant de plus de 5 ans à l'école maternelle,* Paris, Armand Colin, 1974.

Schneuwly B. et Bronckart J.-P., *Vygotski aujourd'hui,* Neufchâtel, Delachaux et Niestlé, 1985.

Secada W.-G., Fuson K. et Hall J., « The Transition from counting-all to counting-on in addition », *Journal for Research in Mathematics Education,* vol. 14, n° 1, 1983, p. 47-57.

Smith S.-B., « Les Calculateurs prodiges », *La Recherche,* vol. 18, n° 185, 1987, p. 160-168.

Starkey P., Gelman R., « The Development of Addition ans Substraction Abilities Prior to Formal Schooling in Arithmetic », *in* Carpenter T.-P., Moser J. et Romberg T.-A. (éds), *Addition and Substraction : a cognitive perspective,* Hillsdale, Lawrence Erlbaum, 1982.

Steffe L.-P., von Glasersfeld E., Richards J. et Cobb P., *Children's counting type : Philosophy, theory and application,* New York, Praeger Scientific, 1983.

Steffe L.-P., von Glasersfeld E., « Helping children to conceive of number », *Recherches en didactique des mathématiques,* vol. 6, n°s 2-3, 1985, p. 337-355.

Steinberg R., « Instruction on derived pacts strategies in addition and substraction », *Journal for Research in Mathematics Education,* 1985.

Vergnaud G., « Questions de représentation et de formulation dans la résolution de problèmes mathématiques », *Annales de didactique et de sciences cognitives,* vol. 1, 1988, p. 33-55.

Von Glasersfeld E., « An attentional model for the conceptual construction of units and number », *Journal for Research in Mathematics Education,* 12, 1981, p. 83-94.

Réalisation : AGD-Dreux
Corrections : Gérard Tassi

N° de projet : 10155061 - Dépôt légal : Avril 2003
Imprimé en France en octobre 2008 par EMD S.A.S., 53110 Lassay-les-Châteaux
N° d' imprimeur : 20251